Helmuth Graf von Moltke

Briefe des General-Feldmarschalls Grafen Helmuth von Moltke an seine Mutter

und an seine Brüder Adolf und Ludwig

Helmuth Graf von Moltke

Briefe des General-Feldmarschalls Grafen Helmuth von Moltke an seine Mutter
und an seine Brüder Adolf und Ludwig

ISBN/EAN: 9783744719933

Hergestellt in Europa, USA, Kanada, Australien, Japan

Cover: Foto ©ninafisch / pixelio.de

Weitere Bücher finden Sie auf **www.hansebooks.com**

Gesammelte Schriften

und

Denkwürdigkeiten

des

General-Feldmarschalls
Grafen Helmuth von Moltke.

Vierter Band.
Briefe; erste Sammlung.

Berlin 1891.
Ernst Siegfried Mittler und Sohn
Königliche Hofbuchhandlung
Kochstraße 68—70.

Briefe

des

General-Feldmarschalls Grafen Helmuth von Moltke

an seine Mutter

und an seine Brüder Adolf und Ludwig.

Mit Nachbildungen zweier Handzeichnungen
und Holzschnitten im Text.

Berlin 1891.
Ernst Siegfried Mittler und Sohn
Königliche Hofbuchhandlung
Kochstraße 68—70.

Alle Rechte aus dem Gesetz vom 11. Juni 1870 sowie das
Uebersetzungsrecht sind vorbehalten.

Adolf von Moltke als Student.

unbemerkt während der Arbeit gezeichnet von seinem Bruder Helmuth 1823

Vorrede zum vierten Bande.

Mit dem vorliegenden vierten Bande beginnt die Veröffentlichung der Briefe des Feldmarschalls, und zwar enthält er diejenigen an die Mutter und die Brüder Adolf und Ludwig.

Das Bekanntwerden dieser vertrauten Korrespondenz wird der Beurtheilung und dem Verständniß des großen Mannes ganz neue bisher ungeahnte Ausblicke eröffnen. Wir Alle haben ihn nur gekannt, ihn verehrt und bewundert als den in sich geschlossenen und vollendeten Charakter, der er in einem langen, der Größe des Vaterlandes und der eigenen Vervollkommnung geweihten Leben geworden war. Nun tritt er vor unser geistiges Auge in seiner stufenweisen Entwickelung, seinem Werden und Wachsen, und da sehen wir mit freudigem Staunen, daß er ein Mensch wie wir gewesen ist, mit vollem, warmem Herzschlag, von Freude und Schmerz, von Hoffnung und Zagen, von Liebe und Abneigung bewegt, wir nehmen wahr, wie mit zunehmender Erfahrung, Welt- und Menschenkenntniß sich das Alles abklärt und schließlich zu der olympischen Gelassenheit und erhabenen, durchdringenden Weisheit führt, durch die seine Persönlichkeit sich so einzig gestaltete. Er war, wie wir

Alle sind oder gewesen sind, und doch war er von jeher ein Besonderer; das Feuer des Genies, lange ungeahnt von der Welt, loderte in ihm gleich stark, als er den frühesten in der Sammlung vorhandenen, fast kindlichen Brief aus seiner ersten preußischen Garnison Frankfurt a. O. an seine Mutter schrieb, wie fast fünfzig Jahre später, als seine Briefe aus Ferrières und Versailles an den Bruder Adolf die Ereignisse des gewaltigen Krieges in markigen Zügen schilderten. Er war ein Besonderer, ein Anderer als wir Alle, ein Mensch, der trotz Allem, was das Herz der Staubgeborenen zu einem trotzigen und verzagten Dinge macht, fest auf dem Wege des als gut, wahr und erstrebenswerth Erkannten fortschritt, unbeirrt durch die Hemmnisse und Schwierigkeiten, die seitwärts lagen und nur vorhanden zu sein schienen, um besiegt zu werden.

Seine Briefe zeugen von Anbeginn bis zum Ende von tiefinnerlicher Frömmigkeit, unerschütterlichem Gottvertrauen und von dem eisernen Willen, das Höchste zu erreichen, von der Verachtung des Scheins und der Unwahrhaftigkeit, sie zeugen von dem sein ganzes Wesen umfassenden Sinn für die Familie und bekunden die Freude an der Natur ebenso wie die verständnißvolle Theilnahme an den weltgeschichtlichen Geschicken der Menschheit. Gleich seinen Thaten sagen auch sie: er war ein Mann, nehmt Alles nur in Allem, wir werden nimmer seinesgleichen sehen.

Es ist wohl zu beachten, daß der, der diese Briefe schrieb, nicht ahnen konnte, ihr Inhalt werde einst aller Welt offenbar werden. Nun dies dennoch geschieht, ist es für jeden Leser eine Stunde der Weihe, wenn er in die Gedankenwerkstatt dieses großen Mannes eintritt, wenn ihm Einblick gestattet wird in das Emporstreben und Wachsen einer Seele, die sich zu den lichten Höhen erhabensten Menschenthums durchgerungen hat.

Den Briefen ist jedesmal eine kurze Lebensskizze der Empfänger vorangestellt, die der Herausgeber der Güte von Mitgliedern der Familie von Moltke verdankt. Daß Vieles in den Briefen enthalten sein mußte, was nur augenblicklichen Werth hatte oder doch das allgemeine Interesse überhaupt nicht berührt, ist natürlich. An solchen Stellen ist ein ... eingeschaltet.

Am Schlusse der Briefsammlung werden sämmtliche veröffentlichten Briefe des General-Feldmarschalls in ein chronologisches Verzeichniß zusammengestellt werden.

Friedenau bei Berlin, den 28. August 1891.

v. Trzczynski,
Oberstlieutenant.

Inhalts-Verzeichniß.

   Seite
I. **Briefe an die Mutter.** 1823 bis 1837 1
Lebensbild der Mutter (S. 3).
1823. Als Sekondlieutenant in Frankfurt a. O. (S. 5).
1825. Polnische Bekanntschaften (S. 7). — Salzbrunn und das Riesengebirge (S. 9) — Die Schneekoppe. Reisekosten (S. 11).
1828. Thätigkeit als Lehrer an der Divisionsschule (S. 13). — Schwankende Gesundheit (S. 15). — Lehrer an der Divisionsschule (S. 17). — Topographiren (S. 19). — Wanderung im Riesengebirge (S. 21). — Briefe, Schloß des Grafen von Kospoth (S. 23). — Erinnerungen an Schloß Briese (S. 25). — Studien im Zeichnen und Malen (S. 27). — Tagesverlauf während des Kommandos im Generalstabe (S. 29). — Weihnachtsgeschenk aus Schloß Briese (S. 31).
1829. Eindrücke in polnischen Bezirken (S. 33). — Polnisches und deutsches Wesen (S. 35). — Leben in polnischen Familien und in Berlin (S. 37).
1830. Einsames Leben in Berlin (S. 39). — Kommando zur Landwehr (S. 41). — Katholische Bräuche und Klöster (S. 43). — Generalstabsreise. (S. 45). — Weihnachtsabend; entfernte französische Kriegsgefahr (S. 47). — Politische Umschau; preußische Streitkräfte (S. 49).
1831. „Holland und Belgien", sein Erstlingswerk (S. 51). — Verlängerung des Kommandos zum topographischen Büreau (S. 53). — Hoffnung auf Eintritt in den Generalstab (S. 55).
1832. Grenzkarte von Holland; die Schrift über Polen (S. 57). — Uebersetzung von Gibbon's Römischer Geschichte (S. 59). — In Sorge um ein zweites Pferd (S. 61). — Ansichten über das Heiraten (S. 63). — Leben in Dienst und Gesellschaft (S. 65).

1833. Leben in der Gesellschaft und bei Hofe (S. 67). — Versetzung in den Generalstab (S. 69). 1834. Gibbon-Uebersetzung (S. 71). — Besuch bei der Mutter (S. 73). 1835. Scheitern der Gibbon-Uebersetzung. Hauptmann im Generalstabe (S. 75). — Zum Alexander-Regiment. Rom zweiten Pferde (S. 77). — Der Cybin (S. 79). — Schloß Friedland; am Iserkamm (S. 81). — In Wien (S. 83). — Von Wien Donau-abwärts (S. 85). — Eindrücke am Bosporus (S. 87). 1836. Seine Lebensweise am Bosporus (S. 89). — Schilderungen aus Konstantinopel (S. 91). — Ausflug nach Troja (S. 93). — Verlängerter Aufenthalt in Konstantinopel (S. 95). — In Konstantinopel und an den Dardanellen (S. 97). — Seine Karte vom Bosporus und von Konstantinopel (S. 99). — Nachrichten aus dem Winter 1836/37 (S. 101). 1837. Verlängerung des Kommandos (S. 103).

II. **Briefe an den Bruder Adolf.** 1839 bis 1871 . . . 105

Lebensbild des Bruders Adolf (S. 107). 1839. Heimkehr von Konstantinopel (S. 109). 1841. Dankbrief an seine Schwägerin (S. 111). 1846. Reisezeit und Reisewege nach Rom im Jahre 1846 (S. 113). 1847. Wohlleben in Coblenz; eheliches Glück (S. 115). 1848. Holsteinische Wirren (S. 117). — Mißmuth. Neigung, seinen Abschied zu nehmen (S. 119). — Deutsche Krisis (S. 121). — Preußische Krisis (S. 123). — In Zorn gegen die Presse und die Kammerverhandlungen (S. 125). — Preußens Verhalten gegen Holstein (S. 127). — Reaktion oder Anarchie (S. 129). 1849. Der Ueberfall von Fribericia (S. 131). — Drohender Frieden mit Dänemark (S. 133). — Preußen ergreift Besitz von Hohenzollern (S. 135). — Befestigung der Zustände in Preußen (S. 137). 1850. Stellung Preußens in Europa (S. 139). — Die Lage in Oesterreich, Frankreich, den Herzogthümern (S. 141). — Deutsche Einigungsbestrebungen. Nach dem Frieden mit Dänemark (S. 143). — Schlacht bei Idstedt (S. 145). — Preußen und Oesterreich (S. 147). — Getäuschte Hoffnung auf eine Entscheidung der deutschen Frage (S. 149).

1853. Kaiser Napoleon III. (S. 151).
1854. Vor dem Orientkriege (S. 153). — Tod des Kaisers Nikolaus (S. 155).
1855. Die Marienburg und der deutsche Orden (S. 157). — Die Kriegslage in der Krim (S. 159).
1857. Geldkrisis in Hamburg (S. 161). — Regentschaft. Chef des Generalstabes der Armee (S. 163).
1859. Nach dem Frieden von Villafranca (S. 165).
1861. Die Landtagswahlen (S. 167). — Beisetzung des Prinz-Gemahls in Windsor (S. 169). — Nordische und südliche Natur und Beleuchtung (S. 171).
1862. Gibraltar. Preußens politische Lage (S. 173). — Ermuthigung für den in Madeira kranken Bruder (S. 175).
1864. Beginn des Krieges (S. 177). — Präliminarfriede zu Wien (S. 179).
1866. Der Krieg unvermeiblich (S. 181).
1867. Die Kleinstaaten im norddeutschen Bunde (S. 183). — Der erste Reichstag des norddeutschen Bundes (S. 185). — Die luxemburgische Frage (S. 187).
1868. Tod der Gemahlin (S. 189).
1869. Dank an die Schwägerin für ihre Theilnahme (S. 191). — Generalstabsreise in Sachsen. (S. 193).
1870. Ausbruch des deutsch-französischen Krieges (S. 195). — Schloß Ferrières. Einschließung von Paris (S. 197). — Pariser Zustände (S. 199). — Die Kriegslage im Oktober (S. 201). — Friedliches Leben in Versailles (S. 203). — Kapitulation der französischen Rhein-Armee und Fall von Metz (S. 205). — Leidenschaftliche Kriegführung der Franzosen (S. 207). — Stehendes Heer und Volksaufgebot (S. 209). — Kriegsereignisse im Dezember (S. 211). — Die Frage des Bombardements von Paris (S. 213).
1871. Der Waffenstillstand. Die Herrschaft der Phrase in Frankreich (S. 215). — Der Präliminarfriede (S. 217). — Auf der Heimfahrt (S. 219). — Die Kommune (S. 221).
1871, 1874. Tod der Brüder Adolf und Friedrich (S. 223).
1890. Eine Erinnerung an die Mutter (S. 225).

III. **Briefe an den Bruder Ludwig.** 1828 bis 1888 . . 227
Lebensbild des Bruders Ludwig (S. 229).
(1828.) Vorliebe für Preußen (S. 231).
1828. Ein Räthsel in Versen (S. 233). — Don Juan-Aufführung in Berlin (S. 235).

1829. Jugendlich-melancholische Betrachtungen über sich und die Gesellschaft (S. 237). — Ueber Heine's „Reisebilder" (S. 239).

1830. Poetische Selbstbekenntnisse (S. 241).

1831. Das Museum in Berlin (S. 243). — Die Götter Griechenlands im modernen Berlin (S. 245).

1832. Gibbon-Uebersetzung; englischer und deutscher Stil (S. 247). — Schriftstellerische Thätigkeit (S. 249).

1842. Uebersetzung englischer Gedichte (S. 251). — Ueber seine Gemahlin (S. 253).

1844. Reisepläne. Ueber Eisenbahnbauten (S. 255). — Weihnachtsplauderei (S. 257).

1845. Hoffnung auf das Kommando nach Rom (S. 259). — In Erwartung der Entscheidung (S. 261). — Verzögerte Entscheidung. Badereise nach Ems (S. 263). — Tod des Vaters. Adjutant des Prinzen Heinrich (S. 265). — Rom. Das Columbarium an der Porta Latina (S. 267).

1846. Rom. Besteigung der Peterskuppel (S. 269). — Geschichte und Sage. Streifzüge in der Campagna (S. 271).

1847. Römische Reste am Rhein. Seine römische Karte (S. 273).

1849. Schleswigsche Wirren. Deutsche Einheitsbestrebungen (S. 275).

1850. Winterreise zu Bruder Adolf nach Rantzau (S. 277). — Politische Umschau. Die Familie und der Staat (S. 279).

1851. Die Karte der Umgegend von Rom (S. 281).

1852. Sein Wegweiser durch die Campagna (S. 283). — Die Karte der Umgegend von Rom dem Könige überreicht (S. 285).

1853. Kaiser Nikolaus und der Krimkrieg (S. 287).

1859. Vor dem italienischen Kriege (S. 289). — Wildbad Gastein. Die Umgebung (S. 291). Bauart der Häuser (S. 293). Lage des Ortes (S. 295).

1864. Erstürmung der Düppeler Schanzen (S. 297). — Dänische Presse und deutsche Soldaten (S. 299).

1866. Tod der Schwägerin (S. 301).

1868. Tod der Gemahlin (S. 303).

1872. Geschenk an den Bruder (S. 305).

1876. Pio IX. e Italia unita (S. 307). — Sein Denkmal in Parchim (S. 309). — Jagdtag in Creisau (S. 311).

1884. Nachrichten von Creisau (S. 313).

1885. An der Riviera di Levante. (S. 315). — Das italienische Volk (S. 317).

1888. Kaiser Friedrich III. (S. 319).

Inhalts-Verzeichniß.   XV

Anlage.

Stammbaum zur Ueberſicht der nächſten Verwandtſchaft des General-
Feldmarſchalls.

Abbildungen.

Adolf von Moltke als Student, gezeichnet von seinem Bruder
Helmuth, 1833 . . . . Titelbild
> Der Feldmarſchall hatte dieſes Bild gezeichnet, als er mit
> ſeinem Bruder zuſammen in Berlin lebte, Adolf als
> stud. jur., er als Lieutenant. Helmuth, durch ſeine mili-
> täriſche Stellung ſehr in das geſellige Treiben der Reſidenz
> hineingezogen, hatte doch eine große Anerkennung für den
> ſtillen, fleißigen Bruder, dem er mit großer Liebe anhing.
> Er benutzte einmal eine ſtille Stunde, um, hinter dem
> Bruder auf dem Sopha ſitzend, ihn im vollen Eifer ſeiner
> Studien zu ſkizziren. Noch in ſeinen ſpäteſten Jahren
> verlangte der General-Feldmarſchall von Zeit zu Zeit dieſe
> Zeichnung zu ſehen und betrachtete dieſelbe dann immer
> aufmerkſam und lächelnd.

                                                                   Seite

Bild der Mutter 3
Schloß Schön-Brieſe vom Park aus 31
Schloß Schön-Brieſe: Das Geſellſchaftszimmer 32
Helmuth von Moltke in ſeinem Zimmer in Bujukdere am
    Bosporus (Handzeichnung, 1837) 101
Bild des Bruders Adolf 107
Bild des Bruders Ludwig 229

Anmerkungen am Fuße der Seite rühren ſtets von der Redaktion her.

I.
Briefe an die Mutter.

1828 bis 1837.

Lebensbild der Mutter.

Frau **Henriette von Moltke**, die Mutter des Feldmarschalls, war als Tochter des Geheimen Finanzrathes Paschen am 5. Februar 1777 zu Lübeck geboren. Ihr Vater, einer Patrizierfamilie der Hansestadt angehörend, war ein vornehmer Kaufherr mit ausgebreiteten Verbindungen, durch die ihm und den Seinigen ein weiter und freier Gesichtskreis erwuchs. Henriette wurde von ihrer Stiefmutter aufs Beste erzogen und war eine liebreizende, feingebildete Jungfrau von zwanzig Jahren, als sie den bildschönen preußischen Lieutenant Friedrich Philipp Victor von Moltke kennen und fast in demselben Augenblick lieben lernte. Ihr vorsichtiger Vater war nicht für diese Verbindung; aber was Henriette einmal ergriffen hatte, hielt ihr energischer Sinn fürs Leben fest, und so wurde sie nach kurzem Brautstande im Mai 1797 die Gattin des Auserkorenen.

Frau von Moltke wird als eine Dame von schöner, mittelgroßer Gestalt und stolzer, unnahbarer Haltung geschildert; ernste, geistvolle Augen, die gebogene Nase, der festgeschlossene Mund und das lockige, weiß gepuberte Haar gaben ihrem Antlitz etwas ungemein Charakteristisches. Nach außen hin verschlossen, ernst, fast streng, war sie eine leidenschaftliche Natur mit liebeglühendem, treuem Herzen. Sie besaß einen bedeutenden Verstand, beherrschte mehrere Sprachen und vermochte sich auch schriftlich, selbst in Augenblicken tiefer Gemüthsbewegung, ebenso klar wie kurz auszudrücken. Ein ernstes Christenthum lebte in der Tiefe ihrer Seele; es spricht sich in einem Briefe an ihren Sohn Adolf (vom 14. Januar 1830) innig aus: „Möchtest Du Gott immer mehr erkennen, wenn er auch prüfend Dir naht. Ein reiner Glaube und festes Vertrauen giebt Muth und Kraft in jeder Lage des Lebens! Was entbehrte man auch an Ehre und zeitlichen Gütern! Sind sie doch alle vergänglich, und nur das Bewußtsein treu erfüllter Pflicht ist ein bleibendes Gut; dies möge Gott auch Dir bewahren." Selbst mit einer schönen Stimme begabt, liebte sie Musik und Poesie, wie überhaupt ein sonniges Leben, das ihr aber nur kurze Zeit beschieden gewesen ist.

Nach den ersten ruhigen Jahren ihrer Ehe begannen die Unglücksfälle, Vermögensverluste und Sorgen; der Gatte, welcher in dänische Kriegsdienste getreten war, befand sich vielfach abwesend, und von einem Gute, das er im Holsteinischen gekauft hatte, brannte der Hof mit allen Beständen ab. Damals geschah es, daß Frau Henriette die Kraft besaß, das Kind ihres Pächters, dessen Mutter vor Schreck über das Feuer im Wochenbette erkrankt war, mit ihrem eigenen Säugling zusammen ein Vierteljahr lang an ihrer mütterlichen Brust zu ernähren.*)

Von tiefstem Einfluß auf ihr Dasein war es, daß die beiden Gatten sich je länger je weniger verstanden und von einander getrennt lebten. Aber ihr energischer Geist gewann gerade daraus neuen Antrieb, sich ihren acht Kindern mit um so größerer Gewissenhaftigkeit und Treue zu widmen. Sie scheute, obschon von ihrer Jugend her an Reichthum und Bequemlichkeit gewöhnt, kein Opfer und entsagte Allem, um für die Erziehung der Kinder das Möglichste zu thun. Sie hatte denn auch die Freude, alle acht sich prächtig entwickeln zu sehen und von ihnen mit einer Liebe verehrt zu werden, welche sie in verklärter Schönheit in Aller Erinnerung fortleben ließ, als sie schon längst heimgegangen war. Bis zum Jahre 1832 lebte sie in Preetz; dann, als ihre jüngste Tochter Auguste sich mit Herrn Burt verheirathete, zog sie nach Schleswig.

Sie starb, wie sie gelebt hatte, als eine Heldin. Ihre Todeskrankheit, ein mit den Erscheinungen der Wassersucht verbundenes Leiden, verbarg sie mit der äußersten Energie vor ihren Kindern. Am letzten Abend ihres Lebens fand sie ihre aus einer Gesellschaft heimkehrende Tochter Helene (Frau Pröpstin Bröker) in dem kaltgewordenen Zimmer am

---

*) Der jetzt sechsundachtzigjährige Pflegling verdankt ihr sein Dasein. Ein Brief seiner Cousine an den Feldmarschall wird mit zur Veröffentlichung gelangen.

Schreibtisch sitzen. Den liebevollen Vorwurf, sie schone sich zu wenig, wies sie mit einem freundlichen Gutenachtkuß zurück, und am andern Morgen fand die Tochter sie, vom Schlage gerührt, sterbend am Boden liegen. So verschied sie am 27. Mai 1837, als ihr Sohn Helmuth, in dessen Wesen sich die bedeutenden Charakterzüge der Mutter wiederspiegelten, an den fernen Ufern des Bosporus weilte.

Frankfurt a. O.,*) den 5. Juni 1823.

Liebe Mutter!

Da Ludwig**) jetzt die Reise antritt, die er so sehnlich gewünscht und an die ich mich so gern erinnere, so gebe ich ihm diese Zeilen an Dich mit. Ich stelle mir lebhaft die Freude vor, welche Ludwigs Anwesenheit in Preetz verursachen wird, und ihm wird es nicht weniger dort gefallen. Dein kleiner, freundlicher Garten muß Dir jetzt eine Menge Erdbeeren und Erbsen liefern, hier ist die Zeit bald vorbei, ohne daß ich viel davon bekommen hätte.

Wenn ich nur noch fertig werde, so schicke ich Dir einliegend eine kleine Zeichnung von einer Mühle ohnweit Frankfurt, zu der ich zuweilen spaziere, ich erbitte mir aber dafür die noch unvollendete Ansicht von Preetz, welche ich dort zurückgelassen habe. Auch würdest Du mir einen großen Gefallen thun, wenn Du mir von Lene, Guste, Vips und Dir eine kleine Locke schicktest, ich habe eine Kapsel, in der ich sie tragen werde.

---

*) Helmuth v. Moltke stand damals als Lieutenant in Frankfurt a. O. beim Füsilier-Bataillon 8. (Leib-) Infanterie-Regiments (das erste Bataillon stand in Lübben, das zweite in Guben). Die biographischen Daten werden im Bande: „Zur Lebensgeschichte" ausführlicher gegeben werden.

**) Ueber die in den Briefen genannten Familienmitglieder giebt der diesem Bande angehängte Stammbaum Nachricht. „Vips" ist Victor.

Ich freue mich, bei Ludwigs Rückkehr von ihm recht viel über Euch erfahren zu können.

Ob ich im Herbst auf die Kriegsschule komme, ist noch immer nicht entschieden, es kommt darauf an, ob meine Arbeiten unter 68 zu den 50 besten gezählt werden.

Wir exerziren täglich wenigstens einmal. Abends gehe ich mit ein paar Kameraden baden. Die besten Schwimmer schwimmen dann durch die Oder, welche jetzt durch den vielen Regen außerordentlich angeschwollen ist und die angrenzenden Wiesen überschwemmt hat. Dann gehen wir in die Kirschberge und essen Kirschen oder saure Milch, oftmals beides. Hast Du schon Kirschen in Deinem Garten?

Den 24. d. M. kommen die zwei anderen Bataillone des Regiments hier zusammen, dann geht das Exerziren erst recht an, den 12. August stoßen noch drei Bataillone und zwei Kavallerie-Regimenter nebst Artillerie zu uns und Jäger. Dann müssen wir eine Meile marschiren, um zu unserem Exerzirplatz zu kommen. Endlich am 2. September geht's nach Berlin, wo über 30 000 Mann zusammentreffen.

Nochmals herzlichen Gruß an die Schwestern und Wips. Entschuldige, daß dieser Brief so eilig geschrieben ist, und denke oft an Deinen

Helmuth.

Ober-Salzbrunn, 15. August 1825.

Liebe Mutter!

Obschon mein letzter Brief an Dich noch nicht lange fort ist, so will ich mir doch das Vergnügen nicht länger versagen, den nächsten schon wieder anzufangen. Deinen lieben Brief vom 23. Juli habe ich vorgestern durch Ludwig erhalten. Wie freue ich mich jedesmal, einen Blick in Eure stille Häuslichkeit zu thun, wie ganz entgegengesetzt ist mein Verhältniß. Gewiß, Du hast Recht, daß die innere Ruhe, welche Du, Gott sei dafür gedankt, jetzt so verdientermaßen genießest, das einzige wahre Glück ist, wonach man ringen soll. Und wie oft habe ich mich schon danach mit wundem Herzen gesehnt, wenn vereitelte Wünsche, Kränkungen und Feindschaft allen Lebensmuth mir niederdrücken. Aber in meinen Jahren ist dies Krankheit. Erst nach überstandenem Sturm kann die Ruhe beglücken, und erst dann ist sie erlaubt. — Ich schöpfe hier frische Lebenskraft. Mir hat das Schicksal noch so wenig Anlaß zur Klage gegeben, daß Klagen von mir unverzeihlich sein würden, wenn nicht körperliche Disposition mich besonders empfänglich für traurige Eindrücke machte. — Ich darf aber, nach dem bisherigen Erfolge zu rechnen, hoffen, daß mir der Brunnen sehr gute Dienste leisten wird. Und so will ich mich denn mit neuem Muthe auf die dornige Rennbahn wagen, auf der ich entfernt von Euch allen und einsam das Glück zu erjagen strebe. Möchte ich es für Euch alle gewinnen!

Hier ist ein Mädchen, das recht verdient, Deine Schwiegertochter zu sein. Es ist eine Gräfin Reichenbach. Sie ist bildschön und erzogen — Du würdest sie auf Händen tragen. Aber leider ist sie unvermögend.

Genau der Gegensatz sind einige polnische, sehr reiche und sehr vornehme Bekanntschaften. Ich weiß nicht, ob Du früher Gelegenheit gehabt hast, mit Polen umzugehen. Nichts kann angenehmer sein. Man ist gleich eingeführt, gleich bekannt und gleich vertraut. Die Leute überschütten einen mit Güte und Artigkeit, die man bei Deutschen Aufbringlichkeit nennen würde. Aber so sind sie Alle, dabei äußerst feingebildet, unterhaltend und lustig, aber eine polnische Schwiegertochter möchte ich Dir doch nicht verschaffen.

Ich bin dringend nach Polen eingeladen von einer Starostin

Obroczieska.*) Diese Dame hat ihren eigenen Koch mit, man ißt bei ihr von Silber und sehr gut, und sie spricht vortrefflich französisch, hat hübsche Töchter und ist die lustigste alte Frau, die ich je gesehen. Aber meine Finanzen, durch die Dresdner Reise und vor Allem durch Bezahlung der Rechnungen in Berlin nur zu sehr erschöpft, nöthigen mich zur größten Sparsamkeit. Ein Glück, daß ich bei meinem Freunde v. Frobel eine Zuflucht finde (in Glatz), wo ich einige Zeit umsonst leben werde. Ich fürchte, daß ich höchstens diesen Monat noch die Kosten des Brunnens aushalten werde, denn ich muß doch auch auf die Rückreise bedacht sein.

Ich bin lange nicht so vergnügt gewesen wie hier, was ebenso gut für mich sein mag, wie der Brunnen selbst. Wein und Equipage habe ich fast frei, denn der Oberst Graf Wartensleben, Vater meines Freundes, der mich schon zweimal hier besucht hat, hat mich gegen seine Gewohnheit ganz außerordentlich in Affektion genommen. Fast täglich fahre ich in seiner eleganten Droschke nach einer dieser köstlichen Burgen und Schlösser, an welchen man sich hier nicht satt sehen kann. Kürzlich haben wir eine unterirdische Wasserpartie gemacht, welche vielleicht in der Welt einzig ist. Denke Dir ein mehr als 1000 Klafter langes Gewölbe, zum Theil in Felsen gesprengt, aber nur vier Fuß breit und wenig höher, welches hunderte von Fuß tief unter Bergen, Dörfern und Bächen wegzieht. Der Boden ist etwa drei Fuß tief mit Wasser bedeckt, welches, aus unterirdischen Quellen entsprungen, durch eine Schleuse dort erhalten wird. Der Kahn, mit dem man auf diesen Styx einfährt, ist fast so breit als der Stollen. Bald verschwindet das Licht des Tages, und trotz der vielen Lampen, die man mitnimmt, tritt eine völlige Finsterniß ein, an die sich das Auge erst gewöhnen muß. Erst dann erkennt man die schwarzen Steinkohlen, die Granitblöcke, rieselnde

---

*) So steht der Name im Briefe; doch sind wir der Rechtschreibung nicht sicher.

Quellen und von Zeit zu Zeit Bassins oder Felsenhallen, zum Ausweichen der Kähne. Die Luft ist kalt, aber rein. Hier ist kein Sommer, kein Winter, man hört selbst den Donner nicht. Besonders schön ist beim Zurückfahren der Anblick der Oeffnung in weiter Ferne. Die halbrunde Einfahrt sieht genau aus, wie die aufgehende Sonne und spiegelt sich über die lange Wasserfläche hinüber. Beim Heraustreten ist man völlig geblendet. — Wir waren vor Kurzem in Abersbach. Das Schönste in diesem seltsam gestalteten Sandsteingebirge schien mir ein großer Wasserfall zu sein, der durch eine enge Spalte in eine tiefe, dunkle Höhle fällt, in die man nur durch eine einzige Felsritze eintritt.

Vorgestern erhielt ich Deinen lieben Brief vom 23. Mit der größten Freude habe ich Alles gelesen.

6. September. Die schöne Zeit, die ich hier in Salzbrunn zugebracht, ist jetzt verflossen, und ich muß es, obzwar mit großem Bedauern, verlassen. Nie wird es mich gereuen, hier gewesen zu sein. Die Reise hat mir sehr wohl gethan, und ich habe viele sehr angenehme Bekanntschaften gemacht, von denen ich einige in Berlin fortsetzen werde. Wie ungern trenne ich mich von so viel schönen Gegenden und solchen guten Leuten, die mich so freundlich aufgenommen. Da bis zur Eröffnung der Kriegsschule nur noch ein Monat hin ist, so ist Folgendes mein Plan. Am 14. gehe ich nach Breslau; ob ich noch zuvor mit Graf Reichenbachs die Schneekoppe ersteigen werde, ist ungewiß. In Breslau wohne ich bei einem Grafen Wartensleben, Onkel meines Freundes, mit welchem ich in seiner Equipage am 17. nach Rusko, ohnweit Krotoschin in Polen, zu Frau v. Obroczienska auf einige Tage zum Besuch reise.

Gegen Ende dieses Monats kehren wir nach Breslau zurück. Von da gehe ich nach Glatz, wo ich meinen Freund v. Frobel vierzehn Tage besuche, mit dem ich am 15. Oktober in Berlin eintreffen werde.

13. September. Morgen reise ich nach Breslau. Die Reise nach dem Riesengebirge ist gemacht. Sie wurde unter unglücklichen Auspicien angefangen, aber mit dem größten Glück vollbracht. Denn einmal war der Stand meiner Finanzen so niedrig wie der des Wetterglases. Aber Alles ging gut. Morgens um sechs fuhr ich mit dem jungen Reichenbach nach Walbenburg. Dort erwartete uns eine Gelegenheit nach Landeshut. Von hier gingen wir mit der Post nach Schmiedeberg. Dicht vor dieser Stadt fährt man eine halbe Stunde lang einen steilen, großen Berg im Zickzack hinunter. Unbeschreiblich ist die Aussicht, die man während der Zeit hat. Zu Deinen Füßen fließt die Lomnitz, an der sich das schöne Städtchen eine halbe Stunde weit hinzieht, jenseits erhebt sich die ungeheure Masse des Riesengebirges, überall ragt die Schneekoppe mit ihrer kleinen Kapelle hervor. Rechts eröffnet sich ein endloses Thal, in welchem man Warmbrunn, Hirschberg, den Kynast und viele Burgen und Schlösser erblickt.

Um 1 Uhr waren wir da. Reichenbach ging zu seinem Schwager, dem Prinzen Reuß, der dort ein altes Schloß Steinhof bewohnt. Prinz Reuß, dessen Bekanntschaft ich hier gemacht, kam sogleich selbst, um mich zu bitten, bei ihm zu bleiben, und dies that ich bis zum nächsten Vormittag, und der Aufenthalt hier war wie in einem Feenschloß. — Nichts gleicht dem Auf= und Untergang der Sonne in dieser paradiesischen Gegend. Ungern riß ich mich los und ging den folgenden Morgen um 3 Uhr auf die Schneekoppe zu. Um 10 Uhr war ich schon auf kaiserlichem Grund und Boden, wo ich mich mit Ungarwein erfrischte. Ganz allein, denn Reichenbach durfte seiner Brust wegen nicht mit, sogar ohne Führer stieg ich jetzt mit den größten Anstrengungen bis um 1 Uhr bergan. Aber alle Anstrengungen, die wirklich sehr groß waren, wurden durch die unbeschreibliche Aussicht belohnt, die man zwanzig Meilen weit nach Prag, Breslau u. s. w. von dem höchsten Gipfel dieses Gebirges hat, der mit einer Kapelle der heiligen Maria gekrönt ist. Jetzt konnte ich hundert Meilen in der Runde nicht höher steigen, ich stand, wo kein Baum mehr wächst, auf dem höchsten Punkt in ganz Deutschland, und 4900 Fuß über Euren Köpfen. Unter mir lag der Schnee in den Gruben, zwei Ströme stürzen die schroffen Felswände in entgegengesetzter Richtung hinab. Dann folgen große Tannenwälder, die wie ein Feld mit Kresse aussehen, und jetzt folgen die endlosen Ebenen mit zahllosen Ortschaften, Seen, Wäldern und Leinwandsbleichen bedeckt. Doch dies Alles läßt sich nicht beschreiben. Nun kehrte ich mich gegen Norden und blickte nach der Gegend, wo Ihr wohnt und schrieb einige Worte in meine Schreibtafel an Euch. Ich verließ das Gebirge und war nach einem Gewaltmarsch schon um 6 Uhr wieder in Schmiedeberg. Dort hielt ein Wagen, der eben nach Landeshut abfahren wollte, ich fuhr mit und war um 8 Uhr in Landeshut. Von hier ging ich denselben Abend noch drei Meilen nach Salzbrunn, wo ich in der Nacht um 12 Uhr anlangte. Die Partie ist mir sehr gut bekommen, hat mir noch nicht einen Thaler gekostet und wird mir ewig unvergeßlich bleiben. Ich bin jetzt sieben Wochen in Salzbrunn, also weit länger, als mein erster Plan war. Daher kostet mich mein Aufenthalt auch mehr, als ich gerechnet, und ich unternehme meine Reise nach Polen mit 8 Thalern, zu denen noch 5 Thaler hinzukommen, die ich verborgt habe. Allein ich hoffe, mit 13 Thalern bis nach Glatz zu kommen, wo ich Alles frei habe und das Geld zu meiner Rückreise geborgt bekommen werde. Wenn ich mich in Berlin auch noch so sehr einschränken muß, so wird es mich doch niemals gereuen, da ich für wenig Geld so viel Sehenswürdiges gesehen habe. Wenn ich hoffen darf, daß ich so gesund und wohl bleibe, wie ich jetzt bin, so habe ich nicht zu theuer gekauft. Ich bin daher auch voll guten Muthes und wünsche nur, daß es Euch allen so gut gehen möge, wie mir. Nur im Punkte des Geldes nicht. Meinen nächsten Brief erhältst Du schon aus Berlin, wo ich den 15. unfehlbar eintreffe. Wenn jemand von den Brüdern bei Dir ist, so bitte ich, daß er Vater von meiner Reise und meinem Aufenthalt hier benachrichtige. Ich werde schreiben, sobald ich in Berlin sein werde. Aber von hier aus würde es nicht mehr lohnen, das Porto ist so ungeheuer groß. Einliegend Veilchen und Moos, welches nur auf dem höchsten Gipfel der Schneekoppe wächst, wo alle andere Vegetation aufhört.

Nun Adieu, liebe Mutter, lebe recht wohl und denke oft an mich, ich werde Dir meine Rückkehr nach Berlin sogleich melden. Herzlichen Gruß an alle die lieben Geschwister. Nochmals lebe wohl und behalte recht lieb Deinen

Helmuth.

Frankfurt, den 25. März 1828.

Liebe Mutter!

Nur die Besorgniß, daß unsere Briefe sich kreuzen würden, hat mich so lange abgehalten zu schreiben, um so lieber ist es mir, dies jetzt thun zu können und Dir zu sagen, daß es mit meiner Gesundheit vollkommen wohl geht und daß ich hoffe, zum Sommer ein paar Wochen in Swinemünde zu baden und dadurch allen Rückfällen vorzubeugen.

Die Nachrichten über Vater, welche Du mir mittheilst, betrüben mich sehr, indeß kommen sie mir nicht unerwartet. Noch vor sechs Wochen habe ich ihm geschrieben und sehr von der Idee abgerathen, aus dem Militär auszuscheiden, aus dem einzigen Wirkungskreise seiner Thätigkeit und als seine einzige Hoffnung, da er doch wirklich so nahe daran war, Regimentschef zu werden. Ich habe ihm auch meine Remuneration von sechzig bis achtzig Thalern angeboten, wenn es ihm an einer Summe zur ersten Equipirung fehlen sollte. Allein die Idee war in ihm zu fest geworden, er fühlte sich zu unglücklich in seiner militärischen Lage, als daß er bedacht hätte, daß jede andere ohne alle Thätigkeit und bei noch geringerer Einnahme ihm noch weniger Glück verspricht. Der Schritt ist indeß gethan, und wir wollen hoffen, daß er ihn nicht bereuen möge, wenigstens nicht blicken lassen, daß wir ihn tadeln. Etwas wird gewiß der König für ihn thun.

Wenn Vater nur wenigstens könnte eine Bauernhufe pachten und bewirthschaften. Das Schlimmste ist nur, daß das Unglück nicht sowohl in Vaters Verhältnissen, sondern in ihm selbst liegt.

Wir müssen die nächsten Begebnisse abwarten.

Herzlich freue ich mich, Dir von mir selbst die gute Nachricht mittheilen zu können, daß ich schon vor mehreren Wochen vom Chef des Generalstabes in Verfolg meiner mündlichen Unterredung und der bei der Ober-Militär-Studiendirektion eingezogenen Erkundigungen das unbedingte Versprechen erhalten habe, zum Mai oder Juli 1829 zu den Arbeiten des Generalstabes einberufen zu werden, was unter jetziger Beschränkung des Generalstabes sehr viel Glück ist und mich der Reihe nach erst in sechs bis sieben Jahren getroffen haben würde. Ich habe dann rund neun Monate des Jahres 20 bis 25 Thaler monatliche Zulage und bedarf dann also keiner Unterstützung mehr. Zu der Zeit werden sich Deine Umstände dann auch gebessert haben, und es kommt nur darauf an, bis dahin, besonders für mich, die Ohren steif zu halten.

Vorläufig werde ich in meinem Verhältniß zur Divisionsschule, und wahrscheinlich bis zur Einberufung zum Büreau, bleiben. Da ich jetzt das Feldmessen und Zeichnen mitübernommen habe, so fehlt es mir nicht an Arbeit, ich habe wöchentlich vierzehn Stunden und acht Inspektionsstunden außer der polizeilichen Aufsicht über 31 junge Leute, welche aber mit mir zufrieden sind, und die ich in gehörigem Respekt und guter Ordnung halte. Dem sehr vortheilhaften Bericht der Division habe ich aber meine bevorstehende Einberufung zu danken.

Während der letzten Monate habe ich ein Compendium für meine Schüler über die militärischen Aufnahmen ausgearbeitet, welches dieser Tage gedruckt werden wird. Auch wird sich die Remuneration diesmal für mich wohl auf hundert Thaler belaufen, von denen ich aber freilich im Voraus zehren muß, da ich keine Privatstunden mehr gebe und sogar die Tischgelder verloren habe, weil ich nicht mehr beim Bataillon bin, welches nach Küstrin verlegt ist.

Meine Stellung hier ist im Ganzen sehr angenehm und bringt für mich viele Vortheile mit sich; dahin zähle ich zum Beispiel den unentgeltlichen und sehr guten Reitunterricht, den ich seit fünf Monaten genieße. Jetzt hört er bald auf, wir reiten heute eine große Quadrille in allen Schulgängen.

Kürzlich habe ich die Bekanntschaft der Gräfin Blumenthal und Familie gemacht, welche zu Gutsnachbarn auf Liebenthal gereist sind und mich an der Familienähnlichkeit erkannt haben wollen. Du schreibst mir nichts von Adolf.

Möchten doch Ludwig und Adolf sich entschließen, ihre Carriere nicht in Dänemark zu machen. Mit Neid sehe ich hier so viele junge Leute meines Alters Räthe und Assessoren mit 600 bis 1000 Thaler Gehalt werden. — Mich kann es nie reuen, die Annehmlichkeiten der Heimat aufgegeben und mir dadurch Aussicht auf Fortkommen verschafft zu haben, wie wenig auch bis jetzt erlangt ist.

Wie sieht es denn in Deinem kleinen allerliebsten Garten aus! Du bist wohl schon recht beschäftigt. — Recht gern ginge ich so von Zeit zu Zeit einmal auf ein halbes Stündchen hinein, wenn ich nur nicht mit buddeln soll.

Hier fängt das Frühjahr schon recht an; die Oder ist wieder über alle Grenzen getreten, und nachdem sie ihre Eisdecke abgeschüttelt hat, ziehen die Schiffe mit breiten glänzenden Segeln über die Wiesen wie große Schwäne quer über.

Wenn ich nicht genöthigt bin, meine Remuneration größtentheils vorweg zu verzehren, so freue ich mich unendlich, eine Gebirgsreise nach dem lieben Schlesien oder Sachsen zu machen; wenn ich zum Büreau komme, so ist das vorbei, und dieser Sommer ist vielleicht der letzte, wo ich frei bin. Auf kürzere Zeit im Winter werde ich schon einmal abkommen, und da die Moneten hoffentlich bald besser werden, so werde ich Euch einmal zu Weihnachten überrumpeln, ehe Ihr es Euch verseht.

Nun Adieu, liebe Mutter, tausend Grüße an die lieben Geschwister alle. Lebe wohl und denke zuweilen an Deinen
Helmuth.

Mein gutes Lenchen, ein paar Worte für Dich finden hier noch Raum, wie geht's, Du schreibst ja gar nicht. Wie hast Du denn den Winter zugebracht. Ich hoffe, daß Du ganz wohl bist. Halt mir nur den Deubelsjung, den Vips, in Ordnung.

Mit meiner Gesundheit geht's sonderbar. Oft liege ich acht bis zehn Stunden bewußtlos, d. h. des Nachts, nicht den mindesten Appetit nach Tisch, gegen Abend solche krampfhafte Bewegungen und Dehnen, den ganzen Tag vollkommene Schlaflosigkeit, Reißen in allen Gliedern — wenn es Dir nur nicht ebenso geht. — Zeichnen thue ich jetzt wieder fleißig und habe gestern einen großen Türkenkopf fertig gemacht; bald will ich nun Deine Landschaft vornehmen. — Eben erhalte ich einen Brief aus Berlin, der einen Thaler vier Groschen Porto kostet, es sind Meßinstrumente dabei für die Schule, ich freue mich sehr darauf, die Aufnahme geht nun bald los.

Zerzaust der alte Schmidt dich noch tüchtig? Grüße Alle, die sich meiner erinnern. Schreibe bald einmal an Deinen Dich herzlich liebenden treuen Bruder
Helmuth.

Du schreibst mir nicht von meiner Novelle: „Die Freunde".*)

---

*) Diese Novelle wird als einzige bekanntgewordene Studie des Feldmarschalls in der schönen Litteratur in den „Vermischten Schriften" dieser Sammlung gedruckt werden.

O, was ist während meiner Krankheit dieser unsterblichen Feder entflossen, und der Verleger hat mich ums Honorar geprellt.

Frankfurt a. O., den 9. Mai 1828.

Liebe Mutter!

Dein lieber Brief, welchen ich soeben erhalten, versetzt mich auf einen Augenblick aus meinen Karten, Berichten, Censuren und all den vielen Dingen, die mich jetzt überschwemmen, in Eure klösterlichen Mauern. Ich sehe die Kaffeemaschine auf dem Tische sprudeln, die Schwestern mit Stickerei, den Wips mit einer Rechentafel und einigen Chininpulvern und Dich mit ein Paar entsetzlich zerrissenen Strümpfen (nämlich in der Hand) ein wenig kopfschüttelnd die Brille zurechtschieben, um dies Faß der Danaiden dicht zu machen. Nicht weniger höre ich meine Freundin, die Kuh, nach einigen frischen Blättern brüllen, auch poltert und ruft etwas in dem Eulensalon, wahrscheinlich einer der Herren Brüder, welcher sein verspätetes lever bemerkbar macht. Emsig seid Ihr alle beschäftigt und seht nicht, daß ich oder doch mein Geist (Lene, sieh Dich mal um!) mitten unter Euch steht. Was aber meine Person anbelangt, so sitzt sie hier an diesem selben Schreibtische in einem wunderlichen Chaos von Karten, Briefen, Instrumenten, Meßtischen, Rechnungen u. s. w., auch liegt da ein langer Geldbeutel, aber kein Beutel Geld, von schöner Taille. Die Sache ist diese. Ganz unerwartet bin ich schon in diesem Jahre zum topographischen Büreau einberufen, und zwar schon den 1. Juni muß ich in Namslau in Oberschlesien sein. Du kannst Dir denken, daß ich sehr freudig überrascht gewesen bin. Allein nun stürmt auch eine solche Menge von Geschäften über mich zusammen, daß ich kaum weiß, wie ich fertig werden soll.

Den 26. Mai. Da ich übermorgen nach Schlesien abreise, so beeile ich mich, diesen Brief abzusenden, welcher wegen eines dazwischen fallenden Kommandos 14 Tage lang liegen geblieben ist. Ich habe nämlich mit meiner Divisionsschule 4½ Quadratmeilen am rechten Oder-Ufer zunächst Frankfurt für den Generallieutenant aufnehmen müssen. Wiewohl dies sehr viel Arbeit gemacht hat, so war es zugleich recht angenehm und eine gute Vorübung. Wir sind täglich 10 bis 11 Stunden auf dem Felde beschäftigt gewesen, Abends kamen wir Alle zusammen vor meinem Quartier, welches in der Regel sehr gut war, denn ich konnte es in allen Ortschaften aussuchen, wo ich wollte. Dann wurde gesungen, eine Guitarre war mitgenommen, gegessen und getrunken, was zu haben war, und gestern Abend beim schönsten Mondschein fuhren wir auf der Oder nach Hause.

Sobald ich am Ort meiner Aufnahmen angekommen sein werde, so schreibe ich Dir wieder. Nur sehr ungern trenne ich mich von meinen Divisionsschülern, welche auch eben nicht erfreut über die Aenderung sind. Nun Abieu, liebe Mutter, ich wünsche, daß Ihr Alle so gesund und zufrieden sein möget, wie ich bin. Herzlichen Gruß an die lieben Geschwister, behalte in gutem Andenken Deinen

Helmuth.

Grüttenberg bei Oels, den 6. Juli 1828.

Liebe Mutter!

Du hast lange nichts von mir gehört, und das laß Dir immer ein Zeichen sein, daß es mir sehr gut geht. Möchte ich doch dasselbe von Euch wissen, denn leider ist der Gedanke an Zuhause immer mit Befürchtungen und Bedauern gemischt.

Von mir kann ich nur Erfreuliches schreiben. Seit vier bis fünf Wochen wohne ich schon hier auf dem Gute eines Herrn

v. Kleist, bei welchem ich wie Kind im Hause bin, so daß ich auch fast meine halbe Sektion von hier aufgenommen habe. Früh um 4½ Uhr erscheint eine Kaffeekanne, die, begleitet von zwei Tellern, auf welchen Butterschnitten und Kuchen sich zu beträchtlicher Höhe thürmen, unwillkürlich an die Gastfreiheit der schottischen Clanshäuptlinge erinnert. Dann ziehe ich aus, angethan mit ungebleichten Hosen, grauem Staubmantel und weißer Mütze, Handschuhen ohne Fingerspitzen und gewaffnet mit einem Etui und einem schönen Ramsden=Fernrohr. Hinterdrein zieht mein Silberdiener mit dem Meßtisch. So geht's durch Feld und Gärten, gestützt auf die offene Ordre, die ich stets in der Tasche habe und welche große Freiheiten einräumt. Einer meiner Kollegen hat z. B. sämmtliche Glocken aus dem Thurm hinaushängen lassen, weil sie ihn hinderten. Jeder Schulze ist angewiesen, uns Pferde, Quartier und zwei Mann täglich zu stellen. Sowie ich nach Hause komme, geht's zu Tische, wo meine einzige Sorge ist, wie ich es möglich mache, bei so viel Speisen von jeder etwas zu essen. Abends werden wieder drei bis vier Schüsseln servirt, zwischendurch gefrühstückt, gevespert, goutirt u. s. w., wobei der schöne Ungarwein nicht gespart wird; hierzu kommt, daß ich vollkommen gesund und also sehr zufrieden bin.

Da ich jetzt wirklich das Vierfache von dem, was Fritz und Wilhelm erhalten, habe, so lasse ich mir monatlich fünf Thaler abziehen; dies macht während der neun Monate, wo ich die Zulage habe (und zwar drei Jahre lang), 45 Thaler, welche ich zu Deiner Disposition stelle.

Mit meinen Finanzen steht es jetzt natürlich gut. Zwar ist die ganze Remuneration auf Schulden gegangen, denn noch kein Jahr habe ich so wenig gehabt wie im letzten, auch habe ich mich müssen neu in Civil equipiren, was bei meinem jetzigen Geschäft nothwendig ist; indeß habe ich bei meiner sehr guten Einnahme von 45 Thalern jetzt wenig Ausgaben. In Berlin wird es zwar nicht so gut sein. Die günstige Gelegenheit benutzend, werde ich morgen auf brei Wochen ins Gebirge reisen, welches, zwar noch 20 Meilen entfernt, seine blauen Gipfel am Horizont erhebt. Ich gehe zunächst nach Schweidnitz, wo ich Wartensleben besuche, der jetzt geheirathet hat, und von da nach Salzbrunn, wo ich den Brunnen brauchen werde. Ich freue mich, schon übermorgen den unvergleichlichen Fürstenstein wieder zu sehen.

Könnte ich Euch doch einen Blick von dem Riesengrab durch die tiefe finstere Felsschlucht auf das alte und neue Schloß thun lassen.

Deine Briefe, denen ich ungeduldig entgegensehe, bitte ich in den ersten vierzehn Tagen nach Schweidnitz und sodann nach Oels zu senden, wo ich sie holen lasse.

Nach meiner Rückkehr werde ich mich nach Ludwigsdorf bei Oels verlegen, zu General v. P. Exzellenz. Recht betrübt wird der Abschied heut hier im Hause sein, die Kinder haben sich sehr an ihre Einquartierung gewöhnt. Ich habe durchaus versprechen müssen, zum Erntefest wieder zu kommen.

Adieu, liebe Mutter, lebe recht wohl und gesund und schreibe bald an Deinen Dich liebenden Sohn

Helmuth.

Noch viele herzliche Grüße an die Schwestern. Gustens Pantoffeln halten immer noch vor, und das Barègetuch von Lenens Kleid erregt noch immer Bewunderung und Neid.

Schön-Briese, den 18. August 1828.

Liebe Mutter!

Deinen Brief vom 20. Juli fand ich bei meiner Heimkehr vor und hatte die Freude, zu erfahren, daß auch Ihr Alle wohl und gesund seid.

Adolf, von welchem Walter Scott gewiß Kenntniß hatte, als er den Alan Fairford im Redgauntlet komponirte, diesem wünsche ich herzlich Glück und etwas Ausverschämtheit im bevorstehenden Examen. Traurig in der That, daß selbst die solidesten Kenntnisse sich bei Euch den Chancen eines einzigen Wurfes unterwerfen müssen und daß sie selbst dann, wenn die Würfel günstig fallen, kaum Anspruch auf eine gute Karriere begründen dürfen. Lui muß dem halsbrechenden Examen mit einer zweifachen Spannung entgegensehen.

Wahrhaftig, ich glaube, er brächte lieber eine ganze Gesetzsammlung in Musik als in den Kopf, und käme es drauf an, die blinde Göttin (wie Proserpina einst von einem anderen Musikanten) aus der Hölle zu holen, er würde es thun, ohne sich ein einziges Mal nach ihr umzuschauen. — Meine guten, lieben Schwesterchen grüße ich herzlich, gewiß, es thut Noth, daß wir einmal wieder die Galoppe eintanzten und daß sie einmal über meine Manschetten und Halstücher herfielen. Ich hoffe, daß Lene den Victor noch immer in strenger Zucht hält wie sonst, wo er sich nur zuweilen durch einige Faustschläge und ein gelindes Fluchen Luft machte, wenn die Mütze nicht gebürstet und die Jabots nicht zart genug waren.

Den Mißwachs des Obstes und die vielen Gewitter und Regen theilst Du mit uns hier im ganzen Lande weit und breit, doch ist der Sommer eigentlich schön und hier an Getreide äußerst fruchtbar.

Meine Reise mußte ich auf vierzehn Tage beschränken, ich blieb daher nur sechs Tage in Salzbrunn, habe aber doch neunzig Becher Brunnen getrunken. Leider machte ich die folgende Gebirgsreise allein. Ich beeilte mich daher sehr und machte die in der That sehr starke Tour von Schmiedeberg über das ganze Hochgebirge nach Schreiberhau an einem einzigen Tage, wobei ich die Koppe selbst aber nicht bestieg, weil ich sie schon kenne. In einem der hochgelegenen Dörfer versah ich mich mit einem

Führer und stieg nun im eigentlichen Sinne des Wortes in die
Wolken, welche uns bald dicht umhüllten. So kamen wir einen
der mühsamsten Pfade an der Seiffenlehne hinauf, einer Treppe
groben Gerölles, welche uns 4000 Fuß über Eure Köpfe führte.
Bald schreitet man zwischen hohen Tannen über ein rauschendes
Bächlein, bald einmal über eine grüne aber stets sehr feuchte
Wiese, auf welcher die Heerden mit ihrem Geläute herumziehen.
Oben fing es tüchtig an zu regnen. Aber unbeschreiblich ist der
Anblick, wenn der Wind die Wolkenmassen zwischen den schwarzen
Tannenwäldern und durch die großen Schluchten hindurchjagt,
jetzt ein weites Thal zeigt; Häuser, Dörfer, Städte werden
sichtbar, weithin öffnet sich das Land auf viele Meilen mit zahl=
losen Ortschaften. Plötzlich schließt sich Alles wieder in graue
Wolken, welche mit majestätischem Brausen durch die Gipfel
ziehen. Dies schöne Schauspiel hatte ich namentlich wieder an
den Schneegruben, und ich ziehe es einem ganz heiteren Himmel
vor. Man traut seinen Augen nicht, wenn der ungeheure
Wolkenvorhang auf Sturmschwingen sich öffnet, würdig eines
Schauplatzes von etwa zehntausend Flächenmeilen, die man hier
rings übersieht. Je weiter man blickt, immer sieht man noch
einen Streif, einen Punkt, und dieser Punkt ist eine Stadt, ein
Gebirge oder ein Wald, über welchem hoch die Wolken ziehen,
die doch wieder tief unter dem Beschauer liegen. Aeußerst lieblich
sind die großen Leinwandbleichen, welche in schneeweißen, regel=
mäßigen Figuren zwischen den blauen Spiegeln der kleinen Seen
in den schwärzlichen Waldungen schimmern. Die Straßen ziehen
sich wie feingeschlängelte Fäden über die Berge, die, wenn sie
auch keuchend erstiegen wurden, von hier ganz flach erscheinen.
Zwischen ihnen winden sich meilenlang die Dörfer und Städtchen
mit ihren sauberen, weißen Wänden und glänzenden, silbergrauen
Schindeldächern. Unmittelbar zu Füßen hat man einen Abhang
von etwa neunhundert Fuß steiler Felswand. Noch am Abend
stieg ich mühsam hinab in das schauerliche Thal, in welches die

Elbe über zahllose Zacken und Gerölle in kleinen Fällen hinab=
gleitet, welche zusammen einen großen Anblick gewähren. Auch
meinen Liebling, den Zackenfall, sah ich noch im Halbdunkel aus
dem Teufelsthal und übernachtete in einer Glashütte am
schäumenden Zacken. Am folgenden Morgen früh besuchte ich
den Kocherfall und den Kynast, dessen romantische Legenden Euch
bekannt sind. Wahrlich, nur ein grausames Herz konnte ver=
langen, aus dem hochgelegenen Fenster auf die Ringmauern
hinauszureiten, wo an keine Umkehr mehr, nicht einmal an ein
Absteigen, zu denken war. Immer tiefer senkt sich der Abhang
unter der Mauer, die Spitzen der höchsten Firsten verschwinden
vor dem Auge des Reiters, und schon dem Eingang der Burg
nahe, gähnt ein Abgrund herauf, der, der Schlange gleich, den
Unglücklichen vor Entsetzen in den Untergang zieht. Welch
furchtbarer Fall des gewappneten Reiters und Rosses auf diese
Felsspitzen. — Einen besonders wehmüthigen Eindruck macht der
Anblick der gewaltigen Trümmer großer Burgen, solcher als
Bolkenburg, Schweinhaus, Nimmersatt und anderer, welche ich
auf dem Rückweg besuchte, und wie sie Ludwig und Adolf noch
schöner gesehen haben werden. Auch eine gewisse unbefriedigte
Neugier kommt hinzu. Die An= und Inwohner der Burg
wissen gar nichts davon zu erzählen, als daß sie ihnen die
nöthigen Steine liefert, um ihre Hütten davon zu bauen. (Wie
der Kommandant von Pilsen behauptet, der Mord des Wallen=
stein, insofern er überhaupt stattgehabt, muß halt vor seiner Zeit
passirt sein.) Und doch erregt die halbverloschene Spur eines
Heiligenbildes an der Wand, die Wagenspur im Felsboden einen
Strom von Vermuthungen und Nachdenken.

Doch es ist Zeit, daß ich aus den verfallenen Burgen nach
dem schönen Schloß zurückkehre, in welchem ich jetzt wohne.
Durch einen prachtvoll gemalten Kuppelsaal, dessen Wände — wo
die Wappenschilder, Engel, Festons u. s. w. sie nicht bedecken — von
reizender Stuckatur sind, trittst Du in eine Reihe von Zimmern,

welche mein Corps de logis ausmachen. Große Spiegel, damastene Sophas, getäfelte und kunstreich eingelegte Dielen, marmorne Kamine schmücken diese hohen Gemächer, deren Wände von einer Sammlung ausgesuchter Gemälde bedeckt sind, welche zum Theil aus dem Pinsel eines Titian, Rubens, Van Dyck, Wouverman und anderer Meister stammen. Hier nach vollbrachter Arbeit, in einem ergötzlichen far niente, schlendere ich ungestört mit dem Kataloge herum, bald beschauend, bald kopirend, bald mich wundernd, wie ich auf einmal in den Besitz so vieler Pracht gerathen bin. Denn wer genießt, besitzt; und kann der Eigenthümer mehr thun oder kann er sicher sein, länger zu besitzen als ich? Wiewohl ich es ihm wünsche und beiläufig nicht bezweifle. — Vor meinen Fenstern breitet sich der von hohen Mauern eingefaßte Park aus mit Steinstatuen und Urnen, aus welchen sich eine üppige Vegetation von blauen und rothen Hortensien (welche ich eine aristokratische Blume nennen möchte, wie Scott den Pfau einen aristokratischen Vogel) und Rankengewächsen, gleichsam überfließend, hervorbricht. Bassins, Balustraden, Berceaus und alle Reize eines Lenôtre sind zwischen den hohen Gartenmauern versammelt, aber das Ganze paßt vortrefflich zum Majoratssitz der Reichsgrafen von Kospoth und giebt ein Bild des Reichthums und der Macht. Auch ist es nicht übel, so die schönsten Apfelsinen vom Baum in den Mund zu stecken. Mein Wirth und seine schöne Gemahlin, das würdevolle Bild einer Dame von Rang, sind gegen mich so gütig und freundlich, wie eine strenge Etiquette es nur zu sein erlaubt. Gar sehr eisig kamen mir die jungen Damen zuerst vor, doch werden wir schon besser bekannt; auch bin ich erst acht Tage hier, in welcher Zeit ich schon gelernt, wie müde ich auch nach Hause komme, Mittags doch gleich große Toilette zu machen. Ein eleganter Civilanzug, den mein Geschäft schon abgeworfen hat, kommt mir dabei sehr zu statten. Wie lange ich bleibe, kann ich nicht bestimmen, denn hier, wo man lange nicht Alles sagt, was man denkt, kann nur eigener Takt mir sagen, wie lange ich gern gesehen bin. Doch bitte ich Dich, Deine Briefe nur immer nach Oels zu senden, wo ich sie holen lasse.

Adieu, beste Mutter, der Raum — das Postgeld —! Dein

Helmuth.

Berlin, den 15. November 1828.

Liebe Mutter!

Die Beantwortung Deines lieben Briefes vom 24. vorigen Monats verzögerte sich, weil ich Dir von meiner neuen Stellung etwas sagen wollte, und, hier angekommen, hat der rasche Wechsel von Beschäftigung, Einrichtung und Zerstreuung mich erst jetzt dazu kommen lassen, Dir zu sagen, daß ich wohl und munter den 1. November in Berlin eingetroffen bin und mich für die nächsten vier Monate eingerichtet habe. Mit wie viel Theilnahme las ich in der Ferne Alles, was in den stillen Klostermauern oder vielmehr dem damals geräuschvollen Kloster sich zugetragen. Mein Aufenthalt in Briese verlängerte sich zu zehn Wochen, und ich wäre am Ende zehn Jahre da geblieben, wenn mir nicht eingefallen, daß ich meine Zeichnungen abgeben müsse. Du weißt es, wie ich, früh schon aus dem elterlichen Hause entfernt und Deiner Sorgfalt entrissen, mich bald gewöhnen mußte, überall ein Fremder zu sein, überall erst das zu erwerben, was Anderen an Liebe, Freundschaft und Achtung durch verwandtschaftliche Bande oder freundschaftliche Beziehungen entgegengetragen wird. Seitdem nun ist mir, vielleicht die guten Stemanns ausgenommen, nie so gütig begegnet, nirgends ist mir so wohl und so einheimisch geworden als bei Kospoths. Ach, es ist eine schöne Sache für so einen armen Teufel, der sich zwischen Geldmangel,

Vorgesetzten, Dienstpflicht, Gehorsam und wie die Uebel alle heißen, die je der Büchse Pandorens entflohen, herumdrängen muß, so in eine Lage zu kommen, wo alle die kleinlichen Verdrießlichkeiten des Lebens, die zusammen das Unglück des Lebens ausmachen können, aufhören, wo Alles schön, gefällig, reich und edel ist und das Vergnügen Zweck sein darf, weil selbst die Arbeit ein Vergnügen ist, wo die Kunst nicht die spärliche Würze des Lebens, wo sie das Leben selbst ist, und wo man selbst gefallend sich gefällt. So war Briese ein warmer Sonnenblick an einem finstern Herbsttage. Wirklich kam ich mir vor wie am Hofe von Ferrara, und wenn mir nicht alles Tassonische gefehlt, so wäre ich mir auch vorgekommen wie der gefeierte Tasso. — Wenn es mir recht wohl geht (hier fällt mir sogleich der Esel ein), nun, da mache ich Verse, und nur dann. Die Nachwelt hat also alle Ursache, mir Zufriedenheit zu wünschen. Wenn Du das schöne Schloß mit der herrlichen Bildergalerie, die große Orangerie, die größte in Schlesien, gesehen hättest, Dir wäre auch mein Vergleich naheliegend erschienen.

> Kennst du die Flur, wo die Citronen blüh'n,
> Im dunkeln Laub die Goldorangen glüh'n,
> Ein sanfter Wind durch hohe Pappeln weht,
> In langen Reih'n die gold'ne Rebe steht?
> Dahin, dahin — lenkt die Erinnerung gern den Sinn.
> Kennst du das Schloß, es leuchtet fern sein Dach,
> Hell glänzt der Saal, es schimmert das Gemach,
> Die Bilder seh'n von allen Wänden drein,
> Als fragten sie: ist hier nicht herrlich sein?
> Dahin, dahin so gerne die Gedanken zieh'n.
> Wohl kenne ich das Schloß mit hohem Dach,
> Den schönen Park, das schimmernde Gemach.

Was nun der Drachen alte Brut*) anbelangt, so änderte ich das ab in:

> Und der Bewohner Liebenswürdigkeit,
> Die Allem erst den rechten Werth verleiht,
> Es waltet drin — für Schönes und für Gutes edler Sinn.

---

*) „In Höhlen wohnt der Drachen alte Brut."

Wie sehr vermisse ich den freundlichen Umgang mit so gebildeten Menschen jetzt. Wenn ich um 2 Uhr nach Hause komme, denn so lange arbeite ich von 8 Uhr an im Büreau des Generalstabes, so finde ich zunächst einen wesentlichen Unterschied zwischen dem jetzigen und dem damaligen Diner. Offenbar hat der Brieser Koch seinen Zweig der Chemie viel gründlicher studirt und bedient sich der besseren Stoffe. Der schöne Ungarwein fehlt ganz. Indeß das geht Alles noch an. Wenn es aber 6 Uhr schlägt, dann ist es mir immer noch, als sollte ich meine Bücher und Papiere zum Henker werfen und hinab gehen in das rothe Damast=Zimmer, mich gemüthlich in den vortrefflichen Fautenil strecken, in welchen ich paßte wie der Dotter ins Ei, wie die Schnecke in ihr Haus. Dies unvergleichliche Möbel war so sehr mein Eigenthum, daß die Gräfin selbst gewiß davon aufstand, sobald ich kam. Während nun der junge Graf sich auf dem Flügel in Fugen, Chorälen und kontrapunktischen Wendungen ergeht, harre ich geduldig der Ankunft der Damen mit ihren Stickereien und des Grafen mit einem Buche, aus welchem vorgelesen wird, während ich zeichne oder mitunter gar am Rahmen Stich an Stich reihe, was die junge Gräfin ebenso fleißig wieder auftrennt. Aber ich habe gut harren. Nicht einmal der alte Cabeau ist da, das gute Vieh, der vor Alter alle Sinne verloren (den Geruch etwa ausgenommen, denn riechen that er zuweilen tüchtig). — Da die Kospoths verwandt sind mit Allem, was vornehm und angesehen in Schlesien ist, so fehlte es nicht an häufigen kleinen Reisen und Jagden. Die Zeit verfloß höchst angenehm und bildend, und der Abschied war peinlich und nicht ohne viele Thränen. Kaum hier angekommen, fand ich schon ein Kistchen mit Ananas vor, ohne Anschreiben aber mit einer Feile, die ich in Briese vergessen hatte.

Auch für meine Finanzen oder vielmehr für die meiner Gläubiger ist der Aufenthalt sehr ersprießlich gewesen. Diese hatten mir während des letzten klammen Jahres, wo ich lediglich aufs Gehalt angewiesen, eine so große Theilnahme gezeigt, daß ich mich erkenntlich zeigen mußte; der größte Theil ist bezahlt, und ich hoffe, sie im Laufe des kommenden Jahres ganz los zu werden. Ich habe deshalb die Rückreise über Dresden aufgegeben. Recht viel hübsche Gemälde habe ich Gelegenheit gehabt zu kopiren, das Mehrste blieb zwar dort. Ich habe eine heilige Familie von Rubens mitgenommen; es ist das Größte, was ich bis jetzt ausgeführt habe, und enthält vier lebensgroße Köpfe von der größten Schönheit (eine Taube mit Kopf nicht mit eingerechnet). Es macht mir viel Freude, daß ich die Gräfin selbst sehr ähnlich traf; sie haben es eingerahmt und aufgehängt. Von meinem Aufenthalt hier weiß ich noch nicht viel zu sagen. Ich bin wie Einer, der sich auf ein unbequemes Sopha legt und seine Stellung noch alle Augenblicke ändert. Bis jetzt habe ich das Theater viel besucht, öfter, als es künftig geschehen darf, aber es ist mir eine große Anlockung. Auch die Kunstgemälde-Ausstellung in den Sälen der Akademie besuche ich oft. Dorthin schicken alle Künstler der entferntesten Orte des Königreichs ihre besten Arbeiten, um sie sehen, beurtheilen und kaufen zu lassen. Neben den vielen schönen gemalten Bildern erblickt man dann auch eine Menge lebendiger, und wer Bekannte hat, ist sicher, sie dort zu finden.

Mit Freude habe ich kürzlich von Vater erfahren, daß Adolf sein Examen und zwar glücklich beendet hat. Ich denke, der zweite Charakter: „mit Auszeichnung" ist schon etwas sehr Gutes, ist er denn zufrieden mit demselben? Schreibe mir doch, liebe Mutter, was für Aussichten sich ihm nun eröffnen, und statte ihm, wenn er zurückkommt, meine herzlichen Glückwünsche ab. Viele schöne Grüße auch an alle die übrigen Geschwister, welche bei Dir sind, ich hoffe vor Allem bald zu erfahren, wie es ihnen geht, für heute will ich nur noch an Ludwig schreiben und seinen Brief beantworten. Er ist noch am meisten bekannt mit den Verhältnissen, welche mich hier umgeben, und so giebt es mit ihm mehr gemeinsame Interessen, über die man sich auslassen kann, als mit den anderen Geschwistern. Vater schreibt, daß er vielleicht diesen Winter einen Besuch hier in Berlin machen wird, und ich habe ihm dazu gerathen, es wird ihn zerstreuen. — Wir haben einen schrecklichen September und Oktober mit Regen gehabt, der mich sehr gehindert bei meinem Geschäft. Die armen Truppen sind fast ertränkt in ihrem Lager gewesen.

Adieu, liebe Mutter, schreibe doch auch, wie es mit Fritzens Aussicht auf ein Avancement steht, der hat doch auch das mehrste Unglück von Allen. Lebe recht wohl, liebe Mutter, und behalte recht lieb Deinen Dich herzlich liebenden

Helmuth.

Berlin, den 25. Dezember 1828.
Adresse: Große Friedrichstr. Nr. 66c.

Liebe Mutter!

Daß ich mich noch am Leben befinde, wirst Du mit juristischer Gewißheit aus dem angebogenen Attest entnehmen, in welchem Du wohl so gut bist, die offen gelassenen Stellen selbst auszufüllen. Außer dieser Nachricht aber bin ich verbunden, Dir zu sagen, daß ich völlig gesund und sehr zufrieden bin. Einen Grund hierzu suche ich darin, daß ich gar sehr beschäftigt bin, so daß ich zuweilen, wenn ich des Morgens um 8 Uhr fortgehe, gleich den Hausschlüssel einstecken muß. Bis um 2 Uhr dauern nämlich unsere Geschäfte auf dem Büreau, wo wir zeichnen, reduziren oder von den Stabsoffizieren des Generalstabs Aufgaben erhalten, auch wohl nebenher die Zeitungen lesen und frühstücken gehen. Diese Session ist zwar etwas lang, aber nicht ohne

Interesse. Man erzählt seine Schicksale während der Aufnahme, kommentirt die Zeitung, rezensirt das Theater oder zieht gegeneinander zu Felde. Da viele recht sehr helle Köpfe sich unter meinen neuen Kameraden befinden, alle aber den Grad seiner Bildung haben, welcher den geselligen Verkehr allein angenehm macht, so ist das Gespräch oft ebenso vielseitig als belebt. Auch sind wir von oben her nicht im Mindesten genirt. Diejenigen, welche ihre Verwandten nicht hier haben, sind zu einem Mittagstisch zusammengetreten, wo wir für ein Billiges gut essen. Hier sind wir immer sehr lustig, manchmal wird denn auch ein Gläschen Wein getrunken, und so wird es 4 Uhr. Nun kommen die Privatstunden. Gratis höre ich einen cours de littérature française, auf dem Büreau ein Kollegium über neuere Geschichte und eins über Goethe auf der Universität. Das Auditorium besteht fast zu einem Drittel aus Militärs, ja in einem englischen Kollegium sind wir unserer mehr als Studenten. Außer diesen kosten mich meine Stunden nun noch 13 Thaler 16 Silbergroschen monatlich, nämlich Russisch, Reiten und Tanzen. Letzteres ist nur um des Masureks willen, den ich können muß, wenn ich nächsten Sommer nach Polen komme; das Reiten aber ist zu meinem großen Vergnügen in einer neuen, sehr großen Bahn bei heller Gasbeleuchtung. Der Unterricht ist vortrefflich, und, abgesehen von der zuträglichen Bewegung, bilde ich mir ein, gute Fortschritte zu machen. Mit der Zeit werde ich doch wohl endlich einmal beritten werden, und da wird mir diese fortgesetzte Uebung gut zu statten kommen. Das Russische darf ich als sehr wichtig ansehen. Rußland ist jetzt das merkwürdigste Land für Preußen, und seine Sprache nur höchst Wenigen bekannt, ich treibe es mit großem Eifer. In den Konduitenlisten ist ausdrücklich eine Rubrik für die Sprachen, welche ein Offizier versteht; bei mir ist es die fünfte. So wird es denn 6 bis 7 Uhr, und wenn man vielleicht ins Theater geht, so ist der Tag zu Ende. Diese Art zu leben ist nun freilich nur möglich durch die gute Zulage, welche ich genieße und die nebst der diesjährigen Remuneration mich in Stand gesetzt hat, über 150 Thaler an Rechnungen abzuzahlen, welche sich im Drange der Zeiten angehäuft hatten.

Daß ich gestern am Christabend zuweilen in der gelben Stube im Kloster*) gewesen bin, kannst Du wohl denken. Ich brachte den Mittag fröhlich bei einer Bowle mit meinen Kameraden und den Abend bei Ballhorns zu. Sehr angenehm wurde ich heute früh durch den Postboten überrascht, der mir einen anonymen Brief und eine Schachtel mit dem Postzeichen Oels brachte. Beim Eröffnen zog ich zunächst einen großen Wachsstock aus der Baumwolle hervor, dann folgte ein prächtiges Taschenbuch. Als ich es öffnete, erblickte ich sogleich ein ganz wunderniedliches Gemälde des Zimmers, wo wir in Briefe immer zusammen gewesen waren. Alles ist darin, wie ich es verlassen. Mein Fauteuil steht vor dem Tische, der alte Cadeau schnarcht in seinem Korb am Ofen, die Orangen und der Wein auf dem Tisch, die Gemälde, der Wein vor dem Fenster, Alles ganz genau. Vollends, wenn ich es so bei Licht ansehe, so ist mir's, als ob ich drin wäre. — Womöglich noch hübscher ist ein zweites Bild, eine Ansicht des Schlosses vom Park aus, von einem Punkte, den ich einmal als günstig dazu angegeben hatte. Ueber seiner Arbeit hatte der Graf geschrieben:

> In mildem Licht, du wohlbekannter Ort,
> Winkt mir dein Bild, das Herz und Blicke grüßen,
> Und schweigt mir auch der Rede treulos Wort,
> Will doch der Geist Erinn'rungslust genießen.
> Der weiten Gärten blumenreiche Pracht,
> Den süßen Duft in deinen Schattenhainen
> Läßt Phantasie aus düstrer Winternacht
> Mir in des Frühlings Morgenglanz erscheinen.

Pomaden, Seifen, Extrait double d'eau de Cologne, ferner ein Etui von Pappe, welches die junge Gräfin gearbeitet, Bleistifte, ein Messer in Perlmutter mit sechs Klingen u. s. w. füllten

---

*) In Preetz, wo die Mutter damals wohnte.

1828. Weihnachtsgeschenk aus Schloß Briese.

Schloß Schön-Briese vom Park aus.

Schloß Schön-Briefe: Das Gesellschaftszimmer.

ben übrigen Raum. Auch eine zierliche Neujahrskarte lag in der Brieftasche.

Diese Zeilen sind wieder einige Tage liegen geblieben, und ich befürchte, Du wirst ganz ungeduldig werden, bestes Mutterchen, wegen des Lebensattestes. Möchte es Dir und den lieben Geschwistern allen so wohl ergehen, als ich innigst wünsche. Adolfs Examen hat mir viel Freude gemacht; bald wirst Du denn auch eine Sorge weniger haben. Daß Du Dein Haus nicht gewechselt hast, finde ich recht. Im Sommer ist es doch sehr angenehm, und den hübschen Garten findest Du nicht leicht anderswo. Denke Dir, daß ich für ein einziges Zimmer, freilich in einer theuren Gegend unweit des Büreaus, ohne Burschengelaß acht Thaler monatlich gebe, und daß alle meine Kameraden theurer wohnen; dazu Holz und Licht, so kommen das Jahr 100 bis 120 Thaler zusammen. Viele herzliche Grüße an die lieben Geschwister. Nun Abieu, liebe Mutter, behalte lieb Deinen

Helmuth.

Rusko bei Jaroszyn, den 14. September 1829.

Liebe Mutter!

Wegen meines langen Stillschweigens bitte ich zuvörderst sehr um Entschuldigung. Die mancherlei Beschäftigungen ebenso wohl als die vielen Zerstreuungen, welche meine Anwesenheit hier mit sich bringt, sind die Ursache gewesen, und indem ich jetzt mein Versäumniß einzuholen strebe, begreife ich kaum selbst, wie eine so lange Zeit schon verflossen sein kann, seitdem ich Dein Schreiben vom Juli erhielt. Herzlich wünsche ich, daß diese Zeilen Dich und die lieben Geschwister alle recht gesund und zufrieden antreffen mögen, um so mehr, als hier zu Lande wegen des unerhört kalten, nassen Sommers ein fast epidemisches Fieber herrscht.

Was mich betrifft, so ist meine Lage so gut, wie ich sie nur wünschen kann. In pekuniärer Hinsicht spare ich genug, um hoffen zu dürfen, übers Jahr, wo dies Kommando endet, ohne alle Schulden zu sein. Dies ist schon immer ein großer Vortheil, und der Himmel mag dann weiter helfen. In Hinsicht der angenehmen Lage hat das wunderliche Glück gewollt, daß mich von 32 Loosen gerade das treffen mußte, welches mich hier nach Rusko führt, zu der Familie O., welche ich in Salzbrunn kennen lernte,*) die ich hierselbst vor vier Jahren (gerade morgen vor vier Jahren) besuchte und die für mich immer eine so besondere Vorliebe gehabt haben, daß sie mich wie Kind im Hause halten. Dies ist das dritte Haus, in welchem ich so glücklich bin, so recht freundlich aufgenommen zu werden und, wenn es möglich wäre, das elterliche zu ersetzen, so würde es diese Familie, wie früher Kospoths und Stemanns, können. Bei Kospoths bin ich diesen Sommer den 10. August zum Geburtstag des Grafen gewesen. Ich konnte nur wenig Tage bleiben und machte 30 Meilen dahin; man hat mir dieses sehr hoch aufgenommen. Hätte ich nicht schon ein so gutes Quartier, so würde ich meine Aufnahmen dort auszeichnen und den Herbst da zubringen.

Seitdem ich am 24. Juli das prachtvolle Herkow verließ, wo ich von der alten Starostin so gastfrei aufgenommen, hause ich hier in Rusko, wo ich bis Ende Oktober bleiben werde.

Wenn dort der uralte Palast der Sapieha und der Piasten, über unabsehbare schwarze Wälder schauend, seine großen, gewölbten Hallen öffnete und eine Reihe Gemälde der Kastellane und Palatine Polens gleichsam verwundert auf den Fremden blickten, der es wagte, in jene Ebenen zu bringen, welche sie be-

---
*) Vergleiche Seite 8 dieses Bandes.

herrschten und wo jetzt durch eine unglaubliche Umkehr der Dinge ein Kurfürst von Brandenburg Befehle ertheilt, dessen Kaiser ihre Reiterschaaren in seiner eigenen Hauptstadt befreien mußten, — wo jetzt weder ihr Name, noch ihre Religion, noch ihre Sprache, Gesetze und Gebräuche mehr gelten sollen — wenn dort, wo von aller Macht nur der Schimmer und von aller Größe nur das Andenken geblieben, das Auge auf diesen großen Trümmern weilt, so ist es hier, zur Prosa der Gegenwart herabsteigend, ein niedriges Häuschen mit einem Schindeldach, umgeben von Wirthschaftsgebäuden, Hütten und Garten und rings von einem Eichenwald eingefaßt, der ihm hat weichen müssen, welches meinen Aufenthalt bildet. Aber fast möchte man sagen, daß es hier wie mit den Häusern der Griechen in Konstantinopel geht, welche, von außen mit Brettern beschlagen, im Innern den asiatischen Luxus bergen. Hier sind gute und schlechte Gemälde, Antiken, werthvolle Kandelaber in kleinen Zimmern angehäuft. Marmortische, die einst große Hallen zierten, stehen in den engen Fenstern zusammengedrängt, und große Trumeaux hängen an schlecht gemalten Wänden. In dieser Umgebung haust mein Wirth, welcher in der polnischen Revolution seine Rolle unter Kosciuszko spielte und der mit dem eingewurzelten Haß gegen die neue Regierung die größte Güte gegen mich, ihren Diener, vereint. Uebrigens ist er zu verständig, um zu denen zu gehören, die auf die Regierung schimpfen, wenn ihm ein Rad bricht, oder es dem König beizumessen, daß wir so viel Regen haben. Da ihn aber aller Verkehr mit den Königlichen Beamten verwundet, die schlechten Konjunkturen, die hohen Abgaben, die neuen Formen ärgern, so ist es die Frau, welche mit einer unbegrenzten Thätigkeit, Geschmeidigkeit und Klugheit die sehr verwickelten Angelegenheiten eines Vermögens von wohl einer halben Million polnischer Gulden leitet. Eine neunjährige Tochter und eine Nichte, welche sehr reich, aber leider sehr häßlich ist, vollenden den Hausstand einer Familie, in welche ich als ein sehr heterogener Bestandtheil dennoch völlig verschmolzen bin. Wirklich kann ich Dir die Eigenthümlichkeit dieser Leute nicht besser schildern, als wenn ich Dir sage, daß sie oder vielmehr die aus ihnen hervorgehende Art zu sein fast genau das Gegentheil von meiner ist. Allein man muß zur Beurtheilung dieser Leute einen eigenen, ich möchte sagen nationalen, Maßstab anlegen, sonst wird man sie immer sehr falsch beurtheilen, und wenn sie uns leichtsinnig und prahlerisch erscheinen, so können wir ihnen nicht anders als höchst pedantisch und selbst etwas heuchlerisch vorkommen. Besonders mit der Beurtheilung der jungen Damen mag man sich hier in Acht nehmen. Bestochen durch die Freundlichkeit derselben, durch das Hinwegsetzen über so manche Formen, welches uns Fremde erstaunt, wird ein Geck glauben, überall sein leichtes Glück zu machen, und doch möchte das hier weit schwerer sein als bei uns, wo eine größere Tiefe des Gemüths mit der Strenge der Sitten leicht in Konflikt geräth.

Jetzt wo ich erst anfangen will, Dir von meiner Lebensart hier zu schreiben, sehe ich, daß meine raisonnirende Feder das ganze Papier schon angefüllt hat. Du mußt daher der Quere lesen und auf Kosten Deiner Augen erfahren, daß ich mit meiner Arbeit so ziemlich fertig und jetzt in einem angenehmen Müßiggang begriffen bin. Ich zeichne meine Aufnahmen und beiläufig auch einige Portraits, mache Baupläne, die mein Bedienter, ein geschickter Maurermeister, ausführt, und zu denen meine Wirthin das Material giebt. Dieses macht mir besonderes Vergnügen, und meinen Wirthsleuten geschieht ein großer Gefallen, denn alle Handwerker und Künstler sind hier äußerst selten und theuer. Schon prangt die Façade eines Kellers im Garten aus gesprengten Feldsteinen nach einem zierlichen Plan aufgeführt, und dieser Tage wird an einem großen Fischteich ein Badehaus aus demselben Material nach einer Zeichnung entstehen, welche ich eben vollende.

Die Jagd, die sehr ergiebige Fischerei, vielfache Besuche in der Nachbarschaft und aus der Nachbarschaft füllen die Zeit aus. Vielen Geschmack habe ich hier an der Landwirthschaft gewonnen, und es fehlt mir nur an einem Gut, um es mit Vergnügen zu bewirthschaften.

Doch alle diese kleinen Beschäftigungen, welche meine Zeit angenehm ausfüllen, nehmen sich auf dem Papier sehr unbedeutend aus, hier aber noch dazu sehr unleserlich. Vielleicht, daß ich zum Winter die schriftliche Unterhaltung gegen die mündliche vertauschen kann. Ich schließe daher mit der Bitte, alle Geschwister recht herzlich zu grüßen und im freundlichen Andenken zu behalten Deinen

Helmuth.

Berlin, den 6. November 1829.

Ich beeile mich, liebe Mutter, Dich wissen zu lassen, daß ich am Sonntag, dem 1. dieses Monats, hierselbst gesund und wohl mit der Post eingetroffen bin. Meine gütigen Wirthsleute, die O.'s, schickten mich die ersten zehn Meilen mit ihren eigenen Pferden bis Posen und hatten mich mit Wein, Thee, Kaffee, gebratenen Hühnern, Hasen, Enten, einer Wildpastete u. s. w. dergestalt ausgerüstet, als ob ich eine Nordpol-Expedition unternehmen sollte. Drei volle Monate habe ich in Ruslo zugebracht und bin während dieser Zeit noch einmal nach Schlesien zum Wollmarkt in Breslau gewesen, und hätte O. nicht so schnell verkauft, so wäre ich noch auf drei Tage ins Gebirge geflogen, welches man dort in einer langen, blauen Kette vor sich liegen sieht. In Ruslo vertrieb ich mir die Zeit, nachdem ich mit meiner Arbeit trotz des ununterbrochen schlechten Wetters fertig, mit Kramsvogelfangen, Dreschen, Jagdfahrten, Obstschütteln und dergl. ländlichen Beschäftigungen, bei

schlechten Tagen wurde Whist gespielt, wo ich aber einiges Lehr=
geld geben mußte, an hellen zeichnete ich die Mitglieder der
Familie bis zum struz oder Wächter in seinem Pelz und rother
Mütze und die Kammermädchen in dem sehr schönen National=
anzug.

Alle zwei oder drei Tage waren wir übrigens unterwegs,
bald zum Besuch, bald zum Ablaß, zur Messe u. s. w.

So kommt es mir denn jetzt mitten im Gewühl der Haupt=
stadt ziemlich einsam vor. Denn 200 000 Menschen können uns
nicht zwei Personen ersetzen, für die wir uns interessiren. Glück=
licherweise werden meine freundlichen Wirthe den Winter in
Geschäften hierherkommen, und ich freue mich sehr darauf, sie
hier zu sehen. Doch muß ich der Wahrheit gemäß gestehen, daß
das lebhafte Treiben einer Stadt, wie mein jetziger Aufenthalt,
mir eine interessante Abwechselung gewährt. Besonders macht
das Theater mir viel Vergnügen. Sehr unterhaltend ist endlich
das Zusammentreffen sämmtlicher Kameraden aus den verschie=
denen Standquartieren von der Ostsee bis zur Prosna, wo nun
jeder seine Schicksale und Abenteuer in einer Art von „Dichtung
und Wahrheit" vorträgt und jeder dabei seine Bemerkungen mit
so viel Witz und Laune, als ihm zu Gebote steht, darüber macht.
Ich bin fast der Einzige, der bloß gute Quartiere gehabt hat.

Ich habe meine alte Wohnung bezogen, Große Friedrich=
und Mohrenstraßen=Ecke, wo ich zwar neun Thaler für ein ein=
ziges Zimmer zahle, aber sehr angenehm wohne.

Gestern habe ich wieder 50 blanke Thaler zur Abzahlung
meiner Schneiderrechnung geschickt, und noch bleiben mir etwa
40 Thaler, meine Ersparnisse während des Sommers. Hier ist
zwar nichts zu ersparen. Ich wünsche sehr, liebe Mutter, zu
Neujahr zu Dir kommen zu können, um Dich und die lieben
Geschwister einmal wiederzusehen. Immer würde es aber nur
auf 14 Tage sein, denn Urlaub kann ich hier nicht bekommen.
Viele, viele Grüße an die Schwesterchen und an die Brüder,

welche bei Dir sind. Ich wünsche herzlich, liebe Mutter, daß Du so gesund und wohl sein mögest wie ich. Für heute schließe ich mit der Bitte nicht zu vergessen Deinen

Helmuth.

Betrübtes Post scriptum. Mit meinen Hemden sieht es sehr traurig aus, und neue würden mir sehr wünschenswerth sein. Ich möchte aber nur drei Stück haben, denn bei meiner ambulanten Lebensweise würden mehr mich geniren und könnten um so eher verloren gehen. Sie brauchen auch nicht feiner als bisher zu sein, ein kleiner Manschettenstreif würde mir aber lieb sein.

Berlin, den 10. Januar 1830.

Liebe Mutter!

Jetzt, wo ich wieder in meine alte Ordnung eingetreten bin, benutze ich den ersten Sonntag Vormittag, um Dir meine Ankunft hier zu melden und Dir meinen herzlichen Dank für Deine freundliche Aufnahme und für die Unterstützung zu sagen, mittelst welcher ich die Reise ebenso schnell als bequem zurückgelegt habe. Nachdem ich die Geschäfte in Hamburg abgemacht, war mir der Aufenthalt dort, allein wie ich war und mehr geneigt, zurück auf die bei Euch verlebte Zeit als vorwärts auf die fatale Reise zu schauen, sehr lästig, und ich war froh, als ich um 9 Uhr Abends in meiner Ecke des Wagens saß mit zwei Herren, die ebenso wenig sprachen als ich. Es war nicht im mindesten kalt, überdies trug ich meine ganze Garderobe auf dem Leibe. Draußen war dichter Nebel, und so hinderte mich nichts, meinen Gedanken nachzuhängen, bis ich durch das Thor von Berlin fuhr. Hier fielen mir einige Besorgnisse ein wegen meiner eigenmächtigen Beurlaubung. In Ludwigslust führte mir das Schicksal den Erbgroßherzog und auf der Post den Kommandanten von Küstrin in die Quere, Beiden mußte ich Rede stehen, indeß ist bis jetzt Alles gut abgelaufen.

Nach meinem Geldbeutel habe ich unterwegs Nachforschungen angestellt, allein er muß aus meiner Tasche nicht auf die Erde, sondern in die Luft, einem anderen Planeten zugefallen sein, auf diesem wenigstens hatte ihn Keiner gesehen. Hier sitze ich nun wieder in meinem kleinen, warmen, blauen Stübchen am Schreibsekretär, neben mir steht die Kaffeemaschine, in welcher ich aller Theorie, welche ich bei Dir gelernt, ungeachtet doch das Getränke nicht zu Wege zu bringen vermag, welches mir bei Dir so wohl geschmeckt hat.

Ich mag Lenens und Gustens Portrait ansehen, wie ich will, keine schmiert mir mehr ein Stück Butterbrot, und ich verliere regelmäßig die untere Hälfte, welche mit der Butterseite auf den Tisch fällt. — Doch das geht Alles noch an. Den Vormittag über habe ich zu thun, der Mittag ist eine angenehme Zeit, welche ich in sehr lustiger Gesellschaft zubringe, aber mit den Abenden hapert's gewaltig. Da fehlt's mir gar zu sehr, daß ich nicht, in bequemer Gemüthlichkeit in Deinem Sopha sitzend, mir von Lene etwas vorerzählen, von Guste etwas vormusiziren lassen und mit Dir plaudern kann. Das kann weder Gesellschaft noch Theater ersetzen, und mit Freuden gäbe ich sie drum, wenn ich alle Abend ein paar Stunden so in die gelbe Stube hinüber schlüpfen könnte. In Gedanken thue ich's wohl, aber dann wird es mir in meiner blauen so unheimlich einsam, daß ich nach Degen und Mütze greife und spornstreichs in das nächste Café laufe, wo ich denn zwar ebenso allein wie vorher bin, wenn auch die Säle mit Menschen erfüllt sein mögen. Hätte ich nur den Lui hier, denn der ist wie eine gutgestimmte Glasharmonika, die, welchen Ton man anschlägt, einen vollen Akkord hören läßt. Doch ich tröste mich mit dem schlechtesten Trost zwar unter allen, daß es nicht sein kann.

Mit herzlicher Liebe Dein

Helmuth.

Mierzyla bei Posen, den 18. Juni 1830.

Liebe Mutter!

Trotz aller Müdigkeit, Arbeit und des Wechsels im Aufenthalte bringt doch endlich mein Gewissen durch meine Faulheit und wirft mir vor, daß ich Euch so gar lange nicht geschrieben und Ihr meinen Aufenthalt nicht kennt, ich auch jeder Nachricht den Zugang zu mir versperrt habe. Nun möchte ich aber auch gar zu gern einmal wieder etwas von Euch hören und wissen, wie es Euch geht. Die vielen Fragen, welche ich in dieser Beziehung thun möchte, wirst Du Dir alle selbst denken können, und es bleibt mir daher nur, sogleich auf mich zurückzukommen und Dir zu melden, wie es mir seit den letzten zwei Monaten gegangen ist. Gleich gäbe ich eine der sequestrirten Herrschaften drum, wenn das nun schon Alles so auf dem Papier stände, was ich Euch so erzählen und besonders fragen möchte. Da das aber nun nicht geht, so will ich mich denn besinnen, was mir seit zehn Wochen wichtig oder neu oder einflußreich erschienen ist, in der Hoffnung, daß das Spiegelbild, welches ich Euch aus der Ferne zeige, Euch um meinetwillen interessiren möge, wenn, was es zeigt, auch weder neu noch einflußreich noch wichtig für Euch sein mag.

Im Monat Mai war ich kommandirt, den Landwehr-Ersatz für das 8. Landwehr-Bataillon in Frankfurt auszuexerziren. Hier werden Eleganten mit Regenschirmen und Strohhüten und Bauernbengel in blaue Jacken gesteckt und binnen vier Wochen so zugestutzt, daß sie aussehen wie Soldaten, ja sich wirklich bei der Revue wenig von solchen unterscheiden. Die Wuth dieses Exerzirparoxismus ist so groß, daß der entlassene Wehrmann sich dreimal 24 Stunden auf seiner Ofenbank in die möglichst krumme Stellung legt, um nur einigermaßen die auf die Rektifikationsfolter gespannten Glieder in die alten Fugen und Scharniere zu bringen. Was mich betrifft, so wußte ich vier Wochen lang nicht, daß das Leben noch in etwas Anderem besteht, als Einkleiden, Exerziren, Brotempfang, Gewehrputzen, Nachexerziren, Visitiren und Kommandiren. Endlich am 10. Juni trat ich mit dem Bewußtsein der erfüllten Pflicht sammt einer Belobigung wieder ein und reiste unmittelbar nach Posen. Sehr ermüdet, wie ich war, brauchte ich zwei Nächte, die ich besser hätte verwenden wollen, als einen Theil des Sandes zu durchziehen, welchen Mutter Natur so freigebig über „les terres vastes et sablonneuses du marquis de Brandebourg" ausgestreut hat, wie Voltaire in seinem Grimm unser Land nennt. — Als ich in dem bethürmten, klosterreichen Posen ankam, war eben Frohnleichnamsfest, und zahllose Menschen, besonders Landleute in der originellen Nationaltracht, folgten der Monstranz, welche der Erzbischof selbst trug. Kein Jude hätte gewagt, sich blicken zu lassen, obgleich es sonst davon wimmelt. Sobald das Allerheiligste gezeigt wurde, fiel Alles nieder zur Erde, und die Militäreskorte präsentirte das Gewehr.

Der katholische Ritus hat für mich immer etwas Imposantes, und um so mehr, als er scharf gegen den Indifferentismus absticht, welchen wir bei uns in Religionssachen zu oft wahrnehmen. Sehr interessant ist es mir gewesen, das große, vormals mächtige Kloster Orwinsk bei Posen zu besuchen. Hier habe ich Cisterzienser, Bernhardiner und barmherzige Schwestern gesehen, aus welchen man bei der Säkularisation der Ordensgeistlichkeit ein kombinirtes Bataillon formirt und selbige hier eingesperrt hat. Die Ordensregel ist sehr streng, und zweimal des Nachts, selbst im Winter, müssen die armen Nonnen heraus, um 1½ Stunden im Chor zu singen. Ihre äußere Erscheinung ist feierlich in den verschiedenen Trachten ihrer Orden, besonders die der Cisterzienser in braun härenen Skapulieren. Es war mir ein eigenes Gefühl, diese Schwelle zu überschreiten, über die diese armen Menschen nie wieder treten dürfen. Der Weg über dieselbe führt für sie nur auf den Kirchhof — für uns in die Welt. Wir sahen die Kirche, das Sprechzimmer mit dem eisernen Sprechgitter, ja zum Entsetzen der Nonnen verirrten wir uns (drei Offiziere) in die Zellen, indem wir Unkenntniß affektirten. Die guten Damen sind aber höchst unwissend. Die lateinischen Gebete, welche sie singen, verstehen sie nicht, allein sie versichern, Gott rede alle Sprachen, verstehe also auch, was sie wollten.

Von Posen aus begab ich mich ungesäumt an die Arbeit und legte mich hierher zum Herrn v. Treskow nach Wierząka. Ich habe einen sehr freundlichen Wirth, ein gutes Zimmer, einen vortrefflichen Tisch und ein herrliches Glas Wein, viel zu thun und bin gesund.

Posen, den 22. Juni 1830.

Bevor ich diese Zeilen absende, melde ich Dir noch meine Ankunft hier, wo ich meine zweite (und letzte — hier wird geseufzt) Sektion in Empfang nehme.

Mein freundlicher Wirth ist heute nach Karlsbad gereist, und wenig — wenig fehlte, so reiste ich mit. Die Gelegenheit war herrlich, und es kostete mir viel Ueberwindung, nicht auf seinen Vorschlag einzugehen. Allein ich muß 80 Thaler bezahlen, die ich diesen Winter baar geliehen und welche ich jetzt zusammensparen und -knausern muß. — So hab' ich's denn gelassen, dies schöne Reiseprojekt!!

Freiberg a. d. Mulde, den 20. Juli 1830.

Schon drei Wochen bin ich unterwegs, und obwohl ich recht oft an Dich gedacht habe, liebe Mutter, so habe ich doch immer nicht die richtige Muße finden können, an Dich zu schreiben. Heute soll mich nichts abhalten, Dir meine herzlichsten Wünsche und zugleich Nachricht von mir zu schicken. Du wirst die Einlage in Vaters Brief, welche ich den 30. vorigen Monats absendete, erhalten und daraus ersehen haben, daß ich den Hinweg zur diesjährigen Dienstreise über Dresden und das Erzgebirge zu nehmen hatte. Bis jetzt ist unberufen die Reise ungemein glücklich gewesen, das Wetter ist ununterbrochen seit drei Wochen schön, und ich habe nicht ein einziges Mal nöthig gehabt, den Mantel auseinander zu wickeln. Morgens Schlag 5 Uhr reite ich fort, mein munterer Hengst voraus, der Bediente auf dem Rappen mit einem kleinen Mantelsack, dem Mantel und zwei Taschen mit Karten und Putzzeug hinterdrein. Dann geht es drei, vier, fünf Meilen weit. Ist die Tour länger, so mache ich unterwegs eine Mittagsruhe von fünf bis sechs Stunden und reise erst Abends wieder fort, stets mit der Karte in der Hand. Die guten Rosse fressen mir aber auch genau zwei schwere Rationen jedes, und da das Futter sehr theuer, so geht es mir fast wie Diomedes, der von seinen Rossen gefressen wurde. Vorgestern habe ich eine starke Tour gemacht. Ich ritt früh von Annaberg nach Oberwiesenthal, drei Meilen. Um meine Pferde zu schonen, ließ ich sie dort stehen und ging zu Fuß auf der neuen Kunststraße über den hohen Keilberg (den höchsten Punkt des Erzgebirges), um den es mir zu thun war, bis tief am jenseitigen Abhang nach Böhmen hinab. Nachdem ich zurückgekehrt, hatte ich reichlich drei Meilen im hohen Gebirge gemacht und ritt dann die drei Meilen nach Annaberg zurück. Abends um 7 Uhr kam ich an, und da ich seit 5 Uhr früh nichts gegessen, so kannst Du Dir denken, daß mir die Forellen gut schmeckten. Ich bin durch wunderschöne Gegenden gekommen. Nachdem ich einige Bekannte bei Dresden besucht, ritt ich auf einer wenig besuchten, aber kürzeren Straße nach Teplitz, besah das Schlachtfeld von Kulm und setzte dann meinen Weg längs des schönen Egerthals nach Karlsbad fort. Hier traf ich glücklich genug unseren Vetter Moltke, den russischen Gesandten in Karlsruhe. Er wollte gerade zwei Tage darauf abreisen; diese blieb ich mit ihm zusammen, den 17. früh fuhr er mit seiner Frau in einem schönen Wagen mit vier Pferden ab. Unsere Straße ging eine Stunde weit zusammen, und ich begleitete die freundlichen Verwandten, bis mein Weg rechts übers Gebirge führte. Schon denselben Abend war ich in Schneeberg am nördlichen Fuß des Gebirges. Morgen früh gehe ich über Tharandt und den Plauenschen Grund nach Dresden, wo mein Major auf mich wartet, um das Schlachtfeld von Kulm zu besuchen, woselbst ich die Honneurs zu machen habe, nämlich mit Auskunft über die Begebenheiten und die Oerter, wo sie sich zutrugen. Ich habe zu dem Ende die verwickelte Schlacht und die einleitenden Bewegungen gründlich studiren müssen. Ich muß daher noch einmal übers Gebirge zurück, nehme aber einen anderen Weg, so daß ich es recht ordentlich kennen lerne.

Von Dresden gehen wir auf das Rendezvous Bitterfeld bei Halle, wo der ganze Generalstab den 3. August eintrifft und nun die eigentliche Uebungsreise beginnt. Ich lege Dir ein kleines Blümchen bei, welches ich Dir auf einer hohen Klippe des Erzgebirges gepflückt und lange am Hut getragen habe.

Wie oft habe ich bei den weiten schönen Aussichten Deiner gedacht; Du konntest Dich immer so freuen über eine schöne Gegend. Hättest Du nur gestern das prachtvolle Thal bei Wolkenstein sehen können. Die Sonne ging herrlich unter, und schon stand der Vollmond am Himmel und spiegelte sich in dem brausenden Waldbach — jenseits auf einer hohen Klippe erhob sich das alte Schloß. Es war so schön, daß ich die Nacht

dablieb und heute früh noch einmal den steilen Berg hinab=
kletterte. Für heute Adieu, liebe Mutter. Ich werde bis Dresden
wohl mein eigener Postbote sein. Jetzt will ich Freiberg mit
seinen alten Mauern und Thürmen besehen.
Mit herzlicher Liebe Dein treuer
Helmuth.

Berlin, Weihnachtsabend 1830, 7 Uhr.

Liebe Mutter!

Was könnte ich wohl Besseres thun, als heute und eben
jetzt mich in Gedanken bei Dir einzufinden, wo in diesem Augen=
blick gewiß ein so munteres Treiben ist. Nächstdem daß ich
nicht selbst mit dabei sein kann, verdrießt es mich nur, daß ich
Deine jetzige Wohnung und Umgebung noch so gar nicht kenne,
aber die Personen sehe ich und höre ich ganz deutlich, welche
mit ihren kleinen Acquisitionen sich durch einander und um ein=
ander lustig bewegen.

Die sauberen Handarbeiten von den Schwestern, die guten
tüchtigen Hemden und Strümpfe mit doppelten Fersen, als wären
sie für Achill bestimmt, von Dir, Tabaksbeutel für die beiden
Brüder von der Feder und solide nutzbare Sachen von Fritz,
eine Bowle Punsch in der Perspektive und vor Allem das Bei=
sammensein sind lauter Ursachen zur munteren Stimmung der
Versammlung. Vielleicht, daß Ihr dabei auch der Abwesenden
gedenkt, oder vielmehr gewiß — mir ist's, als ob ich es ganz
deutlich hörte.

Ja, bei mir sieht es freilich weit stiller aus. Besuche kann
man heute doch nirgends machen, und selbst das Theater erlaubt
heute Jedem, sich für seine 16 Groschen anderweitig so gut zu
amüsiren, wie man will. Aber wie man oftmals ohne alle

Veranlassung verdrießlich ist, so bin ich heute sans crime et sans raison ganz vergnügt in meinem Zimmer und auf meine eigene Hand. Ich glaube wirklich, daß etwas von dem Kerzenschimmer Eures Weihnachtsbaumes zu mir herüberscheint.

Zunächst muß ich Dir nur sagen, daß ich schon zwei Monate wieder in Berlin bin. Freilich hätte ich Dir dieses auch vor zwei Monaten schon sagen können und billig sagen müssen, aber in Betracht meiner sonst gewiß pünktlichen Korrespondenz und in Betracht, wie Ihr mir nun vier Monate nicht geschrieben, hoffe ich schon auf Deine Nachsicht. Ein Grund war wirklich der, daß ich immer dachte, Dir eine entscheidende Neuigkeit über Krieg und Frieden mittheilen zu können, denn diese Neuigkeit ist von der allerunmittelbarsten Wichtigkeit für mich, weil ich mir für den Fall eines Krieges wohl schmeicheln darf, sogleich in den Generalstab kommandirt zu werden. Ich will Dir in dieser Sache nicht meine Meinung sondern die der höheren Offiziere des Generalstabes sagen. Sie ist, daß wir Friede behalten trotz aller Seufzer der Sekondlieutenants, wenn das französische Gouvernement Stabilität genug hat, um dem Andrang einer doppelten Partei zu widerstehen, welche, Royalisten wie Republikaner, den Krieg wollen, um in Frankreich emporzukommen. Ob diese den Bürgerkönig aber nicht von dem Repertoire ihrer Bühne streichen, den alten Schwätzer Lafayette, premier radoteur de France, bei Seite schieben und den Laffitte*) auf Flaschen ziehen, das, glaube ich, dürfte noch keineswegs entschieden, die Revolution von 1830 wohl noch nicht für beendet anzusehen sein. — Mit einer Weisheit, die man einem insurgirten Volke nicht zutrauen sollte, enthält sich Polen aller Angriffe auf Posen, in der That das Vernünftigste, was es bisher gethan. In dieser Provinz stehen etwa 30 000 Mann jetzt, es können aber 150 000 Mann binnen drei Wochen da

---

*) Laffitte, Minister Louis Philipps.

sein, ohne von der Rheinprovinz ein Bataillon fortzuziehen. Kein Staat in Europa (vielleicht außer Oesterreich) disponirt in diesem Augenblick über schlachtfertige Armeen wie Preußen. Preußen ist, ohne allen Dünkel oder Uebertreibung, die einzige Macht, welche bei einer Armee, die mit dem ganzen Material bis ins geringste Detail versehen ist, der Stimmung ihrer Unterthanen so gewiß ist, daß sie einen Offensivkrieg führen könnte; und wenn unleugbar unser König in diesem Augenblick das Schicksal Europens in seiner Hand hält, so steht er nur so erhabener da, als er, der Vater der Kaiserin von Rußland und der Bruder der Königin von Holland, jede Intervention verweigert hat. In Belgien bricht die Reaktion schon aus. Es ist dies recht eigentlich eine Umwälzung in negativer Richtung. Das Prinzip, welches in Frankreich die Regierung umstürzte, saß in Belgien auf dem Thron, und Klerus und Adel, gegen die dort rebellirt wurde, sind es, die hier gegen Freiheit und Konstitution ankämpfen.

Bei einer Umwälzung, an der Haß und Leidenschaft unstreitig einen größeren Antheil als Vernunft und Nothwendigkeit haben, ist es mir immer räthselhaft gewesen, was zwei Völker, wie Belgier und Holländer, die eines Ursprungs und eines Landes sind und die ein schreckliches Schicksal so lange miteinander getheilt haben, dann so gegeneinander erbittert haben kann, daß ein fünfzehnjähriger Friede ihre Verschmelzung nicht vermochte. Ich habe die Erklärung in der Geschichte beider Länder gesucht, indem ich sie unter diesem Gesichtspunkte insbesondere prüfte, und was ich als wahr zu erkennen glaubte, habe ich in einer kleinen Broschüre aufgesetzt, die ich herauszugeben gedenke. Diese Arbeit hat meine Zeit sehr in Anspruch genommen, denn da ich Vormittags bis 2 Uhr im Büreau beschäftigt bin und um 4 Uhr erst vom Essen komme, Abends auch viel aus bin, so blieb mir fast nur die Nacht, und manchmal wohl, wenn Ihr schon, wie ich hoffe, gut geschlafen habt, plagte ich mich mit den

edelmögenden Herren Generalstaaten herum, denn in einem ihrer
schweinsledernen Quartanten, aus denen ich vorzüglich meine
Gelehrsamkeit schöpfe, steht nicht nur, was die wackeren Nieder=
länder durch drei Jahrhunderte gethan, sondern sogar, was sie
gesprochen haben, und das ist nicht wenig. Wirklich ist der Mühe
nicht wenig bei der Arbeit gewesen, und ich habe über tausend
Pagina in Quart und an viertausend in Oktav durchgelesen.
Um einen allgemeinen Satz aufzustellen, mußte ich oft ganze
Bände durchblättern, und am Ende nimmt der Leser einen Satz
über den Satz und liest ihn nicht. Schlimmstenfalls bleibt mir
eine ziemlich gute Kenntniß des Landes und seiner Geschichte,
in welches leicht die Begebenheiten ein preußisches Heer führen
können.

Sylvesterabend 1830, 8 Uhr. Die Trompeten und Trommeln
meiner Nachbarkinder hatten mich am Heiligabend aus meinen
Mauern vertrieben, wie einst die Bewohner Jerichos; ich aber
flüchtete in das Zelt des Deys von Algier, in welchem uns Herr
Gropius, der Dekorationsmaler, eine treffliche Mondscheinansicht
dieses Raubnestes, nach der Natur gemalt, giebt. Heute aber will
ich das alte Jahr nicht untergehen lassen über meiner Saumseligkeit
(treffliche Verbindung, in welche unsere Sprache die Faulheit
mit der Seligkeit bringt), sondern Euch Alle recht herzlich und
wohlmeinend zum neuen Jahre beglückwünschen, zu dem Jahre,
das in wenig Stunden auftaucht und vielleicht große und
mächtige Dinge hinter seinem Schleier verbirgt. Möchte es mir
Krieg und Dir Friede bringen.

Gute Nacht, liebe Mutter. Abieu. Dein

Helmuth.

Berlin, den 11. Januar 1831.

Liebe Mutter!

Meinen Kaffee werde ich nach Deinem Rezept machen, auch komme ich der großlöcherigen Maschine mit einem Stück Löschpapier zu Hülfe, was ihn schon sehr verbessert hat. Freilich bin ich wieder ganz in meinem alten Geleise. Meine größte Erholung ist das französische Theater, wo ich abonnirt bin und das Billet für den halben Preis habe. Auch habe ich einen sehr guten Mittagstisch, dafür gebe ich aber sonst auch wenig aus, frühstücke nie und esse auch oft des Abends nichts, weil die sehr guten Speisen vom Mittag noch vorhalten. Equipirt bin ich nun endlich einmal vollständig, und mit ablaufendem Jahr hoffe ich die letzten Rechnungen zu zahlen.

Behalte auch in der Entfernung lieb Deinen

Helmuth.

Berlin, den 13. Februar 1831.

Liebe Mutter!

Es sind wieder fast vier Wochen seit meinem letzten Brief an Dich verflossen, und da ich immer noch gar keine Nachricht von Euch habe, so muß ich leider allerhand Besorgnissen Raum geben. Zwar weiß ich, daß so mancherlei Umstände und Geschäfte vom Schreiben abhalten können, aber Dein letzter Brief ist vom 8. August vorigen Jahres, und da ich in diesen sechs Monaten aller Ortsveränderungen und Geschäfte ungeachtet regelmäßig alle Monat an Euch geschrieben, so beruhige ich mich nur damit, daß vielleicht irgend ein Schreiben von Dir verloren gegangen. — Möchte doch nur wenigstens keine Krankheit oder Unglücksfall die Veranlassung Eures langen Schweigens sein, ich hoffe diese Versicherung nun recht bald zu bekommen.

Ich hätte gar mancherlei zu fragen, denn von Eurem Aufenthalt in Schleswig weiß ich noch kein Wort — doch ich hoffe jetzt auf einen baldigen, langen Brief, und daß er ausführliche Nachrichten enthalten werde.

Mir geht es gut. In Absicht auf meine Lebensweise bin ich in mehreren Familienzirkeln eingeführt, wo ich mich sehr wohl befinde; das Theater besuche ich oftmals und benutze überhaupt die letzte Zeit meines Aufenthalts in Berlin, um es zu genießen. Meine Broschüre ist gedruckt und unter dem Titel „Holland und Belgien in ihrer gegenseitigen Beziehung", verlegt durch Mittler 1831 — von morgen ab im Buchhandel zu haben, falls sie Jemand von Euch interessiren sollte.*) Vom Chef des Generalstabes haben wir diesen Monat neue schriftliche Arbeiten bekommen, auf deren Lösung vielleicht Manches ankommt.

In 14 Tagen gehe ich zum Regiment nach Magdeburg, es sei denn, daß unser Aufenthalt hier dies Jahr außergewöhnlich verlängert wird und über den 1. März hinaus gesetzt würde.

Die Aussichten auf den Krieg gewinnen immer mehr Wahrscheinlichkeit. Die belgische Frage komplizirt sich dergestalt, daß wohl nur ein rechtschaffener europäischer Krieg wird am Ende den gordischen Knoten zerhauen können. Dies dürfte um so mehr der Fall sein, als heut zu Tage es nicht mehr allein die Kabinette sind, welche über Krieg und Frieden entscheiden und die Angelegenheiten der Völker leiten, sondern es an vielen Orten die Völker sind, welche die Kabinette leiten, und so ein Element in die Politik hineingebracht ist, welches freilich außer aller Berechnung liegt.**) — Ein erwählter Bürgerkönig kann es ehrlich genug mit

---

*) Diese Schrift wird im zweiten Bande der „Gesammelten Schriften" neu herausgegeben werden.

**) Hier bereits tritt eben der Gedanke zum ersten Male auf, den der General-Feldmarschall noch in seinem Greisenalter an die Spitze seiner Geschichte des Krieges von 1870/71 (Band III der „Gesammelten Schriften") gestellt hat!

dem europäischen Frieden meinen und dennoch nicht vermögen, ein sich ihm antragendes Volk von der Hand zu weisen — eine Scheinkomödie, die, wie die gestrigen Nachrichten verlauten, eben aufgeführt wird. Und wirklich, wenn man billig sein will, wird Louis Philipp sich nicht lieber mit seiner Nation gegen Europa schlagen als mit Europa gegen seine Nation? Doch wie die Sachen auch kommen mögen — Preußen steht gerüstet da. Es war schon gerüstet, wie noch kein Staat in Europa es war, und wenn es nicht zuschlug, wenn es Preußen war, welches, so sehr auf den Krieg angewiesen, den Frieden in Europa erhielt, so kann es, selbst angegriffen, wohl auf die Billigung aller, wenigstens von Deutschland, rechnen, und diese öffentliche Stimmung gilt heut zu Tage ein Heer.

Hier ist ein neues Leben in die Menschen gefahren, die Cafés sind überfüllt mit Neugierigen und kaum daß man die Zeitungen erhaschen kann — besonders die französischen. Politik wird in allen Salons, in den Theatern wie in den Bierstuben verhandelt. Die Offiziere, welche das Geld dazu haben, schaffen sich ihre Packsättel und Feldequipirung an, um den Krieg zu erwarten, und wir anderen erwarten den Krieg, um uns equipiren zu können. Regierungsräthe und Gerichtsassessoren suchen ihre Landwehruniformen hervor — nur die Handelsherren machen bedenkliche Gesichter.

Ein ungeheurer Applaus brach vorgestern in der Vorstellung der Jungfrau von Orléans aus bei der Stelle: „Das Volk muß sich für seinen König opfern."

Den 16. Immer noch auf Briefe hoffend, habe ich diese Zeilen noch ein paar Tage liegen lassen. Dieses allseitige Stillschweigen beunruhigt mich sehr, bitte, schreibt doch endlich einmal und vergiß nicht ganz Deinen

Helmuth.

Die Briefe, welche nach Berlin an mich adressirt sind, finden mich, wo ich auch sein möge.

Berlin, den 5. März 1831.

Liebe Mutter!

Recht erfreulich waren mir nach so langer Ungewißheit Eure Briefe vom 13. Februar, die bald nach Absendung meines letzten Schreibens eintrafen und die ich mit großem Interesse gelesen. Gottlob, daß Alles wohl und munter bei Dir ist. Mit Freuden versetze ich mich in Euer häusliches Beisammensein, das größte, welches in unserer Familie möglich ist. Wie gern würde ich mich da des Abends manchmal hinsetzen und mit Euch plaudern, oder Gustens und Louis' Musik zuhören. Aber die kleine Zeichnung, die Du mir von Deiner Wohnung versprochen, ist vergessen worden, auch weiß ich durchaus nicht, in welchem Theil der Stadt und in welcher Straße ich Euch suchen soll. Schreibe mir doch, ob denn der Aufenthalt in Schleswig Dir persönlich lieber ist, als der in Preetz war; für die Geschwister zweifle ich nicht, aber theuer ist es wohl sehr, und manche Ausgabe mehr magst Du wohl jetzt haben. Daß Du einen neuen Flügel angeschafft, wird dem musikalischen Theil Deiner Hausgenossen ein großes Fest gewesen sein. Noch möchte ich gern wissen, mit welchen Familien Du besonders Umgang hast und ob Du wohl einen solchen gefunden, der Dich anspricht. Schade, daß Du keinen Garten hast, — dabei fällt mir ein, wo ist denn Deine Kuh geblieben? doch dies ist gewiß eine traurige Erinnerung für Dich. — Werde mir nur jetzt nicht allzu häuslich, sondern benutze den freundlichen Thiergarten recht oft und die erheiternde Gesellschaft seiner freundlichen Bewohner.

Mein Aufenthalt in Berlin hat sich unerwartet verlängert. Ich bin per Kabinets=Ordre und auf Antrag des Chefs des Generalstabes mit noch einem Offizier noch zum topographischen Büreau kommandirt, obgleich das Kommando der Regel nach für mich beendet ist, auch alle übrigen Offiziere schon nach Ost und West in ihre Garnisonen gereist sind. Ich habe den direkten Vortheil davon, noch fernerhin 20 Thaler Zulage zu beziehen, auch dürfen wir es wohl als eine Auszeichnung ansehen. — Uebrigens bin ich bereits amtlich gefragt, ob ich für den Fall eines Krieges gesonnen bin, im Generalstabe Dienste zu thun. Du siehst, wie sehr ich in dieser politischen Angelegenheit selbst interessirt bin. — Ich spare aus allen Kräften eine kleine Summe zur Anschaffung eines Pferdes, aber wo ich deren drei aufbringen soll, mag der Himmel wissen; eins werde ich mir wohl vielleicht zusammen schreiben. — Mein „Holland und Belgien" findet leidlich Absatz. Dein Buchhändler darf es nur bei Mittler in Berlin verschreiben, es kostet 6 gute Groschen.

Für den Herzog von Holstein-Gottorp hat unser Hof Trauer angelegt; es thut mir recht leid, daß er früher hat sterben müssen, als er die großen Erwartungen rechtfertigen konnte, die man wohl mit Recht von ihm hoffen durfte.

Daß Seine Dänische Majestät Ihren Völkern eine Konstitution oder doch Stände bewilligt, haben wir hier in den Zeitungen bei Gelegenheit der Unruhen in Eurer Nachbarschaft gelesen; ich glaube, daß diese Stände in staatswirthschaftlicher Hinsicht ein recht reiches Feld für Verbesserungen finden werden.

Adieu, liebe Mutter; wenn ich Dir meinen nächsten Brief schreibe, hat sich vielleicht schon Manches in der Welt geändert, denn es ist eine Zeit der Krisen im Großen wie im Kleinen, und auch meine unbedeutende Stellung in der Welt dürfte sich in wenig Monaten entscheiden. Lebe recht wohl, behalte stets lieb Deinen Dich herzlich liebenden Sohn

Helmuth.

Mein gutes Lenchen! Ein ganzes Stück Finger habe ich mir schon abgeschrieben, wie Du in der Anlage finden wirst, und daher mußt Du für Deinen lieben langen Brief diesmal nur mit einem ganz kurzen Endchen Epistel vorlieb nehmen. Das möchte ich nun sehr schön machen, und am liebsten schriebe ich in Versen oder Hexametern. Dies Wort kommt von Hexenmeister her, weil gute so unbändig schwer sind, und daher schreib' ich lieber keine. Dafür aber schicke ich Dir die längstversprochene Ansicht von Lübeck. Das Haus stellt das Schloß von Miloslaw vor, wo ich diesen Sommer gehauset, die Stadt Lübeck ist aber, gerade wie auf dem vorigen Bild auf Deinem Nähkästchen, wegen der Krümmung der Erdoberfläche nicht wohl zu sehen. — Wenn ich aber einmal wieder nach Schleswig komme, so mache ich mich anheischig, Lübeck von der Seite aufzunehmen.

Alle die Nachrichten, welche Du mir von Schleswig und seinen Bewohnern mitgetheilt, und nicht minder die über Eure eigene Lebensweise, haben mich sehr interessirt, und ich bitte Dich, feurige Kohlen auf mein Haupt zu sammeln und mich nächstens durch ein langes Schreiben zu beschämen. Für heute gute Nacht, gute Lene, der Wächter pfeift sehr anzüglich die zwölfte Stunde, 180 000 Wesen schnarchen schon rings um mich her, ich habe noch einen Nacht= und Schlaftrunk von einigen russischen Vokabeln zu mir zu nehmen.

Die Grüße an Herrn und Frau v. Stemann binde ich Dir nochmals, jetzt wo ich eigentlich schon eingeschlafen sein sollte, auf die Seele, Du mußt das ganz besonders gut machen, denn wenn ich nicht schon halb todt vom Schreiben wäre, so würde ich noch einen Brief einlegen. — Gute Nacht.

Berlin, den 10. März 1831.

Liebe Mutter!

... Was mich selbst anbetrifft, so arbeite ich noch im Büreau des Generalstabes, ohne zum Generalstab kommandirt zu sein; so viel weiß ich, daß ich und noch ein Offizier in der Kon=

ferenz der Stabsoffiziere dazu vorgeschlagen sind. Wir sind also als qualifizirt dazu angesehen, und das ist immer die Hauptsache. Ich hoffe, diesen Sommer zur Uebungsreise des Generalstabs an den Rhein kommandirt zu werden, denn mit dem Krieg scheint es wieder nichts zu werden, Alles sieht ja wieder ganz friedlich aus. — Ich muß dann ein Pferd haben, doch laß Dir darum nicht bange sein. Da ich es halb schon habe, so wird die andere Hälfte doch wohl nachfolgen? Sechzig Thaler habe ich dazu schon auf der Stadt-Armenkasse hier deponirt, die ich erspart, und fünfzig Thaler Entschädigungsgelder bekomme ich, wenn ich kommandirt werde. — Möchte ich Dir bald gute Nachrichten zu schreiben haben. Adieu, liebe Mutter. Bleibe recht gesund und guten Muthes und behalte recht lieb Deinen

Helmuth.

Berlin, den 7. August 1831.

Liebe Mutter!

Die Hoffnung auf eine Reise nach dem Rhein, welche ich Dir gern gemeldet, hat mich abgehalten, nicht schon lange an Dich zu schreiben. Leider ist aber jetzt ziemlich alle Hoffnung dazu verschwunden. — Der Chef des Generalstabes kann Berlin unmöglich zu einer Zeit verlassen, wo die ganze Welt in Brand steht. Gewiß, der große Komet, der nächstes Jahr der Erde so nahe stehen soll, daß er sie fast anrennt, wird, wenn er uns zu sehen bekommt, sich in einer kontumazmäßigen Entfernung halten, um nicht die Ansteckung der orientalischen Cholera und occidentalischen Rebellion, von Krieg, Hungersnoth u. s. w. in seine himmlische Weitläuftigkeit mitzunehmen.

Was mich selbst betrifft, so hat der Arzt eine sehr nachdrückliche Vorstellung gemacht, dies Jahr noch ein Seebad zu

brauchen, weil ein Uebel, welches er den Nerven des Unterleibes
zuschreibt, sonst einwurzeln könnte. Ich bin auch vier Wochen
miserabel bettlägerig gewesen.

Der General, dem ich eigentlich einen Urlaub kaum anmuthen
durfte, hat mir sagen lassen, daß es mir in meiner Stellung
keinen Eintrag machen solle und daß er mich vielmehr auffordere,
vor Allem die dem Soldaten nothwendige Gesundheit herzustellen,
und so werde ich denn diese Zeilen selbst nach Hamburg tragen.
Wie leid es mir thun wird, so nahe bei Dir vorbei zu reisen,
kannst Du Dir denken, ich habe aber nur sechs Wochen Urlaub
und muß das Bad ein für allemal recht gründlich gebrauchen.

Der Schluß fehlt.

———————

Berlin, den 13. Januar 1832.

Liebe Mutter!

... Als ich Deinen Brief vom 15. Dezember erhielt, war
eben mein Brief an Dich abgegangen, und so sind nun wieder
vier Wochen verflossen, in denen nichts mich am Schreiben hinderte,
als der Wunsch, Dir einiges Entscheidende mitzutheilen. Aber
Alles geht bei mir so langsam, daß ich auf so etwas nicht warten
darf. Daß ich aber an Dich und die Geschwister in einer Zeit,
wie Weihnachten und Neujahr, oftmals gedacht, darf ich Dir
wohl nicht versichern. Von Herzen wünsche ich Euch Allen viel,
viel Glück und Gutes. Und Dir, liebes Mütterchen, wünsche ich,
daß Du in stiller häuslicher Zufriedenheit in Deinem Schleswig
fortan zum Wohl Deiner Kinder gesund, ruhig und heiter recht
lange noch wirken mögest. Amen! — —

Einige andere Entscheidungen, die ich Dir gern mitgetheilt
hätte, sind literarischer oder vielmehr pekuniärer Art. Die Ver-
bindlichkeit, einen Hundert-Thaler-Pfandbrief zurückzuerstatten,

konnte ich nach meiner Reise im vorigen Herbst nicht erfüllen. Um dies Geld zu gewinnen, mußte die Politik zu Hülfe genommen werden. Heute kam das Protokoll vom 15. Oktober mit den neuen Grenzbestimmungen Hollands und Belgiens, und nach drei Tagen erschien schon eine Karte im Umbruck gezeichnet, für den loyalen Preis von drei Silbergroschen allen Zeitungen beigelegt, ja selbst in den Zeitungen trefflich rezensirt, ohne Namen zwar der Verfasser. Diese waren zwei bedrängte Offiziere, welche dies Werk in drei Tagen gezeichnet und 5000 Abdrücke davon besorgt hatten. Nun stelle Dir unser Unglück vor, als fast gleichzeitig ein ebenso feiner Spekulant eine ebensolche Karte für eben den Preis herausgiebt, ganz falsch zwar, denn mit echter Loyalität und Freigebigkeit schenkt der Mann ganz Staatsflandern an Holland; aber was schadet das? der Plan geht mit den übrigen. Wir haben an hundert Thaler Kosten gehabt und wissen durchaus nicht, welches der Erfolg dieser Konkurrenz sein wird. Ich glaube, wir werden froh sein, die Kosten herauszubekommen. Das Resultat werden wir wohl dieser Tage zu wissen bekommen, und wenn ich nicht fürchtete, die Absendung dieser Zeilen zu lange zu verspäten, so könnte ich die gute oder schlimme Post wohl mittheilen.

Ein anderes Unternehmen ist der Druck eines Werkchens, welches ich über den mißlichen Gegenstand Polen herausgebe. Ein Teufel von Buchhändler wollte sich nicht damit befassen, seitdem Warschau gefallen, dem andern fehlte das Gold, er schlug mir aber vor, es mit ihm gemeinsam herauszugeben und Kosten und Ertrag zu theilen. Die ersten betrugen achtzig bis hundert Thaler, der letztere, wenn es gut geht, nach Abzug aller Kosten für jeden hundert bis hundertfünfzig Thaler. Also neues Risiko.*)

---

*) Die Schrift, welche in dem Bande „Vermischte Schriften" veröffentlicht wird, erschien 1832 bei G. Fincke in Berlin, dessen Verlag 1843 in den Besitz von F. A. Röse überging und von dort unter verschiedene Besitzer sich mehr und mehr zersplitterte.

Eine Freude habe ich indessen gehabt. Der Censor des Werkes hat sich bei einem Diner, wo sich zufällig einer meiner Bekannten befand, sehr lobend über dies Werk, welches erst in acht Tagen das Licht der Welt erblickt, geäußert. Er fragte, ob Jemand diesen H. v. M. kenne, und wollte meinem Bekannten nicht glauben, daß es ein bescheidener Sekondlieutenant sei; er habe sicher geglaubt, es sei ein Mann, der sich schon so seine fünfzig Jahre in der Welt umgesehen u. s. w. Ich werde sorgen, daß Dir ein Freiexemplar zugestellt werde.

Wichtiger ist ein Unternehmen, welches ich jetzt kürzlich angefangen. Es ist eine Uebersetzung aus dem Englischen eines Werkes von fast 6000 Pagina, nämlich Gibbon's Geschichte des Verfalls und Umsturzes des römischen Kaiserthums, in zwölf Bänden Großoktav. Diese herkulische Arbeit wird mir vom Buchhändler *) mit fünfhundert Thalern honorirt, sobald das Werk gedruckt ist, und mit zweihundertfünfzig Thalern, nachdem fünfhundert Exemplare verkauft sein werden. Ich muß also lange arbeiten, ehe ich etwas bekomme, allein die Summe ist der Mühe werth. Wenn keine Unterbrechungen kommen, so hoffe ich bei sehr angestrengtem Fleiß in anderthalb Jahren fertig zu werden. Ich benutze jede freie Viertelstunde. Die Arbeit macht mir nicht die allergeringste Schwierigkeit und selbst Vergnügen, aber — sie kostet so viel Zeit, daß mir für mich fast keine mehr bleibt, um so mehr, als ich vom Büreau des Generalstabes ebenfalls sehr beschäftigt werde, da man meinen Kollegen und mich zu allen Arbeiten des Generalstabes jetzt zuzieht. Uebrigens geht es mir gut, denn am Ende sind Arbeit, Hoffnung und Gesundheit Alles, was zur Zufriedenheit gehört.

---

*) Diese gewaltige Arbeit einer Uebersetzung des Gibbon scheint nie veröffentlicht worden zu sein, wiewohl der Feldmarschall in seinem Briefe vom 24. April 1833 (Seite 68) selbst sagt, daß der erste Band im Druck sei. Jedoch ist diese Uebersetzung auf der Königlichen Bibliothek zu Berlin nicht bekannt und auch in Katalogen nicht zu finden.

So viel von mir. Herzliche Grüße an die guten Schwesterchen und Ludwig, der mir von Zeit zu Zeit die Freude machte, mir ein Brief—Couvert zu schreiben. Immer in herzlicher Liebe Dein

Helmuth.

Berlin, den 16. April 1832.

Liebe Mutter!

In der gewissen Voraussetzung, daß Vater meiner Bitte gemäß Dir meinen Brief vom 5. dieses Monats an ihn mitgetheilt, habe ich die Beantwortung Deines letzten Schreibens bis jetzt noch verschoben. Aus jenem Brief wirst Du ersehen haben, daß ich glücklich zum Generalstabe kommandirt bin. Dieser Schritt ist entscheidend gewesen, das Einrangiren ist Nebensache und wird aller Wahrscheinlichkeit nach übers Jahr — vielleicht als Premierlieutenant geschehen.

Nun ist dies Kommando aber gleichzeitig mit sehr bedeutenden Ausgaben verknüpft, indem ich mich beritten machen soll. Onkel Ballhorn ist so gut gewesen, mir für die erste Noth 200 Thaler vorzuschießen, die ich ihm vom zu erwartenden Honorar des Buchhändlers zurückzahlen soll; dieses kann aber im günstigsten Falle erst in einem Jahr erfolgen. Für jene 200 Thaler habe ich mir auch wirklich einen tüchtigen Rappen bereits gekauft. Da die Pferde in Berlin überhaupt sehr theuer und es durch die Kriegsaussichten noch mehr geworden sind, da ich in meinem Verhältniß auch kein schlechtes Pferd reiten kann, so habe ich es mit 27 Friedrichsd'or bezahlen müssen, und der Rest meines Kapitals ist auf Sattel, Zäumung und Stalleinrichtung daraufgegangen. Ich hätte ein schöneres Pferd für einige Friedrichsd'or weniger haben können, bin aber jetzt sehr zufrieden, das minder schöne, aber nach Aller Urtheil vollkommen gesunde und unver=

wüstliche Pferd genommen zu haben. Ich bin genöthigt, ihm im Dienst viel zuzumuthen, aber Du kannst Dir denken, wie ich es übrigens schone und pflege. Onkel Ballhorn, der nur wenig Häuser von mir entfernt wohnt, hat mir einen Stall in seinem Hause eingeräumt, und ich spare keine Aufmerksamkeit, Mühe oder Kosten, um Alles so einzurichten, daß mir mein Pferd gesund und thätig bleibe. Der große Vortheil von einem guten Pferde ist eben, daß es nicht mehr frißt und zu unterhalten kostet als das schlechteste und daß bei dem guten Pferde das Kapital nur ausgelegt und ohne Unglücksfälle nie verloren ist.

Aber wo soll nun das zweite Pferd herkommen? Daß ein zweites nothwendig ist, davon wirst Du Dich überzeugen, wenn Du bedenkst, daß die Generalstabsreise, wiewohl sie dieses Jahr nur nach Thüringen geht, doch einen sechzig Meilen weiten Hinmarsch erfordert, daß dies ohne Bedienten weder üblich noch ausführbar ist. An Ort und Stelle bringt man oft Tage lang zu Pferde zu, und es wird sehr ungern gesehen, wenn die Aufträge, die ertheilt werden, nicht in gestrecktem Galopp überbracht werden. Das hält ein Pferd nicht aus, und viele halten für kaum möglich, es mit zweien durchzuführen. Dasselbe gilt von den Manövern, und schon am 18. Mai fangen die Frühjahrsmanöver an.

Dies sind die Gründe, liebe Mutter, welche mich zwingen, wieder zu Deiner Güte meine Zuflucht zu nehmen, um, falls Du es für thunlich hältst, eine Unterstützung von 200 Thalern zu erhalten. Was mich dabei betrübt, ist, daß ich Dein so geringes Einkommen aufs Neue schmälern soll, und gewiß würde es mir ein wahrer Trost sein, wenn Du mir erlaubtest, Dir den Ausfall an Zinsen, welcher entstehen könnte, zu ersetzen, was ich sehr wohl kann. Sollten aber Umstände obwalten, die sich meinem Wunsch entgegenstellen, so werde ich mich gewiß darin finden und Dir mit herzlicher Liebe danken, was Du schon ohnedies Alles für mich gethan. Nothwendig, unumgänglich nothwendig ist das Darlehn nicht, denn ich kann und muß schlimmstenfalls auf

Borg kaufen, aber ich werde dann schlecht und theuer kaufen und mit der Abzahlung sehr gedrückt sein. Glaubst Du aber, meine Bitte gewähren zu können, so habe ich auf ein für allemal das Kapital für künftige Zeiten, da ich ohne besondere Unglücksfälle nicht viel daran verlieren, auch vielleicht gewinnen kann. Das Kommando zum Generalstab war mit so bedeutenden Anschaffungen und zugleich mit einer Verminderung der Einnahmen verbunden, alle künftigen machen keine neuen Anschaffungen nöthig und bringen Erhöhungen des Gehalts und der Rationen. Dieses ist also gewiß der Zeitpunkt, wo mir Hülfe nöthig, und hoffentlich, wo sie es zum letzten Male ist. Demnach, liebe Mutter, empfehle ich Deiner Güte mein Gesuch, und wenn die Erfüllung nicht mit nachtheiligen und unangenehmen Folgen für Dich persönlich verbunden ist, so bitte ich, Dich für mich zu verwenden. Es versteht sich von selbst, daß ich voraussetze, diese 200 Thaler werden vom Kapital genommen werden, denn von Deinen Zinsen ist das ja ganz unmöglich, und würde ich sie nimmermehr annehmen. Eine baldige Entscheidung würde mir allerdings sehr wünschenswerth sein, da wie gesagt, das Frühjahrsmanöver Ende Mai stattfand.

Von Herzen wünsche ich, daß dieser Brief Dich gesund und zufrieden treffen möge, und bleibe mit aufrichtiger Liebe der Deinige.

Helmuth.

—

Der Sohn war von der Mutter um seine Ansicht in der Herzensangelegenheit einer Verwandten, die zu einer Verlobung zu führen schien, befragt worden. Er antwortete darauf:

Berlin, den 15. Mai 1832.

Liebe Mutter!

... Du kannst wohl denken, daß ich, der ich unvollständig unterrichtet bin und X. persönlich nicht kannte, mich jedes Vorschlages oder Rathes in einer solchen Sache enthalte; aber so wenig ich ihr zu einer Verbindung zugeredet habe, ebenso wenig würde ich ihr rathen, dieselbe von der Hand zu weisen. Alles, was ich von X. erfahren, scheint mir einen edeln Charakter zu verrathen. Meiner persönlichen Ueberzeugung nach ist jede Heirat ein Wagniß, in welches wir uns blindlings hineinstürzen — den kennen und beurtheilen zu wollen, an den wir unser Loos knüpfen, ist zu viel verlangt, wenn wir uns ja selbst nicht einmal kennen und beurtheilen, und das, was in der Ehe sein wird, hängt vielleicht ebenso sehr von uns selbst als von ihm ab. Wenn wir bloß die kalte Vernunft zu Rathe ziehen, so ist nicht zu verkennen, daß wohl nur sehr wenig Menschen vergönnt ist, dem Ideal, welches sich wohl alle einmal schufen, im Leben wirklich zu begegnen, wenigeren aber noch, aus diesem Traum, der freilich das höchste Glück sein muß, nicht um so schmerzlicher zu erwachen. Wo die Empfindungen aufs Höchste gespannt sind, da muß jeder doch nothwendig anklebende Mangel und jede Unvollkommenheit ein Mißklang in der reingestimmten Harmonie werden, und je höher die Erwartung, je größer muß die Täuschung sein. Diese durchaus prosaische Ansicht ist vielleicht darum nicht minder die richtige und spricht den Grund aus, warum so viel mariages de raison glücklicher als die par inclination sind.... Mit einem Wort, ich glaube, daß schwärmerische Jugendliebe und eheliches Glück, mindestens gesagt, nicht auseinander folgen und daß da, wo keine Abneigung und keine Schlechtigkeit vorhanden ist, eine dauernde, innige, tiefe und beglückende Zuneigung auch in der Ehe entstehen kann. Daß X. ein geistreicher und ein reicher Mann sein soll, ist in zweiter Ordnung ein wünschenswerther Umstand, der aber auf ihre Entscheidung gewiß keinen Einfluß haben wird. Dies, ihr Charakter und die Schule, in der sie aufwuchs, sprechen bei mir für die Sache.

Bis Mitte Juli werde ich nun noch in Berlin bleiben; sodann geht es nach Erfurt, wo das Rendezvous des Generalstabes ist und von wo die Rekognoszirungen wahrscheinlich an ben Main und bis Bamberg gehen. Diese Tour wird ganz zu Pferde abgemacht und dauert an zwei Monate. Ich bin mit drei Bänden meiner Arbeit fertig, will nun aber erst mit meinem ziemlich lockeren Buchhändler sprechen.

Adieu für heute, liebe Mutter. Mit dem herzlichsten Wunsch, daß Du gesund und wohl sein mögest, bleibe ich mit aufrichtiger Liebe der Deinige.

Helmuth.

Berlin, den 28. September 1832.

Liebe Mutter!

Gestern erhielt ich Dein sehnlichst erwartetes Schreiben vom 23. dieses Monats. Daß mein Brief Dir so spät zu Händen gekommen, ist wirklich abscheulich. Nur mit Mühe führe ich als ein eben Genesener die Feder. Ich bin nämlich gegen das Ende des Manövers gestürzt und habe eine ziemlich starke Quetschung erhalten....

Sehr gespannt bin ich auf den Ausgang von Wilhelms Examen. Zu was für Hoffnungen und was für Ansprüchen berechtigen ihn denn nur so viel Anstrengungen? Sollte Wilhelm, wenn er jetzt mehr Herr seiner Zeit werden dürfte, nicht geneigt sein, Theil an der Uebersetzung des Gibbon zu nehmen? Die Arbeit würde ihm leicht und vielleicht unterhaltend sein, auch würde es ihm vielleicht lieb sein, auf eine schickliche Art Geld zu verdienen. Wenn Du ihm schreibst, so bitte, mache ihm doch den Vorschlag; ich wünschte es sehr, denn bei so vielen, monatelangen Unterbrechungen werde ich, das sehe ich, die große Arbeit allein nicht ausführen können. Ich arbeite mich zu Schanden daran.

Adieu, liebe Mutter; in herzlicher Liebe Dein

Helmuth.

Berlin, ben 24. November 1832.

Herzlichen Dank, liebe Mutter, für Deinen freundlichen Brief vom 15. dieses Monats, welcher so viel gute und erfreuliche Nachrichten enthielt, namentlich, daß Wilhelm und Fritz nach so langem und ernstem Streben doch endlich in eine bessere Lage zu kommen scheinen. Wenn Ersterer aber nach einem so guten Examen und im Generalstabe angestellt, immer noch keinen Vortheil aus seiner Stellung gewinnt (und dies noch die beste Karriere von allen sein soll), so scheint mir freilich, daß man bei uns in den Anforderungen bescheidener und großmüthiger in den Belohnungen ist. Mit herzlichster Theilnahme lese ich, wie man Fritzens bescheidene, gewissenhafte Thätigkeit nach Verdienst anerkennt. Des Majors Linde erinnere ich mich sehr wohl und weiß, wie sehr wir ihn schon damals vor unseren größtentheils erbärmlichen Lehrern achteten. Dankbar wollen wir drei Aeltesten anerkennen, daß unsere Bestrebungen uns mehr und mehr eine bessere, selbstständigere Existenz erwerben, von der wir ohne Dünkel sagen dürfen, daß wir sie nächst Gott und Deiner und Vaters Unterstützung uns selbst verdanken. Auch Adolf und Ludwig sind ja auf gutem Wege.

Was mich betrifft, so bin ich gesund und völlig von meinem Unfall genesen. Vier von unserem kleinen Korps sind schon nach dem Rhein geschickt, und eine Zeit lang erwartete ich täglich dieselbe Ordre zu erhalten. Jetzt ist Alles in Erwartung der Zukunft, doch darüber schreibe ich nichts, denn ehe Du diese Zeilen erhältst, kann Alles schon wieder anders sein. Meine Lebensweise ist folgende. Morgens 7 Uhr nehme ich mein Frühstück zu mir und gehe an die Arbeit. Die letzte Zeit bin ich sehr mit einer kriegsgeschichtlichen Bearbeitung, die mir vom Generalstabe aufgetragen worden, beschäftigt gewesen. Um 9 Uhr setze ich mich bei gutem und schlechtem Wetter auf eines meiner beiden trefflichen Pferde und mache einen schnellen Ritt von

einer bis zwei Meilen, steige gleich vor dem Büreau des Generalstabs ab, wo ich dann bis 2 Uhr meine Dienstgeschäfte habe,
und lese nebenher eine Anzahl deutscher, englischer und franzö-
sischer Journale. Hierauf gehe ich ins Café zum Mittagessen,
finde wieder ein gesatteltes Pferd vor meiner Thür und mache
einen kurzen Ritt durch den Thiergarten. Von 4 bis 8 Uhr
arbeite ich dann an meiner Uebersetzung und gehe darauf gewöhnlich in Gesellschaft. — Sollte Wilhelm einen Versuch mit
der Arbeit machen wollen, so würde mir das sehr lieb sein.
Ich hoffe, dies Jahr noch mit dem fünften Bande fertig zu
werden. Es wäre mir freilich sehr lieb, wenn Ludwig mir bald
den sechsten liefern könnte, auch sollte er vom Honorar sogleich
die größere Hälfte bekommen. Allein wenn er unpäßlich ist und
selbst viel Arbeit hat, so will ich nicht drängen. Wenn ich die
Zeit zu meinen Briefen mir nicht abstehlen müßte und dann
meist schon ganz müde und satt vom Schreiben wäre, so würde
ich mich gern einmal mit ihm in Briefwechsel setzen. Abieu für
heute, liebe Mutter. Mit herzlicher Liebe Dein

Helmuth.

Berlin, den 28. Februar 1833.

Liebe Mutter!

Mit großer Freude habe ich Deinen lieben Brief vom
23. und alle die guten Nachrichten erhalten, welche er enthielt.

Was mich betrifft, so geht es mir gut. Ich bin von früh
bis spät — ich kann sagen abwechselnd mit Geschäften und Ver-
gnügungen — beschäftigt, denn diese werden während des Karnevals als sehr ernste Angelegenheit behandelt. Fast ohne es zu
wollen, bin ich in den Strudel der großen Gesellschaft hinein-
gerathen, der einen so leicht nicht wieder losläßt. Die ver-
schiedenartigste Thätigkeit erfüllt den Tag. Morgens arbeite ich

an einer Beurtheilung der strategischen Verhältnisse des Thüringer Waldes oder der geschichtlichen Bearbeitung des Feldzuges 1762, der Vormittag ist den Büreaugeschäften gewidmet, Mittags gilt es, sein Pferd auf der Promenade zu produziren, welche während der schönen Tage, die wir jetzt haben, wirklich glänzend ist. Die schönsten Pferde, die Menge von Uniformen und Equipagen und das dichte Gedränge der geputzten und vornehmsten Damenwelt machen dies sehr unterhaltend. Nach Tische (von Zeit zu Zeit schlafe ich aber darüber ein) treibe ich das Studium der Nationalökonomie, obwohl meine eigene mir schon genug zu schaffen macht. Abends stellt sich der Friseur ein, der mir das Haar in die geschmack= vollsten Formen bringt, und um 8 Uhr ist Ball bei diesem Prinzen oder jenem Minister. Hier bleibe ich dann nur gerade so lange, als ich angenehme Engagements finde, und oft werden vor dem Schlafengehen noch einige Seiten aus dem Gibbon übersetzt. In den letzten vierzehn Tagen bin ich auf elf Bällen gewesen, habe auf jedem, so lange ich da war, alle Tänze getanzt und befinde mich gut dabei. Vorigen Sonnabend war ich zum König zum déjeuner dansant befohlen. Diese Gesellschaften sind klein und erlesen, und man kann sich's als Auszeichnung schätzen, dazugezogen zu werden. Es ist eine seltsame Mode; um 11 Uhr fährt man hin, tanzt einen Walzer, und nun gehen die Herren in einen, die Damen in den anderen Saal, jeder er= hält eine sehr hübsche Blume (gemachte), führt die Dame, welche dieselbe Blume erhalten, an den mit eben der Blume dekorirten Tisch. Das sogenannte Frühstück ist aber ein Mittagessen mit allen Chikanen, mit Schildkrötensuppen, Austern, Kaviar, Trüffel= pasteten und anderen glücklichen Mischungen der Kochkunst und den angemessenen Flüssigkeiten. Alles geht darauf in einer großen Polonaise in den Tanzsaal, wo nun ein förmlicher Ball anfängt, der später bei Kerzenlicht bis 8 Uhr fortgesetzt wird, wo der Hof ins Theater fährt. Du kannst Dir denken, was für soignirte Toiletten gemacht werden, wo sie den prüfenden Blick bei Sonnen=

licht bestehen sollen. Jetzt wird das Treiben nun aber bald ein Ende haben; die fremden Herrschaften reisen schon ab.

Heute über vier Wochen, am 30. März, wird bei der Parole befohlen werden, ob ich in den Generalstab einrangirt werde oder nicht; ich darf indessen hoffen, Dir die günstigere Nachricht zu melden. Diese Einrangirung ist mit einer ziemlich beträchtlichen Gehaltserhöhung, aber auch mit einer kostbaren Equipirung verknüpft. Die Uniform ist eine der hübschesten und kostbarsten, die wir hier haben. Sie ist blau, mit karmoisinrothem Kragen und Aufschlägen mit Silber gestickt, Hut mit weißer Feder, Degen, silberner Schärpe und Epauletts.

Was den Gibbon betrifft, so wünsche ich sehnlichst, davon erlöst zu sein. Kaum kann ich es vor mir selbst verantworten, so viel Zeit auf eine Nebenarbeit zu verwenden, aber die Noth hat mich dazu gezwungen. Jetzt bin ich bald mit dem sechsten Bande, also mit der Hälfte der ganzen furchtbaren Arbeit fertig, und der erste Band ist eben im Druck. Eine andere Arbeit übernehme ich nicht wieder, auch habe ich es nicht nöthig, wenn diese fertig ist. Wenn Ludwig seinen Band vollendet haben wird, hoffe ich ihm sogleich vierzig Thaler baar zu verschaffen; ich glaube aber, er greift die Sache zu peinlich an. Ein Werk von fast 5000 pagina kann man nicht wie eine Broschüre schreiben. Mit herzlicher Liebe Dein

Helmuth.

Berlin, den 24. April 1833.

Liebe Mutter!

Recht lange haben sich diese Zeilen verzögert. Du wirst indessen durch Vater die Nachricht erhalten haben, daß ich einrangirt, und als Premierlieutenant einrangirt bin. Zur Zeit ist nun meine Garnison noch Berlin, da die nächste Versetzung zu dem Generalstabe eines Armeekorps mich aber trifft, so ist mein längerer Aufenthalt hier unsicher. Die Garnisonen, in welche ich kommen kann, sind Königsberg, Breslau, Posen, Magdeburg, Münster und Coblenz. Ich habe an Gehalt bedeutend gewonnen, denn ich bekomme 36 Thaler, dazu 10 Thaler Tischgelder, außerdem Kavallerieservis und drei schwere Rationen. Dafür aber muß ich auch einen eigenen Bedienten und zwei Pferde halten, muß in den theuersten Garnisonen der Monarchie leben und habe mich jetzt neu in der sehr hübschen, aber auch kostbaren Uniform equipiren müssen. Die Aussichten sind indessen gut, und ich darf hoffen, in zwei Jahren Hauptmann zu werden.

Wie steht's mit Ludwig und seiner Uebersetzung? Ich hoffe jetzt, in vier Wochen den siebenten Band zu vollenden und bin dann an Ludwigs Arbeit heran. Es ist eine entsetzliche Arbeit; möchte doch Ludwig Lust und Zeit haben, sie zu theilen. Wenn er mit seinem Bande fertig ist, so sind zwei Drittel des Werkes gethan. Ich hoffe ihm auch gleich nach Ablieferung desselben sein Honorar schicken zu können, obwohl ich bis jetzt keinen Pfennig bekommen habe. Der erste Band ist im Druck. Manchmal sinken mir die Arme herab, wenn ich bei meinen anderen Geschäften die vier noch übrigen Bände ansehe.

Mit herzlicher Liebe der Deinige.

Helmuth.

Berlin, den 23. Juli 1833.

Liebe Mutter!

Dein sehnlich erwarteter Brief vom 18. d. M. ist mir nebst denen der Schwester und Ludwigs gestern zu Theil geworden; wenn ich sie alle für heute nur summarisch beantworte, so bitte ich dies mit der Eile meiner Abreise zu entschuldigen und Jedem das Seinige gütigst mittheilen zu wollen. Gustchens Verlobung oder baldige Verlobung hat mir große Freude gemacht. Ueberdies trägt Guste die beste Garantie einer glücklichen Zukunft in sich selbst. Ich will nicht leugnen, daß ich sehr für die parties de raison bin; eine leidenschaftliche Neigung ist nur der Abnahme fähig.

Ludwig bitte ich in Betreff des Gibbon zu sagen, daß er damit mehr Zeit hat, als eigentlich gut ist. Der Herausgeber stößt bei der Herausgabe auf mancherlei Schwierigkeiten, die Hauptschwierigkeiten sind wohl die Nothwendigkeit mehrerer tausend Thaler baar Geld als Auslage. Er versichert mir indeß, daß jetzt alle Schwierigkeiten beseitigt, daß der Druck des ersten Bandes beginnen und daß alle vier Wochen ein neuer erscheinen solle. Da man aber von einer Buchhändlerversicherung immer ein gewisses Tara abziehen muß, so wird der 8. Band auch schwerlich vor acht Monaten herauskommen, und Ludwig kann die Arbeit daher ganz mit Muße vornehmen. Die Anmerkungen bleiben unübersetzt, nur wo Aenderungen nothwendig scheinen, bitte ich, mit Angabe der Nummer der Zeile auf einem besonderen Bogen solches zu notiren. Ich bin bis zum 50. Kapitel in der Mitte des 9. Bandes vorgedrungen. Es tritt nun eine längere Unterbrechung ein, aber im nächsten Jahre hoffe ich durch einen letzten verzweifelten Angriff die Sache ins Reine zu bringen.

Meine schöne italienische Reise ist zu Wasser geworden, die Politik hat sich in die Sache melirt, und Seine Majestät ertheilen eben in jetziger Zeit und eben nach jenen revolutionären Gegenden keinen Urlaub.

Dann war ich in Vorschlag gebracht, nach Frankreich zu gehen, um den Uebungslagern zu Compiègne, St. Omer und Luneville beizuwohnen. Da man aber einen Stabsoffizier geschickt, so gehe ich nun heute noch zur Dienstreise nach der Lausitz ab, habe aber Hoffnung, daß mein Urlaub mit Beschränkung auf die österreichischen Staaten mir gewährt werden wird. In diesem

Falle reise ich dann über Wien nach Mailand. Ich bitte daher, nun nicht eher an mich zu schreiben, als bis ich neue Nachricht gegeben, denn zur Zeit kann ich durchaus noch nicht bestimmen, wo ich und wann ich an irgend einem Orte sein werde. Adieu, liebe Mutter; meine Koffer stehen halb gepackt, die Pferde gesattelt. Gott befohlen. Der Deinige.

Helmuth v. Moltke.

Beendet 9. August 1833.

— — —

Berlin, den 27. Mai 1834.

Liebe Mutter!

Recht lange habe ich Dir jetzt nicht geschrieben, aber gewiß recht oft an Dich gedacht. Daß Du leider so viel körperliche Leiden trägst, habe ich mit inniger Betrübniß erfahren. Gott schenke Dir Linderung und Besserung, mein gutes Mütterchen. Daß Du Deine Schmerzen mit Standhaftigkeit und Ergebung trägst, habe ich erwartet; es ist die Ruhe, die ein reines Gewissen und ein gutes Bewußtsein geben. Wie oft ist es mir vor die Seele getreten, daß von allen Wohlthaten der erste mütterliche Unterricht die größte und die bleibendste ist. Auf diese Grundlage baut sich der ganze Charakter und alles Gute in demselben, und wenn Du acht Kinder zu redlichen Leuten herangezogen, so muß ihr Dank und Gottes Segen auf Dir ruhen.

Du bist es schon gewohnt, liebe Mutter, Dein Glück nur in unserem Wohlergehen zu suchen, und so, hoffe ich, wird die Vermählung unserer lieben Guste auch zu Deiner Zufriedenheit beitragen. Wie gern wohnte ich dieser Feier bei, aber triftige Gründe hindern mich daran. Zum Herbst aber hoffe ich leichter und länger Urlaub zu bekommen. Nach so langer Trennung sehne ich mich sehr, Dich und die Geschwister wieder zu sehen.

Was mich selbst betrifft, so habe ich große Ursache, zufrieden zu sein — und bin es auch. Meine Stellung ist so angenehm, wie sie nur immer sein kann, die Einnahme gut und Aussichten noch besser. Dabei bin ich über Jahr und Tag vollkommen gesund. Von meiner alten, so tief eingewurzelten und so schrecklichen Herzkrankheit scheint keine Spur mehr vorhanden. Das Alles erkenne ich dankbar an. Mit herzlicher, aufrichtiger Liebe Dein

Helmuth.

Berlin, den 29. Juni 1834.

Liebe Mutter!

Unsere Generalstabsreise ist diesmal nach dem Harz zu; die Vorübungen und Rekognoszirungen führen mich aber zuvor nach Dresden, und von dort hoffe ich einen Abstecher durch das ganze Erzgebirge über Teplitz, Karlsbad nach Eger zu machen.

Schon in den nächsten Tagen des Juli sitzen wir auf und kehren erst Ende August zu den Herbstübungen zurück. Gern möchte ich vor meiner Abreise noch einige gute Nachrichten von Dir haben, liebes Mütterchen. Gebe Gott, daß Du erträglich wohl sein mögest.

Sobald die Herbstmanöver beendet (was Mitte September so weit sein wird), habe ich Aussicht, in Aufträgen meines Chefs nach Kopenhagen geschickt zu werden. Da jetzt eine Dampffahrt von Stettin eingerichtet wird, so kann ich in zwei Tagen von hier nach Kopenhagen kommen. Sodann gehe ich mit dem Dampfschiff nach Kiel und rechne, im Oktober bei Dir zu sein. Herzlich freue ich mich schon jetzt darauf, nach so langer Trennung Dich wiederzusehen. Auch freue ich mich, Gustchen in ihrer

Wirthschaft zu besuchen und unseren Schwager kennen zu lernen; sind sie denn jetzt in Schleswig oder in Kiel und welches ist denn das Burt'sche Haus?

Ich habe Vater gebeten, Ludwig 24 Thaler Preuß. Courant zu zahlen, die ihm, hoffe ich, willkommen sein werden. Das vorläufige Honorar (bis zum Absatz von 500 Exemplaren) betrug, wie ich ihm geschrieben, 500 Thaler, da 12 Bände sind, so kommt auf jeden $\frac{500}{12} = 41^2/_3$ Thaler. Ich bin in dieser Riesenarbeit jetzt schon mit dem 11. Bande zu Gange; jetzt wird aber freilich wieder Alles auf ein halbes Jahr unterbrochen. Für heute lebe wohl, liebe Mutter. Ich bitte Gott täglich, Deine Gesundheit zu erhalten und Dich uns noch lange Jahre zu erhalten. Mit herzlichster Liebe der Deinige.

Helmuth.

Berlin, den 8. Januar 1835.

Liebe Mutter!

Ich schreibe Dir nur wenige Zeilen, um Dir für Deine gütige Aufnahme recht herzlich zu danken und Dir zu melden, daß ich wohlbehalten hier eingetroffen bin. Ueber meine fernere Bestimmung verlautet zur Zeit noch nichts, und ich bin in mein bisheriges Verhältniß wieder eingetreten.

Mein neues Quartier ist recht gut, aber noch niedriger als Deins. Es liegt genau so orientirt wie Deine Wohnstube, denn Dein Stern neben dem *** *·* steht alle Abend und funkelt vor meinem Fenster und erinnert mich an Dich.

Herzliche Grüße und bis auf nähere Nachrichten Lebewohl. Der Deinige.

Helmuth.

Berlin, den 3. Februar 1835.

Liebe Mutter!

Deinen lieben Brief vom 18. vorigen Monats erhielt ich erst gestern, weil er aus einem Versehen des Briefträgers die Tour nach Schleswig zurückgemacht hatte. Du wirst seitdem von Vater die Nachricht erhalten haben, daß ich gerade am selben Tage, wo Du an mich geschrieben, Sonntag den 18., durch die Verleihung des St. Johanniter-Ordens so freudig überrascht wurde. Diese sehr hübsche Dekoration ist mir als Beweis des Wohlwollens und der Zufriedenheit meiner Vorgesetzten sehr schätzbar. Von allen Orden, die ich möglicherweise bekommen konnte, ist dieser mir bei weitem der liebste und überhaupt in Deutschland einer der angesehensten. Da er nur an Adelige und nur an bekannte Familien vertheilt wird, so ist er sehr Vielen ein Gegenstand des Bestrebens oder des Neides. Zunächst bin ich nun darauf gespannt, ob ich zum 31. März Kapitän werde. Nimm Dich nur in Acht und schone Dich, liebe Mutter, Du hast eine starke Konstitution, aber Du solltest Dich mehr pflegen. Für heute Abieu, liebe Mutter. Bald wieder ein paar Zeilen von Deinem Dich aufrichtig liebenden Sohn

Helmuth.

Berlin, den 16. März 1835.

Liebe Mutter!

Obschon ich Dir recht lange einen Brief schuldig geblieben bin, so muß ich doch diesen noch vierzehn Tage liegen lassen, um Dir gleich melden zu können, was der entscheidende 30. März etwa für mich bringen könnte. Unterdessen machte es mir Freude, mich mit Dir in Gedanken zu unterhalten. Von Herzen wünsche ich nur, daß Du selbst und alle Geschwister recht gesund sein möchten. Das Frühjahr ist so eine schlimme Zeit. Ich habe eine leichte Grippe genossen und hoffe, damit abgefunden zu sein; nur daß ich jetzt an unbestimmten Erwartungen laborire, die aber, wenn Du diese Zeilen erhältst, schon gelöst sind. — So viel ist gewiß, daß ein Offizier von unserem kleinen Korps nach Coblenz am Rhein und zwei nach Königsberg in Preußen kommen werden.

Meinem Buchhändler habe ich jetzt den Prozeß gemacht. Ich bin begierig, ob die Justiz mir helfen wird; sehr unangenehm ist es mir gewesen, dazu zu schreiten; auch habe ich gleich Friedensvorschläge gemacht, und scheint es, daß er zu einem Abkommen geneigt ist. Vorgestern erhielt ich ein mächtiges Schreiben aus — Rom. Es war meine Bestallung vom Prinzen Heinrich, dem Großmeister des Johanniter=Ordens.

Von hier wüßte ich Dir jetzt kaum etwas zu melden, als daß mein Fuchs sich wohl befindet und letzt in einem Wettrennen mit vier anderen Pferden den Sieg davongetragen hat. Durch die Beobachtung Deines Sterns sind meine astronomischen Kenntnisse sehr erweitert, denn ich habe früher nie darauf Acht gegeben, daß alle Sterne so rund am Himmel herum gehen. Er muß jetzt des Abends gerade vor Ludwigs Fenster stehen — nicht ganz hoch. Ich betrachte ihn als Glücksstern.

Den 24. Der 30. naht heran; Montag haltet mir den Daumen.

Den 30. Ich bin heute Kapitain geworden; in einigen Tagen erst kann ich Dir melden, ob ich infolge dieser Beförderung versetzt werde.

Adieu für heute, liebe Mutter, ich eile, den Brief noch mit der heutigen Post fortzubekommen.

Helmuth.

Berlin, den 21. April 1835

Liebe Mutter!

Für diesmal bin ich ruhig beim großen Generalstabe geblieben. Mein Chef sagte mir, daß sich der Plan wegen Paris noch nicht habe verwirklichen lassen, „daß ich aber jedenfalls für diesen Posten disponibel bleibe". Während meiner Krankheit erfreute er mich durch eine Königliche Kabinets-Ordre, deren wörtlicher Inhalt:

> Mit Ihrem Bericht vom 24. Januar dieses Jahres habe Ich die von dem Hauptmann von Moltke des Generalstabs zusammengestellten Notizen über die Königl. dänische Land- und Seemacht erhalten. Indem Ich Ihnen für deren Einsendung Dank sage, erkenne Ich diese gründliche Arbeit wohlgefällig an.
> Berlin, den 15. April 1835.
> (gez.) Friedrich Wilhelm.
> An den
> Generallieutenant Krauseneck.

Da ich jetzt wenigstens ein Jahr noch in meinem alten Verhältniß zubringe, so kommt es darauf an, das zweite Pferd wieder herzustellen.

In Absicht auf das Avancement, so sind in meinem früheren Regiment noch vier meiner Vorderleute Sekondlieutenants. Diese und die ganze Klasse der zwölf Premierlieutenants habe ich übersprungen. Aber selbst im Gardekorps sind die Offiziere, welche mit mir zugleich Offizier wurden, kaum erst zum Premier heran, und ich möchte wohl der einzige Kapitain sein in der Armee, der erst 1822 eingetreten ist. Ich habe also die vier Jahre, die ich am dänischen Patent verlor, wieder eingebracht.

Als Ersparniß übersende ich Dir einliegend auch ein Stückchen Leinewand; oder vielmehr die Wahrheit zu gestehen — es ist gestohlen und ist ein Stück von dem Hemb eines Priesters, der 2040 Jahre vor Christi Geburt lebte. Von den sonstigen Verhältnissen des Mannes ist mir wenig bekannt, auch sind von seinen Predigten, glaube ich, keine mehr vorhanden. Da er noch immer 1700 Ellen Hembe auf dem Leibe hat, so wird er mir meinen Diebstahl wohl verzeihen. Ist es aber nicht wirklich merkwürdig, daß man vor 4000 Jahren schon solchen Byssus zu weben verstand?

Im September werden das V. und VI. Armeekorps zusammen, also ein Viertel unserer ganzen Armee, in der schönen Liegnitzer Gegend am Fuße des Riesengebirges ein Manöver haben. Von dort werden wir wohl Alle zu den russischen Manövers gehen, die bei Kalisch an der schlesisch-polnischen Grenze stattfinden sollen. So werden wir erst Ende Oktober nach Berlin zurückkehren. Da gilt es, gute Pferde haben. Für heute Abieu, liebe Mutter; möchten meine Zeilen Dich recht wohl finden. Mit herzlicher Liebe der Deinige.

Helmuth.

Berlin, den 20. Juni 1835.

Liebe Mutter!

Sehr vielen Dank für Deinen lieben Brief, aus dem ich mit aufrichtiger Freude ersehen habe, daß Du dies sehr schlimme Frühjahr gesund überstanden hast. Möchte die starke Hitze, welche wir seitdem gehabt haben, Dir in Deiner Dachwohnung nicht zu lästig geworden sein, und möchte Dein kleines Gärtchen Dir einige Erholung gewährt haben.

Was mich betrifft, so hätte ich Dir gewiß schon früher geschrieben, wenn ich nicht jetzt gerade mit Geschäften ungewöhnlich überhäuft wäre. Gleich nach Vaters Abreise trat ich zur Dienstleistung auf vier Wochen beim Alexander Grenadier-Regiment ein, welches gerade am entgegengesetzten Ende der Stadt seine

Kaserne hat. Diese tägliche Promenade in der starken Hitze durch die gepflasterten Straßen und das Exerziren selbst haben mich ganz braun, aber auch ganz gesund gemacht. Dabei fallen jetzt sehr viel Examinationstermine, denn in 15 Tagen habe ich 143 Fähnrichs und Kadetten zu Offizieren prüfen und außerdem eine schriftliche Arbeit fertig machen müssen, mit der es Eile hatte. Aber je mehr zu thun, je besser ist man dran. Zugleich habe ich einen Pferdehandel gemacht. Ich habe ein zweites Pferd für 40 Louisd'or gekauft, so daß ich jetzt gerade für 100 Louisd'or Pferde im Stalle habe. Es sind aber auch zwei schöne und dabei gesunde (unberufen, ich spucke aus als guter Kavallerist) und tüchtige Thiere, daß wenig Offiziere in der Garnison sie besser haben. Ein solches Pferd frißt nicht mehr als ein schlechtes, und ich habe die Aussicht, daß sie bei vernünftiger Behandlung mir 10 oder 15 Jahre dienen können. Dabei muß ich bemerken, daß sie zum nächsten Ersten wirklich bezahlt sind. Ich habe nämlich mit meinem Buchhändler ein gerichtliches Abkommen getroffen, nach welchem er mir die freilich höchst geringe Summe von 166 Thalern zahlt, ich aber auch von der Vollendung und Korrektur des ganzen Werkes entbunden bin. Da dieser Buchhändler ein Windhund ist, so bin ich sehr zufrieden, noch so mit 12 Thalern Prozeßkosten davon gekommen zu sein. 100 Thaler hat er mir schon gezahlt, 66 Thaler soll er zum Ersten zahlen. Die Arbeit steht freilich in keinem Verhältniß zur Mühe, die ich gehabt, und ich habe mit dem ganzen Honorar nur wenig mehr als die Hälfte meines Schimmels bezahlen können. In Betracht der ungewöhnlichen Strapazen und gemäß Deiner Empfehlung verabreiche ich mir diesen Monat täglich einen Schoppen Moselwein und befinde mich überhaupt in einem leidlich guten Futterstand.

Unsere Reise zu Pferde wird vor Mitte Juli kaum anfangen. Wir haben immer noch nichts Näheres darüber erfahren und wissen kaum mehr, als daß sie nach Schlesien und

wahrscheinlich nach Liegnitz, Neiße und ins Gebirge geht. Man
erwartet von uns, daß wir stets fertig zum Aufsitzen sind. —
Nun Abieu, liebe Mutter, Gott erhalte Dich gesund und guten
Muths. Pflege Dich ein bischen und schone die Droschken nicht
bei schönem Wetter, um die hübsche Gegend zu genießen. Mit
herzlicher Liebe und Anhänglichkeit der Deinige.

Helmuth.

Wiegandsthal im Isergebirge, den 26. Juli 1835.

Liebe Mutter!

Schon ein paar Mal habe ich angesetzt zu schreiben, aber
bei meiner jetzigen Lebensweise ist es schwer, ein ruhiges Stündchen
zu finden. Heute am Sonntag, während Du wahrscheinlich im
Dom bist und Dich meiner wohl auch erinnerst, will ich jedoch
Ernst machen und Dir das Nöthigste mittheilen. Mein Auftrag
führte mich diesmal an die böhmische Grenze und ins Riesengebirge.
Ich habe starke Märsche gemacht, Gottlob, meine Pferde sind
aber völlig gesund und munter. Wenn ich ins Quartier komme,
so muß ich gleich einen Bericht über die rekognoszirte Straße
aufnehmen, dann ist man gewaltig hungrig und müde, oder es
giebt noch alte Schlösser und Burgen zu besuchen, oder Berge
zu erklettern, und so bleibt immer wenig Zeit und Kraft zum
Briefschreiben übrig. Aber auf manchem Gipfel mit weiter,
prachtvoller Aussicht habe ich Deiner gedacht und gewünscht, daß
Du ein Viertelstündchen so hinabschauen könntest.

Das Schönste, was ich bis jetzt auf dieser Reise gesehen,
war die Ruine des alten Schlosses Oybin bei Zwickau an der
böhmisch-sächsischen Grenze. Einen so unersteiglichen Berg habe
ich noch in meinem Leben nicht gesehen. Nach allen Seiten mehr
als 100 Fuß hohe, senkrechte Sandsteinwände, und nur ein ein=

ziger Aufgang von ein paar Hundert Stufen führt in die alte
Burg. Diese ist fast ganz zerstört, aber beinahe unversehrt
steht die im schönsten gothischen Stil und mit der größten
Sorgfalt erbaute Kirche. Es fehlt fast nichts als das Dach
und das obere Gewölbe, welches einigermaßen durch große, licht=
grüne Birken ersetzt wird, die auf der alten Mauer wurzeln.
Die Kapitäle der Säulen und die Bögen der Fenster sind, reich
verziert und sorgfältig in Stein gehauen, noch ganz erhalten,
die Stufen des Altars und des Beichtstuhls, die Sakristei und
die Zellen geben ein deutliches Bild von dem, was hier gewesen
ist. Merkwürdig ist die eine Wand dieses hohen Gebäudes; sie
ist aus dem Felsen selbst geschnitten und wurzelt natürlich in
dem Berge selbst. Nach innen hat man den Raum der Kirche
ausgehöhlt, nach außen einen vier Fuß breiten Umgang, der
diese seltsame Mauer von der Masse der Felsen trennt. Die
ganze Mauer ist also ein Stück Stein. Welche Arbeit, ehe man
das Pulver zu Hülfe nehmen konnte! Die Aussicht von diesem
Schloß ist noch schöner als das Schloß selbst.

Interessant war mir, das Schloß Wallensteins, Friedland
in Böhmen, zu besuchen. Ich kam dahin, als vor wenig Stunden
der Blitz in des Friedländers alte Burg geschlagen. Sie hatte
wohl eine Stunde gebrannt, aber man war des Feuers Herr
geworden, und nur das Dach war zerstört.

Merkwürdig ist das einzige existirende Originalgemälde
dieses ausgezeichneten Mannes. Wie gewöhnlich sieht das Bild
sehr viel anders aus, als man sich den Mann denkt. Wunder=
hübsch ist die Tochter, die zwar nicht Thekla, sondern Katharina
geheißen, und die nicht etwa mit dem Fräulein Neubrunn ins
Kloster ging, sondern einen österreichischen Grafen heirathete.
Man muß ihr dies verzeihen, da Max Piccolomini das Un=
recht auf seiner Seite hat, nie existirt zu haben.

Von hohen Punkten habe ich die Landskrone bei dem schönen
Görlitz und gestern früh die Tafelfichte erstiegen. Abends ritt

ich noch auf die Ruine des alten Bergschlosses Greiffenstein, prachtvolle Trümmer auf der Spitze eines Basaltkegels; das ganze Isergebirge liegt vor einem da, die Riesenkoppe erhebt sich über dasselbe, war aber, wie gewöhnlich, in Wolken gehüllt.

Mein Städtchen hier liegt wohl kaum einmal in Deiner Geographie; lauter arme Leineweber, deren goldenes Zeitalter gewesen.

Mit allem Fleiß und aller Arbeitsamkeit kann der arme Schlesier den Flachs, der vor seiner Thür wächst, nicht so wohlfeil spinnen als der Engländer oder vielmehr seine Maschinen die Baumwolle, die er aus einer anderen Hemisphäre erst herbeiholt. Ich will versuchen, der Sache einen Umschwung zu geben, und werde zu Hirschberg, dem Hauptsitz des schlesischen Leinenhandels, ein neues Hemd kaufen, da eins von meinen auf den langen Ritten zu Charpie geworden ist. Zwar sitze ich hier schon tief im Gebirge, aber heute geht es noch weiter hinein nach Flinsberg, einem Bade in einem Hochgebirgsthal ohne Ausgang. Auf der einen Seite erhebt sich die Tafelfichte 3420, auf der anderen der Geiersberg 2343 Fuß hoch. Die Pferde sind schon gesattelt, drum Abieu für heute.

Liebe Mutter, ich werde diesen Brief wohl noch mit nach Warmbrunn nehmen. Zur Zeit reise ich noch allein und treffe meine Kameraden erst später. Ich führe aber einen ganz kleinen Montaigne und Child Harold in der Satteltasche. Doch muß ich gestehen, daß ich selten nur das Bedürfniß nach Lektüre habe, das große Buch der Natur liegt hier so weit aufgeschlagen, und es ist mit Bergen, Schlössern und Städten so hübsch groß und leserlich geschrieben, daß einem die Augen nicht so weh dabei thun, wie bei der kleinen Stereotypie. Die Zeit, die ich erübrigen kann, nutze ich gern, um schöne Burgen und Gegenden zu skizziren; ich kann Dir diese Blätter vielleicht einmal mittheilen, sie machen mein Tagebuch aus.

Nun gute Nacht, liebe Mutter, ich bin herzlich müde von

einem Ritt nach Schweidnitz. Um 6 Uhr ritt ich fort, und nach 8 Uhr Abends bin ich erst nach Hause gekommen. Gott behüte Dich. Behalte lieb Deinen
Helmuth.

Nachdem der Hauptmann v. Moltke hierauf bei den Königsmanövern in Schlesien sowie bei der russisch-preußischen Revue von Kalisch zugegen gewesen war, erfolgte sein Kommando nach Konstantinopel, welches ihn wider sein Erwarten gegen vier Jahre von der Heimat fernhielt. — Die nun folgenden Briefe werden eine willkommene Ergänzung zu den berühmten „Briefen über Zustände und Begebenheiten in der Türkei" bieten.

Wien, den 15. Oktober 1835.

Liebe Mutter!

Ich bin zwar, wie Du aus dem Bildchen oben*) siehst, noch nicht weit mit meiner Reise gekommen, indeß will ich doch schon von hier aus melden, daß ich gesund und wohl bin. Leider habe ich noch keine Nachricht von Euch, da aber heute eine Post aus Berlin kommt, so bringt sie vielleicht etwas für mich mit. Herzlich wünsche ich, daß Du mit Deinem Befinden zufrieden sein mögest und daß es Euch Allen gut gehe; ich gedenke Eurer oft in der Ferne.

Erst den 17. v. M. konnte ich von Breslau abgehen, da mein Reisegefährte, der Herr v. Bergh, welcher Adjutant beim 1. Garde-Regiment, durch dienstliche Geschäfte verhindert war, früher zu kommen. Ich machte mittlerweile einen Besuch auf dem Schloß Briese, unweit Breslau, wo ich während der Topographie in Quartier gelegen, und wurde mit alter Freundschaft aufgenommen.

Am Sonnabend, dem 10., traf ich in der Morgendämmerung hier ein und stieg im „goldenen Lamm" auf der Jägerzeile ab.

---

*) Briefbogen mit Abbildung des Stephansdoms.

Schon früher einmal habe ich hier logirt, und auch Vater wohnte in diesem Gasthof. Aber das kleine Lamm ist seitdem ein ungeheurer Palast geworden mit einer prächtigen Aussicht über die Donau und die Bastei nach dem Stephan.

Wien ist eine prächtige Stadt, schon weil sie krumme Straßen hat, denn nichts ist langweiliger als solche geraden, langen Straßen. Die krummen hat das Bedürfniß allmälig entstehen lassen, solche Städte haben eine geschichtliche Vorzeit und sprechen das Gemüth an, die nach dem Lineal gezogenen sind von der Laune eines Einzelnen hervorgerufen und uniformirt. — Die Pracht der Läden ist außerordentlich, und man ist in beständiger Verführung, zu kaufen. Jedes Haus hat außer der Nummer sein Zeichen, und dieses ist oft sehr schön gemalt, daß man staunend davor stehen bleibt. Diese Schilder sind zum Theil von ganz guten Meistern, und man könnte sie ohne Weiteres in einer Gemäldesammlung aufhängen. Da steht „die Hofdame" neben dem „weißen Wolfen", der jüngere „König von Ungarn" und der „Erzbischof von Köln" gegenüber dem „Amor" und der „Jungfrau von Orléans".

Das Centrum der Stadt, die Downingstreet von Wien, ist der sogenannte Graben. An einem Palast siehst Du mit großen Buchstaben angeschrieben „Gunkel". Gunkel ist die erste Notabilität unter den Kleiderfabrikanten, die sonst Schneider genannt wurden. Ich verfügte mich zu ihm behufs einer consultation en fait de toilette. Nachdem er einen prüfenden Blick auf meinen Anzug geworfen, wünschte Herr v. Gunkel zu wissen, bei wem ich arbeiten ließe. Ich nannte Kley in Berlin. — „Nicht übel", sagte der Künstler, „aber gänzlich verfehlt." Er wünschte mich dunkelgrün zu sehen, benachrichtigte mich, daß eine weiße Weste tragen eine Art Wahnsinn sei und daß es nur eine allein seligmachende schwarze Kravatte gebe.

Das Treiben auf den Straßen ist außerordentlich. Sie sind alle sehr schmal und wundervoll gepflastert, aber ohne

Bürgersteig, und die Equipagen und Fiaker, welche stets in gestrecktem Trab fahren, jagen ganz dicht an den Häusern hin, so daß man sich wirklich in Acht nehmen muß. Kein Wunder, wenn man bei so getheilter Aufmerksamkeit sich alle Augenblicke in diesen hohen, schmalen Straßen verirrt. Aber man blickt dann nur in die Höhe und findet in der Regel den alten Stephan, der mit seiner hohen Spitze den rechten Weg zeigt, oder zu sich winkt, um von diesem festen Punkt aus die Wanderschaft aufs Neue zu beginnen. Wirklich führen alle Wege über den Stephan, und jeden Morgen bleibe ich einige Minuten unter den ungeheuren Gewölben und zwischen den schlanken, hohen, in schönen Quadersteinen geschnittenen Säulen stehen. Auch die Spitze des Thurmes erstiegen wir; 757 Stufen führen auf den sogenannten Starhembergssitz: eine kleine Bank in einer Nische, von welcher aus man das weite Marchfeld überblickt und weit hinein nach Mähren und Ungarn schaut. Da saß mit kummervollem Herzen der alte Starhemberg und bewachte die stets näher rückende Macht der Türken. Die weite Ebene war bedeckt mit ihren Zelten und Pferden, die große, hunderttausend Centner schwere Kette, die jetzt im Kaiserlichen Zeughaus hängt, war geschmiedet, um die Donau zu sperren, die österreichische Streitmacht war vernichtet, der Kaiserliche Hof nach Linz geflohen, das Reich von Uneinigkeit, wie immer, zersplittert, und keine Hülfe war daher zu hoffen. Damals gab es noch keine Vorstädte vor Wien, die heute zehnmal so viel Raum bedecken wie die eigentliche Stadt. Derselbe Wall, wie er jetzt noch steht, nur nach einer Seite mit ein paar kleinen Außenwerken versehen, war das Bollwerk des Christenthums. Hunger und Krankheit hatten die unglückliche Stadt aufs Aeußerste gebracht, es handelte sich um Tage und Stunden, so glänzte der Halbmond auf dem Stephan, der Islam triumphirte in der Hauptstadt der christlichen Welt. Wie ganz anders möchte es dann in Europa geworden sein. Die Reiter Sobieskis entschieden damals das Schicksal der Welt.

Von Starhembergs Sitz steigt man noch über 100 Stufen in die Spitze des Thurmes. Von hier übersieht man ganz Wien wie auf einer Landkarte: die Glacis, welche die Vorstädte von der Stadt trennen und die Bastei zu einer der schönsten Promenaden der Welt machen, die Schlösser und Landsitze der Umgegend, das nahe Kahlengebirge und die fernen Karpathen und Alpen, welche schon ganz mit Schnee bedeckt sind.

Da Bergh sehr gute Empfehlungen mit hat, so sind wir gewöhnlich des Mittags eingeladen. Heute wurden wir äußerst freundlich aufgenommen bei einem ungarischen Magnaten, der 50 000 Unterthanen in Kroatien hat und der uns fünf verschiedene Sorten Wein vorsetzte, die alle auf seinen Gütern gewachsen. Sehr schätzbare Empfehlungsschreiben nehmen wir von hier aus mit nach Pest, Semlin, Bukarest, Konstantinopel, Smyrna, Athen. Da wir überall an die Gesandten oder einflußreichsten Männer adressirt sind, so wird dieses wesentlich zu unserem Fortkommen dienlich sein und die Reise ebenso angenehm als nützlich machen.

Wir gehen nun Sonntag, den 18., früh von hier nach Preßburg und dann mit dem Dampfschiff nach Pest, wo wir zwei Tage bleiben, dann nach Belgrad und die Donau bis Rustschuk hinab — von Wien beinahe an 200 Meilen. In Rustschuk treffen wir den 30. d. M. ein, gehen dann zum Fürsten Ghika nach Bukarest und von dort zu Pferde mit dem Tataren nach Konstantinopel. Diese Art zu reisen ist fast die einzig mögliche, die beste und ganz vollkommen sicher. Nur etwas mühsam und auf dem Balkan etwas frisch wird es sein. Ich werde mir aber in Ungarn einen großen Schafpelz zulegen.

Von Konstantinopel hoffe ich durch die Gesandtschaft schreiben zu können. Leider habe ich keinen Brief von Euch hier erhalten. Ich bitte Dich, mir doch in ein paar Zeilen zu sagen, wie es Dir geht, liebe Mutter, auch Nachricht von den Geschwistern geben zu wollen, und den Brief (auf recht dünnem Papier und nicht doppelt) poste restante nach Neapel zu abreffiren. Ich rechne dort im Laufe des Januar einzutreffen und bitte etwa um Weihnachten oder Neujahr zu schreiben und mir, will's Gott, gute Nachricht von Euch Allen zu geben.

Mitte März rechne ich in Berlin zu sein. Herzliche Grüße an Adolf, Lui und an die Schwestern. Möchtet Ihr Alle wohl und zufrieden sein. Nun Abieu, liebe Mutter. Gott erhalte Dich. Mit herzlicher Liebe der Deinige.

Helmuth.

Bujukdéré bei Konstantinopel, den 30. November 1835.

Liebe Mutter!

Wie lange ist es her, daß ich keine Nachricht von Dir habe; möchtest Du doch gesund und zufrieden sein. Aber ich hoffe, Gott wird Dich beschützen und erhalten. Wenn Du diese Zeilen, wie ich hoffe, zu Weihnachten, erhältst, so erfiehst Du wenigstens, daß ich mancherlei Schwierigkeiten glücklich über= wunden, daß ich gesund geblieben und durch einen schönen Auf= enthalt in einer ganz neuen Welt gelohnt bin.

Möchte ich Dich doch nur ein Viertelstündchen hier an mein Fenster führen können, unter welchem die krystallklaren Wellen des Bosporus plätschern, gerade als wenn man in der Kajüte eines großen Kriegsschiffes sitzt.*) Jene Berge, die so nahe, daß man die Fenster der Häuser zählen kann, sind ein anderer Welttheil, sind Asien. Rechts in dem kleinen Wiesenthal siehst Du eine Gruppe riesenhafter Platanen, sie tragen den Namen Gottfrieds von Bouillon, der unter ihnen geruht haben soll, als

---

*) So stellt ihn ein Bildniß dar, welches er mit dem späteren Briefe vom 10. Januar 1837 der Mutter übersendet und welches daher an jener Stelle beigegeben wird.

er mit den Kreuzrittern nach Paläſtina zog. Auf jenen Bergen ragt das alte genueſiſche Kaſtell mit dem Wappen der Republik und der Jahreszahl 1100 über dem Thorweg. Links blickſt Du in die hohe See, es iſt das Schwarze Meer, der gefürchtete Pontus Euxinus. Schnell, geräuſchlos eilen die leichten Kaiks unter meinen Fenſtern vorüber, mächtige Kriegsſchiffe ankern ganz nahe an den Häuſern, und die Dampfſchiffe brauſen mit flatternden Flaggen vorbei. Die ausgedehnten Begräbnißplätze ſind wahre Cypreſſenwälder, der Lorbeer iſt hier ein Baum, und die Pinie ſticht mit hellem, ſaftigem Grün gegen die faſt ſchwarze, regungsloſe Cypreſſe freundlich ab. Ueberall blühen noch Roſen in den Gärten, und wir haben Tage, wo die Wärme noch läſtig wird.

Wenn ich nach Berlin zurückkomme, werde ich Dir auch mein Skizzenbuch ſchicken. Ich bitte Dich aber innig, Nachricht von Dir nach Neapel zukommen zu laſſen, welche Eduard Ballhorn beſorgen wird. Du kannſt Dir die vielen Fragen denken, welche ich Dir zu thun habe.

Am heiligen Abend werde ich in Gedanken bei Euch ſein und hoffe, in Athen, wenn nicht in Alexandrien, auf Eure Geſundheit zu trinken. Mitte Januar denke ich in Neapel zu ſein, von wo aus ich Dir wieder ſchreiben werde.

Für heute Adieu, liebe Mutter, halte Dich nur geſund und ſchone Deine Kräfte. Laß auch die Fußdecke legen und pflege Dich ein Bischen — Du kannſt es wohl thun, denn Du haſt lange genug für uns gearbeitet. Nochmals tauſend Grüße.

Mit herzlicher Liebe und Dankbarkeit der Deinige.

Helmuth.

N. S. Die Roſenblätter ſchicke ich Dir aus Aſien, und damit Du ſiehſt, daß das Geld noch nicht ganz ausgegangen, lege ich Dir eine türkiſche Para bei. — Dein ſchöner Stern hat mir alle Morgen früh geleuchtet, wenn ich vor Sonnenaufgang ausritt.

Ich muß meinen Brief wieder öffnen, um die Blätter und den Para herauszunehmen, da er sonst nicht geräuchert und mit den Depeschen der Gesandtschaft gehen kann. Wir haben hier noch immer einzelne Pestfälle, und die Vorsichtsmaßregeln bestehen fort. Im übrigen denkt Niemand an die Pest, und die Gefahr ist nicht größer, als daß ein Ziegel mir auf den Kopf fällt.

Wir reisen heute zu einer Exkursion in Kleinasien ab und denken in vier Tagen zurückzukommen, wo unsere Wohnung im Gesandtschaftshotel in Pera bereit ist.

Den besprochenen Para hoffe ich Dir im nächsten Jahre persönlich auszuzahlen.

Adieu, liebe Mutter.

Bujukdéré, den 1. Dezember 1835.

Arnautkiöj bei Konstantinopel, den 9. Februar 1836.*)

Liebe Mutter!

Mit der gestrigen Post erhielt ich Briefe vom Vetter Eduard, aber leider keine Einlagen von Dir, Vater oder den Geschwistern, auf welche ich sehr gehofft. Indeß schreibt mir Eduard, daß nach den letzten Nachrichten Ihr Gottlob Alle gesund seid, und da dies die erste Kunde ist, die ich, und auch nur in der Eile, seit fünf Monaten von Euch erhalte, so bin ich sehr erfreut darüber gewesen. — Möchten auch diese Zeilen Euch bei guter Gesundheit und Zufriedenheit antreffen.

Ob sich mein Aufenthalt hier noch verlängern wird, weiß ich bis jetzt nicht. Mit nächster Post erwarten wir Briefe aus Berlin, welche darüber entscheiden werden. Sehr interessant ist es mir jedenfalls gewesen, den Winter in so neuer Umgebung

---

*) In diesem Briefe finden sich Anklänge an den Inhalt der in den „Türkischen Briefen" abgedruckten Briefe vom 9. und 12. Februar 1836.

zuzubringen. Der Serasfier ist so wohl zufrieden mit einigen
kleinen Arbeiten gewesen, daß er mir gestern ein Tabatière mit
Brillanten überreicht hat, die, glaube ich, wohl 100 Louisb'or
werth ist und meine ganzen bisherigen Reisekosten deckt. Außerdem hat er ein Pferd aus seinem Stall mit schöner Zäumung
und rothem Sammetsattel zu meiner Disposition gestellt, welches
im Stall des Grafen Königsmark*) in Pera steht, und mit dem
ich jetzt die Gegend durchstreife. Ein Seis ist zur Wartung
desselben bestimmt und ein Kavaß mit Handschar, Yatagan und
geladenen Pistolen spaziert vor mir einher, wo ich in Konstantinopel gehe, so daß ich ihn kaum los werden kann.

Ich bin seit mehreren Tagen hier im Hause des Dragoman,
des ersten Dolmetsch des Serastiers, welcher, was ich auf Französisch zu Papier bringe, ins Türkische übersetzt. Die Geschäfte
gehen hier langsam, zum Glück wird in der Türkei weniger geschrieben als bei uns. Die schriftlichen Erlasse werden hier
ungefähr ebenso schnell und in eben der Art angefertigt, wie bei
uns die Tapisseriearbeit der Damen, nämlich auf dem Sopha
sitzend mit untergeschlagenen Beinen und einen langen Streifen
Papier auf den Knieen, auf dem mit der Rohrfeder die Charak-
tere von der Rechten zur Linken gemalt werden.

Der Armenier, bei dem ich wohne, führt einen großen
Hausstand und ist nach hiesiger Art ein reicher, angesehener
Mann. Es geht mir nichts ab, unser Tisch ist vortrefflich und
der ganze Zuschnitt der nach türkischer Art eingerichteten Wirth-
schaft sehr unterhaltend. Jede zweite Schüssel ist ein süßes
Gericht. Dabei stehen aber wohl zehn kalte Schüsseln auf dem
Tisch, von denen Jeder zwischenburch nach Belieben zulangt.
Da sind Austern, Muscheln und Kaviar, Käse, Oliven, Ziegen-
rahm, Salate, Sardellen, Krabben, Hummer, türkischer Pfeffer,
Zwiebeln und Früchte aller Art. Wohl sechs oder sieben Mal
des Tages wird Kaffee in kleinen Schälchen gereicht. Die An-

---

*) Preußischer Gesandter bei der Hohen Pforte.

fertigung dieses Getränks ist sehr verschieden von unserer Art Kaffee zu kochen, der Kaffeegrund wird mit in die Tasse gegossen und das Getränk ohne Zucker und Milch genommen; man gewöhnt sich aber bald daran, es sehr wohlschmeckend zu finden. Zwischendurch wird Eingemachtes herumgereicht, Jeder nimmt sich einen Löffel voll in den Mund und trinkt Wasser hinterdrein und Tabak raucht hier Jedermann; ich selbst dampfe schon mit einigem, wenn auch geringem Vergnügen aus den 6 Fuß langen Pfeifen mit großer Bernsteinspitze und kleinen Köpfen aus rother Ziegelerde. — Das Schlimmste ist, daß kein Zimmer einen Ofen hat. Die Leute sitzen (denn gehen thut hier Niemand während ganzer Monate) mit großen Pelzen und untergeschlagenen Beinen und kümmern sich wenig, ob die Thüren offen stehen oder nicht. Mitten im Zimmer steht jedoch ein Tisch mit einer weiten, gesteppten Decke überdeckt und unter demselben ein Kohlenbecken. Dort kriecht nun Jeder heran, um sich zu wärmen. Man steht spät auf, gewöhnlich nicht vor neun Uhr, um ein Uhr wird schon beträchtlich gefrühstückt, fünf bis acht Gerichte, Abends um sieben Uhr zu Mittag gespeist und um ein oder zwei Uhr erst schlafen gegangen. Uebrigens thut hier Jeder, was ihm eben gefällt. Das ganze Zimmer ist Sopha, die Dielen mit Teppichen belegt und die Wände von einem breiten Divan umgeben, auf dem oft 20 Menschen umhersitzen oder liegen.

Einige rauchen, Andere schlafen, noch Andere spielen Domino, Ecarté oder Whist, die Meisten thun gar nichts und Wenige sprechen. — Wenn man erst bekannt in der Familie ist, so kommen auch die Damen zum Vorschein, die sehr hübsch sind.

Nichts ist gemüthlicher als die Promenaden hier längs des Wassers. Am Ufer des Bosporus liegt ein altes, von den Türken noch vor Eroberung Konstantinopels erbautes Schloß. Die hohen, weißen Mauern mit Zinnen und Thürmen ziehen sich seltsam den steilen Abhang hinauf und hinab, daß die Erzählung wahr zu sein scheint, welche sagt, Sultan Mahmud habe als Bauplan seine Namensunterschrift gegeben. — Säulenschäfte, Karnieße und zierliche Skulpturen ragen aus den riesenhaften Thürmen hervor, in welche sie mit Grabsteinen, Ziegeln und Felsblöcken eingemauert sind. Fünf Jahrhunderte haben fast nichts verwischt von diesen Fußtapfen, die der Islam bei seinem ersten Herüberschreiten von Asien dem europäischen Boden eingedrückt hat. Von hier drang er bis Tirol und in Deutschland vor, und wenig fehlte, so machten seine Bekenner aus dem Stephan in Wien eine Moschee wie aus der Sophia zu Konstantinopel, in welcher volle tausend Jahre das Kreuz verehrt wurde. Dies alte Schloß ist das gewöhnliche Ziel meiner Spaziergänge. Der Bosporus rauscht wie ein mächtiger, reißender Strom hier vorüber, und Hunderte von Delphinen springen schnaubend und plätschernd auf der Oberfläche herum. Diese Thiere dürfen hier nicht gefangen werden und speisen wahrscheinlich eben soviel der köstlichsten Butten, Palamiden und Goldfische wie die ganze Bevölkerung der Hauptstadt. Die felsigen Höhen längs des Wassers sind mit immergrünen Cypressen bewachsen, aber längs des Flusses zieht sich eine ununterbrochene Reihe von schönen hölzernen Sommerwohnungen.

Nach Pera fahre ich im Kaik oder reite in einer Stunde hinab; übermorgen, am jeudi-gras, haben wir eine Maskerade beim russischen Gesandten. Es ist für mich ein slavonischer Anzug aus Smyrna verschrieben, aber leider war er heute noch nicht angekommen. Ich werde am Ende als Europäer verkleidet hingehen müssen.

Für heute Adieu, liebe Mutter, ich werde in vierzehn Tagen oder drei Wochen wohl wieder etwas Näheres melden können.

Dein Dich herzlich liebender Sohn

Helmuth.

Sultan-Hiffar, Dardanellen, den 27. März 1836.

Der Pascha der Dardanellen, dem ich empfohlen war, hat mir ein hübsches kleines Haus am Ufer einräumen lassen, in welchem ich schon beinahe vierzehn Tage wohne. Von meiner Terrasse habe ich eine prächtige Aussicht über die Meerenge, in welcher die großen Kauffahrteischiffe mit den Flaggen aller Nationen ohne Unterlaß vorüberziehen. Gestern führte ein frischer Südwind in einer halben Stunde einhundert und fünfundzwanzig Fahrzeuge vorbei. Die Dardanellenstraße ist hier nicht breiter als wie ein großer Strom, etwa wie der Rhein bei Köln, und die alterthümlichen Schlösser an den Ufern geben ihr ein ganz eigenthümliches Ansehen. Gegenüber erhebt das europäische Ufer sich steil und felsig, und die warmen Abende und Mondscheinnächte sind hier wunderschön. Die Wellen plätschern unter meinen Fenstern oder brausen gewaltig, wenn der Südwind sie aufregt.

Ich benutzte einen der ersten Tage, um eine Ausflucht nach der Troas zu machen. Meine kleine Karawane bestand aus zwei Surugi, zwei bewaffneten Kavassen, einem Dolmetsch der Gesandtschaft und mir. Wenn ich sage, daß wir die Ruinen von Abydos und Dardanus und Rhoeteum durchwandelten, so will das nur sagen, daß wir einige Steinhaufen gesehen. Aber die Namen schon sind interessant hier. Der Ida war noch mit hohem Schnee bedeckt und der Skamander oder Simois war so stark angeschwollen wie damals, als so viel erschlagene Troer hineingeworfen wurden. Gleich jenseits am Vorgebirge von Sigeum vorüber erheben sich die Grabmäler des Ajax, Achill und Patroklus, und bald darauf gelangt man an einen oben flachen Hügel, auf welchem einst Pergamons stolze Zinnen sich erhoben haben sollen. — Es that mir leid, daß ich seit Hohenfelde die Ilias nicht wieder gelesen habe. — Das Land ist auch hier nur eine weite Wüste, selten nur trifft man ein ärmliches Dorf von Häusern ohne Dächer. Aber dem Fremden ist doch so Manches neu: die Baumwollenfelder, Kameelheerden auf der Weide und besonders der Anblick der Inseln im Archipel. Diese sind wegen der ungeheuer hohen Berge so schön, welche sie tragen. Zunächst lag Tenedos, hinter welchem Ulysses die Flotte der Achäer versteckte, dann Samos, Mytilene und Imbros, auf dessen Gipfeln der Schnee selbst im Sommer noch liegen bleibt. Gegen Abend erreichten wir ein türkisches Dorf. Der Aga kam uns zu begrüßen und sprach in üblicher Weise: „Möge Dein Abend glücklich sein, Herr, ist Deine Laune gut?" Darauf wies er uns ein Haus an, die Pferde, welche acht Meilen gemacht, wurden in den Stall gezogen und Teppiche am Feuer für uns ausgebreitet. Bald erschien ein Diener mit einer ungeheuren hölzernen Scheibe auf dem Turban, auf welcher das Abendessen in zinnernen Schüsseln aufgestellt war. Es bestand wie gewöhnlich aus Pillaw, Hammelfleisch, Oliven, Honig und Scherbett. Messer und Gabel giebt es nicht, aber das Waschbecken wird vor und nach dem Essen herumgereicht.

Damit es an diesem Tage nicht an Merkwürdigkeiten fehlen sollte, so veranstaltete die Natur auch ein kleines Erdbeben in drei Reprisen. Der erste Stoß war der stärkste; alle Leute stürzten aus den Häusern, es war fünf Uhr Nachmittags, aber da ich zu Pferde auf freiem Felde war, so habe ich nichts davon gespürt. Der zweite Stoß erfolgte um zehn Uhr Abends, und diesen habe ich ebenso wenig gemerkt, weil ich nach der großen Ermüdung im ersten Schlaf war, aber um drei Uhr Morgens wachte ich davon auf, daß ich, auf der Seite liegend, auf einer Matte herumgeworfen wurde, gleich darauf klappten alle Thüren und Fensterladen (denn Fensterscheiben giebt es dort nicht).

Am folgenden Morgen besuchte ich die Ruinen von Troas Alexandra, welches Antigonus zu Alexanders des Großen Zeiten baute. Sie sind von unglaublicher Ausdehnung, und ich verfolgte eine Viertelmeile weit ein Fundament von riesengroßen

Felsblöcken, welche vielleicht die Stadtmauer getragen haben. Endlich gelangten wir zu einer prachtvollen Ruine im größten Stil. Es waren die Ueberbleibsel des berühmten Schlosses der einhundert Thore. Diese Bögen und Felsblöcke, ohne Mörtel aufeinander geschichtet, können recht gut noch andere dreitausend Jahre stehen.

In der näheren Umgegend giebt es keinen Ort, den ich nicht besucht hätte.

Pera, den 6. April 1836.

Es ist mir ganz unmöglich, heute mehr noch hinzuzufügen, als daß ich von meiner Ausflucht wohlbehalten zurückgekehrt und zu meiner großen Freude einen Brief vom Vater und von Dir, liebe Mutter, vorgefunden. Die Beantwortung wird wohl erst heute über acht Tage erfolgen, doch will ich versuchen, wie weit ich heute damit komme, ehe die Post abgeht. — Gottlob, daß Ihr alle gesund seid; Lenchen danke ich herzlich für ihre Zeilen, die mir viel Vergnügen gemacht. Ich werde doch noch eine Weile auf dem Seil tanzen müssen, ehe ich zu ebener Erde komme. Ich habe Briefe aus Berlin von meinem Chef, nach denen ich mich erklären soll, ob ich, unter übrigens sehr annehmbaren Bedingungen, ein Kommando auf längere Zeit, vielleicht ein paar Jahre, hier annehmen will. Die Pforte hat nämlich einige preußische Offiziere vom König verlangt. Ich habe ihm darauf geantwortet, daß dies nicht so sehr in meinem Wunsch liege, daß ich darum bitten sollte, wenn aber Se. Excellenz erachten, daß ich durch meinen seitherigen Aufenthalt befähigt sei, meinen übrigen Kameraden hier wesentliche Dienste zu leisten, ich mir gewiß Mühe geben würde, auch bei diesem Kommando seine Zufriedenheit zu erwerben. Kurz, ich habe eher abgelehnt, als verlangt, aber die Sache ganz der Entscheidung meines Chefs anheimgestellt, und das ist immer das Beste. Du wirst

durch Eduard vielleicht früher als ich erfahren, was darauf ver=
fügt wird.

Für heute Adieu, liebe Mutter. Wenn Du den langen
Brief sähest, den ich heute schon geschrieben, so würdest Du mich
gewiß für heut vom Schreiben dispensiren.

Adieu, mit herzlicher Liebe der Deinige.

Helmuth.

Die Lamartinesche Reise habe ich hier, auch mich interessirt
sie sehr, und ich hoffe, sie noch einmal mit Dir zusammen zu
lesen.

Der Oelzweig ist vom Grabe des Patroklus.

Konstantinopel, den 28. April 1836.

Liebe Mutter!

Ich habe zwar heute gar nichts Neues zu melden, jedoch
kann ich nicht umhin, Dir für Deinen lieben Brief vom 20. Fe=
bruar zu danken, der mir große Freude gemacht hat. Nach so
langer Zeit war es mir eine große Beruhigung, von Vater so=
wohl als von Dir zu erfahren, daß Ihr Alle gesund seid.

Ob mein Aufenthalt sich hier noch beträchtlich verlängern
wird oder ob ich im nächsten Monat plötzlich abreise, hat sich
noch nicht entschieden. Erst in drei bis vier Wochen können die
Befehle meines Generals hier eintreffen. Es ist jedoch wahr=
scheinlich, daß man mich dazu bestimmt, einstweilen noch in Kon=
stantinopel zu bleiben, da ich einmal das Terrain hier kenne
und der Seraskier ein besonderes Vertrauen in mich gesetzt
hat. Der Aufenthalt hier ist auch in vieler Beziehung sehr
interessant und wird pekuniär gewiß ganz vortheilhaft werden,
aber wenn man schon eine Zeit hier gewesen und der Reiz der
Neuheit verschwunden ist, so sehnt man sich doch gar sehr nach
Europa. Die Anwesenheit von zehn meiner Kameraden, deren

Ankunft man schon erwartet, wird die Sache freilich um Vieles angenehmer machen.

Ich wohne noch immer im Gesandtschaftshotel zu Pera. Das Leben ist äußerst einförmig. Ich stehe nicht allzu früh auf, bedenkend, daß der Tag vierundzwanzig lange Stunden hat. Bis zum Frühstück um zwölf Uhr habe ich zu arbeiten, und das ist noch ein Glück, dann mache ich gewöhnlich einen Spaziergang mit den jungen Leuten von der Gesandtschaft. Man schlendert nach einem der zahlreichen Cafés, setzt sich auf einen niedrigen Strohschemel, raucht die Nargileh oder die Wasserpfeife, sieht den Schiffen nach, die durch den Bosporus ziehen, und den Delphinen, die zu Hunderten um sie herumtanzen. Der Kreis des Ideenaustausches ist mäßig beschränkt, Jeder weiß schon im voraus, was der Andere wissen kann; nachdem man also ermittelt hat, ob es Nord- oder Südwind und ob man den Olymp sehen oder nicht sehen kann, schlendert man wieder nach Hause und weiß genau, ob morgen Regen sein wird oder Sonnenschein. Es ist das Land behaglicher Faulheit hier und eine ganze Nation in Pantoffeln. — Gegen Abend mache ich dann noch einen Ritt nach dem Thal der süßen Wasser, um sieben Uhr wird zu Mittag gegessen, und was man dann des Abends noch macht, weiß ich eigentlich gar nicht.

Die Feierlichkeiten zur Vermählung der Prinzessin Sonnemond oder Mihrimah fangen heut Abend mit einem Feuerwerk auf dem Bosporus an. Man hat schon vor vier Wochen ein kleines Kunstfeuerwerk im Innern des Laboratoriums gegeben, bei welchem 180 Menschen in die Luft geflogen sind, es war aber ihr Kismet oder Schicksal.

Ich hoffe, liebe Mutter, daß ein Brief von Dir schon wieder unterwegs ist und daß er gute Nachricht von Euch Allen enthält. Für heute schließe ich mit der Bitte, stets im guten Andenken zu behalten Deinen Dich herzlich liebenden Sohn

Helmuth.

Bujukdéré, ben 26. Juli 1836.

Liebe Mutter!

Ich melde Dir heute nur mit zwei Worten meine Rück=
kehr aus den Dardanellen, wo ich vierzehn Tage geblieben bin.
Da ich sogleich nach Pera reiten muß und alle diese Tage vom
Morgen bis Abend zu zeichnen gehabt habe, so ist es mir un=
möglich gewesen, einen ordentlichen Brief zu schreiben. Heute
liefere ich meine Arbeit ab, und mit nächster Post werde ich
wohl etwas mehr Muße haben. Während meiner Anwesenheit
in D. habe ich ziemlich von der Hitze und mehr noch von
Mücken, Wanzen, Flöhen und Konsorten zu leiden gehabt; das
Seebad, welches ich unter dem Fenster hatte, war meine einzige
Rettung. Bei meiner Rückkehr strandete das türkische Dampf=
schiff dicht vor dem Hafen, der Pascha verfügte sich in einem
Kaik zum Großherrn und schickte mir sogleich einen andern, um
mich ans Land zu begeben. Wir arbeiteten indeß die ganze
Nacht, um flott zu werden, weil wir dem armen englischen
Kapitän gern beistehen wollten und die Türken nicht viel anzu=
fangen wußten. Alle Anstrengungen waren aber vergebens, da
wir mit großer Gewalt, glücklicher Weise nur auf Sand, ge=
laufen waren. Gegen Morgen kam ein zweites Dampfschiff der
Regierung und eine große Menge Menschen zur Hülfe; Alles
umsonst. Erst nachdem die Kohlen, aller Ballast ausgeschifft,
und das Wasser aus dem Kessel gelassen und das andere Dampf=
schiff hinten an das unsere angespannt, wurden wir wieder flott.

Hier in Bujukdéré ist der Aufenthalt sehr angenehm; die
neueste Neuigkeit ist, daß die Pest im Serail des Großherrn
ausgebrochen, so daß der gute Mann die Flucht hat ergreifen
müssen. Dies ist vielleicht recht gut und wird zu strengeren
Maßregeln führen. Hier ist Alles gesund. Da sieben Wochen

seit meinem Brief vom 8. Juni verflossen, in welchem ich mein längeres Hierbleiben anzeigte, so hoffe ich nun gewiß, mit nächster Post Nachricht von Euch zu erhalten. Die Postverbindung ist so regelmäßig, daß ich mit Bestimmtheit in 42 Tagen Antwort aus Berlin und in 52 Tagen aus Holstein haben könnte.

Was mich betrifft, so werde ich jedenfalls noch drei Monate hier verweilen, hoffe aber zum Spätherbst zurückzukehren und werde Dich dann, wenn auch nur auf einige Tage, in Schleswig besuchen.

Adieu, liebe Mutter, mit herzlicher Liebe der Deinige.
Helmuth.

Bujukdéré, den 20. Oktober 1836.

Liebe Mutter!

Ich kann unmöglich die heutige Post wieder abgehen lassen, ohne Dir zu schreiben, zumal da ich Deinen lieben Brief vom 17. August nun schon drei Wochen lang in Händen habe. Gottlob, daß er gute Nachrichten von Euch Allen enthält und daß Du auch in diesem Sommer mit Deiner Gesundheit zufrieden bist.

Noch immer ist nicht entschieden, ob von unseren Offizieren welche herkommen oder nicht. Sie können aber jeden Tag hier eintreffen, da sie wohl beinah so schnell wie die Antwort auf unsere Briefe reisen werden. Sowie sie eintreffen, werde ich auf meine Abberufung antragen und kann die Ermächtigung dazu dann in sechs bis acht Wochen hier haben. Kommen sie überhaupt nicht, so werde ich vielleicht um so eher abgehen können, und jedenfalls hoffe ich, daß meine Abreise bis Neujahr möglich sein wird.

Ich bin in diesem Augenblick gar sehr beschäftigt mit einer Arbeit, die mir zugleich viel Vergnügen macht, nämlich mit einer

Aufnahme des Terrains zu beiden Seiten des Bosporus. Es giebt viel Berge zu erklettern, aber die Mühe wird durch wunderschöne Aussichten belohnt. Wir haben ein herrliches Herbstwetter hier, und die feuchte Seeluft erhält alle Bäume und Pflanzen grün, obwohl es seit vier Monaten nicht geregnet hat. Früh Morgens stehe ich auf und lasse mich gleich ins Meer hinabplumpsen (ich habe die Gelegenheit benutzt, um einhundert Seebäder zu nehmen), dann trinke ich meinen Kaffee und trete mein Tagewerk an, entweder in der Schaluppe mit Segeln oder in einem schnellen Ruderfahrzeug oder landeinwärts zu Pferde. Die Arbeit dauert neun bis zehn Stunden, und Abends finde ich ein vortreffliches Diner. Ich habe eine offene Ordre in türkischer Sprache, um in alle Festungen und Batterien zugelassen zu werden, außerdem einen Kavaß, einen Tschausch oder Korporal und so viel Soldaten, wie ich will, zur Begleitung und zum Tragen der Instrumente. Seit dem 1. d. M. habe ich schon eine Strecke von einer halben Meile Länge und dreiviertel Meilen Breite fertig und stehe im Begriff, mich auf acht oder vierzehn Tage nach dem Fanar oder Leuchtthurm am Eingange des Schwarzen Meeres zu quartieren, um durch die Hin- und Herreise nicht zu viel Zeit zu verlieren.

Von allen meinen Ausflügen habe ich Dir einige Kerne und Samen gesammelt, Datteln aus Smyrna, Rosen vom Olymp und Tamarinden von hier. Ich hoffe, daß sie unter Deiner glücklichen Hand alle gedeihen werden.

Für heute Adieu, liebe Mutter, auf baldige Nachricht von Dir und auf baldiges Wiedersehen. Mit herzlicher Liebe der Deinige.

Helmuth.

Bujukdéré bei Konstantinopel, den 10. November 1836.

Liebe Mutter!

Unmöglich kann ich Deinen lieben Brief vom 5. Oktober, den ich nun schon vierzehn Tage bei mir habe, länger unbeantwortet lassen. Allein die Post ist, vom Schnee im Balkan aufgehalten, gestern spät erst angekommen und bringt mir den Befehl, heute noch zwei lange Berichte einzusenden, so daß mir gerade nur die Zeit bleibt, Dir zu melden, daß ich wohl und gesund bin und herzlich wünsche, bald wieder so viel gute Nachrichten von Euch zu erhalten, wie Dein letzter Brief enthielt.

Ueber mein Hierbleiben kann ich wieder nichts Definitives sagen, es ist aber eben jetzt eine Krisis, welche eine Entscheidung herbeiführen dürfte.

Wir haben hier einen ganz wundervollen Spätherbst. Es ist so warm wie im Sommer, und alle Wiesen sind aufs Neue grün. Zahllose Rosen blühen in den Gärten, und man sitzt bis spät Abends im Freien. Aus meinem Fenster habe ich eine prachtvolle Aussicht auf den Bosporus, und Nachts gewährt uns ein schönes Schauspiel, die vielen Fischerkähne mit großen Leuchtfeuern herumgleiten zu sehen, welche Jagd auf die Palamiden machen.

Mit herzlichen Wünschen für Dich der Deinige.

Helmuth.

Bujukdéré, den 10. Januar 1837.

Liebe Mutter!

Gerade heute, wo die Post von hier abgeht und wo wir stündlich die ankommende Post erwarten, bin ich genöthigt, nach der Stadt zu fahren, indem eben der Pascha nach mir schickt. Ich hoffe heute gewiß einen Brief von meinem Chef zu erhalten

und schmeichle mir mit der Hoffnung, auch Nachricht von Dir zu bekommen. Für jetzt kann ich aber nichts schreiben, als daß ich gesund und wohl bin, übrigens nicht weiß, ob ich abberufen bin oder bleibe. Ich würde diesen Brief acht Tage später schreiben, weil er eigentlich nichts enthält, aber da ich schon mehrere Monate regelmäßig alle vierzehn Tage geschrieben und die Zeitungen so viel Geschrei von der Pest machen, so fürchtete ich, Dir Besorgniß zu machen, wenn ich es länger als gewöhnlich anstehen ließ.

Wir haben einen prächtigen Winter hier, 1 bis 2 Grad Kälte bei unverwüstlich schönem Wetter, blauem Himmel und Sonnenschein. Das ist dem Gesundheitszustande sehr förderlich, und es ist mir lieb, Dir schon jetzt melden zu können, daß die Krankheit sehr bedeutend im Abnehmen ist; an einigen Stellen ist die Zahl der Erkrankungen auf die Hälfte gesunken, an anderen haben sie ganz aufgehört.

Ich lege Dir eine Zeichnung meines Zimmers bei, welche ein hiesiger Künstler nicht allzu kunstvoll entworfen und die durch die Räucherungen an der Grenze nicht verschönt werden, die Dir aber doch eine kleine Vorstellung von meinem freundlichen Aufenthalt geben wird.*)

Für heute Adieu, liebe Mutter; ich werde in Kurzem ausführlicher schreiben. Möchten diese Zeilen Dich nur gesund und wohl finden und Du gegen Euren strengen Winter gehörig gewaffnet sein. Da dieser Brief nicht viel früher als zu Deinem Geburtstag eintreffen kann, so wünsche ich Dir aufrichtig Glück. Gott erhalte Dich, liebe Mutter, Du weißt, daß es aufrichtig gemeint ist. Möchte ich auch bald Briefe von Euch bekommen, denn seit lange habe ich keine Nachricht. Uebrigens treffen die

---

*) Diese Zeichnung ist glücklicherweise erhalten. Ihre arge Verstümmelung durch zahllose Stiche bei der Durchräucherung der Pest-Quarantäne hat sich bei der technischen Reproduktion tilgen lassen und so erscheint sie dem Leser, wie sie ursprünglich war.

Schreiben alle richtig ein, und die Post geht so regelmäßig wie zwischen Berlin und Potsdam. Viele Grüße an alle die Unserigen. Behalte lieb Deinen

Helmuth.

Pera, den 6. Februar 1837.

Liebe Mutter!

Ich muß Dir gestehen, daß ich mich nicht mehr recht besinnen kann, ob Dein Geburtstag auf den 2., 3. oder 4. d. M. fällt. Um daher sicher zu gehen, habe ich alle diese Tage an Dich gedacht und den Himmel gebeten, daß er uns Dich noch viele Jahre so gesund und zufrieden wie möglich erhalten wolle. Ich bitte Dich aber, mir das genaue Datum doch in Deinem nächsten Schreiben mittheilen zu wollen.

Du wirst aus meinem Brief vom 24. v. M.*) meine Audienz beim Großherrn und ihre Folgen ersehen haben. Von meinem Chef erhielt ich unlängst ein Schreiben, demzufolge des Königs Majestät mir befiehlt, vorläufig noch hier zu verbleiben. Dies ist allerdings nicht so ganz nach meinen Wünschen, hat aber doch zwei sehr gute Seiten; einmal zeigt es, daß man in Berlin zufrieden ist, und dann ist es für meinen Geldbeutel ganz profitabel.

Seit vierzehn Tagen bin ich hier in Pera etablirt, weil der Großherr mir aufgetragen hat, einen Plan von Konstantinopel aufzunehmen. Der Winter war ganz ausgeblieben, Abends ging man im bloßen Frack auf der Terrasse vor meinem Hause spazieren, und die Arbeit förderte trefflich. Plötzlich vor vier Tagen dreht der Wind gegen Norden, und wir sind au beau

---

*) Der Brief liegt nicht vor; zu vergleichen: „Briefe über Zustände und Begebenheiten u. s. w." Seite 107 ff.

milieu de l'hiver. Die alten Cypressen vor meinem Fenster neigen ihre Zweige bis zur Erde unter der Last des Schnees, und der Sturm rüttelt an den hölzernen, gebrechlichen Häusern, daß sie unfehlbar umstürzen würden, wenn ihr Kismet nicht wäre, daß sie verbrennen sollen. Mit Schrecken blicke ich auf die spindeldürren, schwindelnd hohen Minarets gegenüber zur Sulimanieh, von welchen der Muezzin durch Sturm und Schneegestöber hinabruft, daß „Allah groß ist", denn das scheint fast unglaublich, daß diese 100 Fuß hohen und nur 8 Fuß dicken Säulen aufrecht bleiben können. Sie stehen aber doch schon 400 Jahre und mögen schon andere Stürme gesehen haben.

Mir ist diese Dekorationsveränderung gar nicht sehr genehm, denn ich brauchte nur noch acht Tage, um meine Karte zu beendigen. Dennoch ist dieser Winter-Paroxysmus ein großes Glück, da er wahrscheinlich die Pest für dieses Jahr beenden wird.

Ich habe mir früher nie erklären können, weshalb man die Türken immer in Pelzen abbildet, und wie unterm 40. Breitengrade Pelzwerk ein Hauptartikel der Bekleidung sein kann. Jetzt wird mir das deutlicher. Du sähest mich hier zwischen einem Ofen und einem Mangall*) und dennoch in eine große, gesteppte Bettdecke gewickelt sitzen. Das Feuerbecken glüht, der Ofen thut sein Möglichstes, aber die Temperatur im Zimmer will aller Anstrengungen ungeachtet nicht über 6½ Grad Wärme (sehr uneigentlich so genannt) steigen, denn der Wind wirft den Schnee bis auf meinen Schreibtisch. Die Häuser sind aus Schwefelhölzern gebaut, und die Erfindung des Kitts an den Fensterscheiben ist noch nicht in die Staaten der sublimen Pforte eingedrungen. Keine Thür schließt, und durch die fingerbreiten Ritzen des Fußbodens bringt ein Strom von kalter Luft, daß das Papier auf den Dielen umherfliegt. Wie gern setzte ich

---

*) Kohlenbecken.

mich ein Stündchen zu Dir auf das Sopha in Deiner wohl=
geheizten Stube, und Lene brächte den großen, kalten Braten,
die langen Stielgläser; und ich würde Dir genug zu erzählen
haben.

Die Karte, welche ich von der Gegend hier aufgenommen,
kostet mir schon über 100 Thaler, aber sie wird mir in Zukunft
eins der angenehmsten Resultate meines Aufenthalts in der Türkei
sein. Sie umfaßt gegenwärtig den ganzen Bosporus von der
Mündung des Schwarzen Meeres bis fünf Meilen weit herunter
nach dem Marmara=Meer und 1 bis 1½ Meilen weit zu beiden
Ufern ins Land hinein. Sie enthält Bujukderé, wo die Ge=
sandten wohnen, Therapia, wo Medea ihre Zauberkräuter pflückte,
die Cyanäen, welche die Argonauten umschifften, die Hissare,
welche die türkischen Sultane befestigten, Konstantinopel mit den
Mauern der griechischen Kaiser und dem Serail, welches die
Stelle des alten Byzanz einnimmt, Pera und Galata, welches
die Genuesen erbauten, Kabikjöi oder das alte Chalcedon, die
Ebene von Daudpascha, wo die Janitscharen sich versammelten
und wo sie den Sandschak Scherif oder die Fahne des Propheten
empfingen, wenn sie gegen die Christen auszogen, die Wasser=
leitungen des Kaisers Valens und des Sultans Suleiman, das
Ende des Balkans und den Anfang der Bithynischen Kette.

Nun, liebe Mutter, schließe ich mit der Bitte, alle Brüder
und Schwestern grüßen zu wollen. Schütze Dich gut gegen die
Kälte, bleibe recht gesund und behalte stets lieb Deinen

Helmuth.

II.
Briefe an den Bruder Adolf.

1839 bis 1871.

Lebensbild des Bruders Adolf.

Adolf von Moltke, der dritte Bruder des Feldmarschalls, geboren am 8. April 1804, war in seiner Jugend ein schwächlicher Knabe mit zarten Gesichtszügen und wuchs unter der besonders liebevollen Fürsorge und Leitung seiner Mutter auf. Der Vater fand an dem in seiner körperlichen Entwickelung den älteren Brüdern nachstehenden Kinde weniger Gefallen und wurde dessen bedeutender geistiger Begabung erst in späteren Jahren gerecht. Obwohl Adolf sein ganzes Leben lang mit einer schwachen Gesundheit zu kämpfen gehabt hat, gelang es ihm doch, durch sein mit hoher geistiger Begabung verbundenes eisernes Streben eine hervorragende Stellung in seinem engeren Vaterlande zu erreichen und lange Jahre einzunehmen. Nachdem er auf den Universitäten Kiel und Heidelberg studirt hatte, betrat er nach glänzend bestandenen Prüfungen die juristische und Verwaltungslaufbahn und wirkte dann in schwierigen Zeitumständen als Rath des Holsteinschen Obergerichts und als Deputirter in der Schleswig-Holstein-Lauenburgischen Kanzlei. 1818 berief ihn das Vertrauen seiner

Landsleute in die nach dem Waffenstillstande von Malmoe errichtete gemeinsame Regierung der Herzogthümer. Später war er als Oberbeamter (Administrator) der Grafschaft Ranzau und, nach der preußischen Besitzergreifung, als Landrath des Kreises Pinneberg thätig. In allen diesen Stellen hat er Hervorragendes geleistet und seinem Vaterlande vielseitig und wahrhaft genützt. So lebt sein Andenken dort als das eines einsichtigen und edlen Mannes fort, der allgemeine Achtung und hohes Ansehen genoß. Daß er in seinem Wirken fast bis zum Ende auszuharren vermochte, verdankt er zum großen Theil der treuen Pflege seiner Gemahlin, unter deren sorgenden Händen er von wiederholten Erkrankungen genas, die ihn an den Rand des Grabes gebracht hatten. Frau Auguste von Moltke, jetzt in Creisau lebend, ist die Tochter des Generals v. Krohn, der als Kriegsminister der schleswig-holsteinschen Armee 1848 bis 1850 bekannt geworden ist.

Besonders schwer gestalteten Adolfs Leiden sich in seinen letzten zehn Lebensjahren. Mehrfach erforderten sie den längeren Besuch südlicher Gegenden, und da war es der ältere Bruder Helmuth, der wie immer in edelmüthiger Fürsorge und Bruderliebe half. So vermochte er nach einem Winteraufenthalt in Algier 1866 zu 1867 mit neu gewonnener Spannkraft an der schwierigen Ueberleitung der Herzogthümer in die preußischen Verhältnisse noch erfolgreichen Antheil zu nehmen. Aber auf Zureden des Feldmarschalls entschloß er sich, Anfang 1870 den Abschied aus dem Staatsdienst nachzusuchen, um nach dem von dem Bruder kürzlich erworbenen Creisau überzusiedeln. Beide Brüder waren von jeher durch eine besonders nahe und herzliche Freundschaft verbunden, denn Beide begegneten sich in dem gemeinsamen Streben nach dem Edelsten und Höchsten, und wie Helmuth sich an dem nie versiegenden Humor und der Vielseitigkeit Adolfs erfreute, auch dessen juristische Kenntnisse mit Erfolg in Anspruch nahm, so stand er dem jüngeren Bruder stets mit Rath und That bei. So war es lange Jahre ein Lieblingsgedanke Beider gewesen, auf gemeinsamem wenn auch kleinem Grundbesitz zusammen zu leben und die Familie um sich zu versammeln. Nun hatte der Aeltere durch seine hohen Verdienste und die Gnade seines Königs das erhoffte Ziel erreicht, aber ihren Wunsch dauernd erfüllt zu sehen, war den Brüdern nicht vergönnt. Der Feldmarschall trat im Juli 1870 vor die größte Aufgabe seines Lebens; Adolf war gezwungen, wiederum ein milderes Klima aufzusuchen, doch konnte er sich noch an dem Siegeszuge der deutschen Heere, zu welchem er zwei Söhne gestellt hatte, und an dem glänzenden Ruhme seines Bruders erfreuen. Aber ehe die Stunde des Wiedersehens schlug, hatte er in Lugano am 7. April 1871 seine Augen zur ewigen Ruhe geschlossen. Ein ihm gewidmeter Nachruf in den „Hamburger Nachrichten" sagte von ihm: „Die ganze Wirksamkeit dieses hoch ausgezeichneten Mannes läßt sich wohl nur charakterisiren als

1839. Heimkehr von Konstantinopel.

das selbstlose, von wahrer christlicher Liebe erfüllte und von den schönsten Erfolgen gekrönte Streben, den besten Interessen des Staates und des Volkes seine besten Kräfte zu opfern."

Seine Ueberreste wurden neben denen dreier ihm vorangegangener Kinder auf dem Kirchhofe zu Barmstedt bei Rantzau eingesenkt. Neben den noch lebenden sechs Kindern stand an seinem Grabe sein Bruder, der berühmte Feldmarschall, in schlichter Einfachheit und mit tiefbewegtem Gemüth. „Er konnte ruhig sterben, denn er wußte, daß für Euch, seine Kinder, gesorgt ist" — mit diesen Worten wendete er sich vom Grabhügel; und er hat treulich Wort gehalten!

Wien, den 23. November 1839.

Lieber Adolf!

Ich schreibe Dir heute ganz kurz, lieber Adolf, weil ich theils noch nicht viel schreiben kann und darf, theils weil ich doch nun bald die Hoffnung habe, Euch zu sehen, und so sehr Vieles der mündlichen Mittheilung vorbehalte. Die plötzliche Versetzung aus einem syrischen Sommer in einen deutschen Spätherbst, der höchst ungesunde Aufenthalt in der Quarantäne von Orsova, auch wohl die Folgen großer Anstrengungen haben mir ein arges verstecktes Fieber zugezogen. Ich mußte drei Wochen in Pest bleiben und schleppte mich mühsam nach Wien, wo ich eine gründliche Kur anfangen mußte. Jetzt kann ich aufsein, gehe schon etwas aus, esse mit Wolfsappetit, muß aber mindestens bis Mitte Dezember noch meine Rekonvaleszenz hier abwarten. Ende März werde ich wahrscheinlich zu einem Armeekorps versetzt, und dann ist kein Urlaub möglich. Ich mußte also diesen Winter gehen, da ist es aber einigermaßen bewegend, daß ich um die Zeit des 18. Januar und gegen Ende März nothwendig in Berlin sein muß.

Helmuth.

Berlin, den 31. März 1840.

Lieber Adolf!

Der 30. März hat dem Generalstab nur ein Avancement gebracht, in meiner Stellung ist nichts verändert, und ich richte mich jetzt ein Bischen häuslich ein. Ich habe eine sehr freundliche Wohnung am Leipziger Platz, unmittelbar am Potsdamer Thor gemiethet. Dieser Platz ist aber nicht mehr solch eine Wüste, wie Du ihn gesehen, sondern ein mit Eisengitter umgebenes Bowling green, mit Blumenshrubbs, und die unmittelbare Nähe des Thiergartens ist ein entschiedener Vorzug, besonders wenn man Pferde hat. — Ich kann Dir daher meine Einladung wiederholen. Du bekommst Dein eigenes Zimmer, wo Du ungestört arbeiten oder nicht arbeiten kannst, und findest alle Mineralwasser von derselben Güte wie an der Quelle selbst. Ueberleg's und behalte lieb Deinen

Helmuth.

Meinen herzlichsten Gruß an Deine Frau.

Berlin, den 24. April 1840.

Lieber Adolf!

Mit Vergnügen habe ich Deinen Brief vom 13. cr. erhalten, welcher uns hier die Hoffnung giebt, Dich in Berlin zu sehen. Ich bin durch Königliche Kabinetsordre zum Generalstabe des IV. Armeekorps versetzt. Da dieses durch des Prinzen Carl von Preußen Königliche Hoheit befehligt wird, so verbleibe ich dessenungeachtet in Berlin, habe eine kleine Gehaltserhöhung und unter anderen Annehmlichkeiten Zutritt in die Hofloge der Theater.

Wahrscheinlich werde ich mit meinem erlauchten Herrn die Landwehr-Inspektionsreise machen müssen, welche vom 1. bis etwa 20. Juni fällt. Es wäre mir daher sehr lieb, wenn Du Deine Reise früher oder später als zu dieser Periode einrichten könntest. Auch Vater hat die Absicht, mich zu besuchen, und wenn Eure Anwesenheit hier zusammenfällt, so ist es wohl am besten, wenn Vater im Hôtel de Prusse in der Leipziger Straße, Du aber hier bei mir logirtest.

Helmuth.

Braunschweig, den 31. August 1841.

Liebe Auguste!*)

Sie glauben nicht, welche Freude Sie mir durch Ihren freundlichen Brief und die wunderhübsche Arbeit gemacht haben, welche Sie mir nach Hamburg zuschickten. Es gehörte zu dem Buche eigentlich eine sehr merkwürdige Reise, welche darin interessant beschrieben würde, denn etwas Alltägliches kann man unmöglich darin schreiben. Ich habe mir gerade ein Buch mit einem Blatt für jeden Tag des Jahres gewünscht, aber dies ist mir beinah zu schön, ich kann mich noch nicht entschließen, es in Gebrauch zu nehmen. Wie und durch wen ich aber in Besitz dieser allerliebsten Arbeit gekommen bin, weiß ich wirklich nicht. Ich bin nur eine Nacht in Streits Hôtel abgetreten, und am selben Abend war das Packet für mich dort abgegeben. Wahrscheinlich haben Sie einen Geist oder eine Fee in Ihrem Dienst, welche Ihnen solche Angelegenheiten so pünktlich besorgt und auch im voraus schon weiß, daß ich in Streits Hôtel und keinem anderen abtreten werde.

Wenn Ihre gütige Mittheilung ja etwas zu wünschen ließe, so wäre es das Datum gewesen (was von einer Dame keineswegs

---

*) Gemahlin Adolfs v. Moltke.

streng zu verlangen ist), um daraus zu entnehmen, wie lange Adolf schon die Kur gebrauchte, als er mit dem Erfolg noch zufrieden war. Da er aber meinen Brief aus Helgoland schon erhalten, als er in diesem Sinne schrieb, so mußte er die Hälfte derselben bereits überstanden haben. Nun wünsche ich nur, daß er sich des Seebades mit gleichem Erfolge entledige. Auf Helgoland müßte er eine Wohnung im sogenannten Unterland nehmen, um nicht durch wiederholtes Treppensteigen die ohnehin in Anspruch genommene Brust zu ermüden.

Ich streife hier im Harz und am Harz herum, wo die Leute so viel Chausseen gebaut haben, daß ich mit Rekognoszirungen nicht fertig werden kann. Die lockende Gelegenheit einer Eisenbahn hat mich hierher nach Braunschweig geführt; heut Abend gehe ich aber wieder nach Harzburg und über Ilsenburg und Wernigerode in das Kaiserthum Ballenstedt, wo ich wohl einige Bekannte von Ihnen treffen werde.

Sie schreiben nichts von klein Lottchen. Wenn sie sich des „Onkel Mond" noch erinnert, so grüße ich sie herzlich. Nochmals sehr, sehr herzlichen Dank, liebe Auguste, für Ihr freundliches Andenken und die Bitte, daß Sie stets lieb behalten wollen Ihren ergebensten Schwager und Freund

Helmuth Moltke.

Rom, den 29. März 1846.

Lieber Adolf!

Ich hoffe, daß die übrigen Geschwister Dich schon von unserer Ankunft hier*) und wie es uns im Allgemeinen geht, benachrichtigt haben.

---

*) Der Feldmarschall war, seit dem 24. Mai 1840 mit Fräulein Marie Burt verheiratet, als Adjutant des in Rom lebenden Prinzen Heinrich von Preußen dorthin übergesiedelt.

Aus einem Schreiben W. Brockdorffs, welches ich vorgestern erhielt, haben wir mit Theilnahme ersehen, daß die fatalen politischen Zwiste auch nachtheilig auf Eure häusliche Stellung in Kopenhagen zurückwirken. Er meint, Du würdest einen längeren Urlaub nehmen. Bei Jedem, der nicht von seinen Zinsen sondern von seinen Leistungen lebt, ist freilich Gesundheit und langes Leben das Stammkapital, und so kann ich Dir nur aufrichtig rathen, eine kleine Ausgabe nicht zu scheuen, um Deine Gesundheit zu befestigen und den Geist zu erfrischen. Dann möchte ich Dich aber auch bitten, gleich mindestens sechs Monate Urlaub zu fordern und als Nachkur einen Abstecher hierher zu machen.

In Kissingen hast Du von Kopenhagen aus genau den halben Weg nach Rom zurückgelegt. Ludwig wird Dir sagen können, daß man mit 150 Thalern recht gut von Rom nach Hamburg gelangen kann und umgekehrt, denn er ist mit russischen Fürsten und englischen Gentlemen gewiß nicht sehr wohlfeil gereiset. Wenn Du nun uns zu Gefallen Deine Reise so beträchtlich über ihr nächstes Ziel ausdehnen willst, so kann ich 300 Thaler Preußisch Courant Dir zu diesem Zwecke zur Disposition stellen. Wir sind hier so situirt, daß ein recht erhebliches Plus nach allen Ausgaben übrig bleibt, und könnten keine machen, die uns eine größere Freude verschaffte, als Dich auf einige Monate hier zu sehen. In Betreff der Kosten würde wohl keine erhebliche Schwierigkeit entgegenstehen.

Was nun den Zeitpunkt betrifft, so kann ich nur rathen, möglichst spät zu reisen, nämlich nicht vor Anfang August. Rechnest Du acht Tage zur Reise und in Kissingen sechs Wochen zur Kur, so bist Du Ende September fertig, wo es schon anfängt, frisch zu werden. Ich würde Dir vorschlagen, nach Heidelberg zu gehen. Von dort hast Du Eisenbahn und fährst ebenso schnell und angenehm als wohlfeil bis Basel an der Schweizer Grenze. Baden und Freiburg würden Ruhepunkte sein. Ende September hast Du eine größere Chance für klare Luft im

Schweizer Hochgebirge als selbst mitten im Sommer. Je nachdem Du Dich durch die Badekur gekräftigt fühlst, machst Du eine Fußtour durch das Berner Oberland und über den Lago maggiore nach Mailand oder ziehst Du die Fahrstraße über Bern und Genf nach Genua vor. Dort steigst Du im Hôtel d'Italie bei deutschen Wirthsleuten ab, welche Dir einen Kontrakt mit einem Vetturin abschließen, der Dich womöglich in einem Colescino oder offenen Cabriolet bis Pisa fährt.

Der Vetturino hat für Alles zu sorgen, Nachtquartier, Frühstück, Mittag und Abendessen, so daß Du gar kein Wort zu sprechen brauchst. Ich rathe Dir, obwohl Dampfschiffe gehen, zu dieser Art zu reisen, weil die Tour längs der Riviera di levante das Schönste ist, was Du in Italien zu sehen bekommst. Von Pisa Eisenbahn nach Livorno, Dampfschiff nach Civita Vecchia und Eilwagen nach Rom. Alle nöthigen Details spare ich auf nähere Mittheilung auf. Sobald Du den Südabhang der Alpen herabsteigst, wirst Du selbst Anfang Oktober noch von der Hitze zu leiden haben. Aber Oktober ist hier der Wonnemond. Die ersten Regenschauer erfrischen die Luft, die Malaria weicht, und ein neues Grün bedeckt die Campagna. Im Oktober und November kannst Du auf ununterbrochen schönes Wetter rechnen. Wenn Du dann im Dezember über Ancona und Venedig zurückkehrst, so kommst Du zwar von Triest aus plötzlich in den deutschen Winter, aber dann hast Du auch eine fast zusammenhängende Dampferlinie bis Kopenhagen.

Ich machte vor fünf Jahren die Reise von Berlin nach Neapel, brachte vier Wochen im Bade zu und war überhaupt vier Monate unterwegs. Die Kosten dieser Reise betrugen 100 Louisd'or, was Dir einen ungefähren Anhalt giebt. Kannst Du Deinen Haushalt in Kopenhagen einigermaßen auflösen und Frau und Kinder bei den Schwiegereltern so lange unterbringen, so wird das ganze Unternehmen Dir wenig kosten und hoffentlich recht viel nutzen. Für Jemand, der klassische Bildung besitzt und sich mit römischen Institutionen gründlich beschäftigt, ist doch Rom einer der interessantesten Punkte der Welt, und unsere einstweilige Niederlassung hier wird Dir die Möglichkeit gewähren, alles Sehenswerthe mit einigem Komfort zu genießen. Ziehe also meinen Vorschlag in Erwägung und erfreue uns durch Deine Beistimmung so bald als möglich.

Den 4. April. Da dieser Brief einige Tage älter geworden, als er sollte, so wird er zu Deinem Geburtstag am 8. nicht mehr eintreffen. Ich füge aber die herzlichsten Glückwünsche von mir sowohl als von Marie bei, und wünsche Dir als baldiges Geburtstagsgeschenk ein fettes holsteinisches Amt, fern von dano=germanischen Wirren, eine große Amtswohnung mit Garten und einer runden Einnahme!

Wir treten morgen die Settimana santa an, wo alle Tage ein neues Schauspiel aufgeführt wird, zunächst morgen als am Sonntag Palmarum in St. Peter. Am Gründonnerstag ertheilt der papa den allgemeinen Segen urbi et orbi von der Loggia; am Sonntag ist Beleuchtung der Kuppel von St. Peter und am Montag die Girandola von der Engelsburg. Dann ziehen alle Fremden davon, Rom wird römisch, die Preise aller Dinge fallen, und wir wollen sehen, daß wir eine ansprechende Wohnung finden, denn bis jetzt hausen wir in drei Zimmern, die monatlich 90 Thaler kosten, freilich auf dem Korso, wo wir das Getümmel des Karnevals unter unseren Fenstern hatten.

Mein Papier geht zu Ende. Empfiehl mich Augusten an= gelegentlich. Dein

Helmuth.

Coblenz, den 30. Oktober 1847.

Lieber Adolf!

Bei meiner Rückkehr vor ein paar Tagen von einer kleinen Dienstreise durch die Eifel und nach Trier fand ich Dein Schreiben vom 4. dieses Monats vor. Einen Brief von Dir halte ich

doppelt werth, weil ich weiß, daß Du die Zeit zur Privat=
korrespondenz Deinen Erholungsstunden im Kreise Deiner Familie
abziehen mußt. Außerdem enthält dieser Brief lauter gute und
erfreuliche Nachrichten von Dir und den Deinigen. So weit
haben freilich unsere Lebenswege auseinander geführt, daß ich von
Letzteren nur Deine liebe Frau kenne, da leider Dein ältestes
prächtiges Kind Dir und uns Allen entrissen worden ist. Wäre
ich in Berlin geblieben, so würde gewiß einer meiner ersten
Ausflüge nach Kopenhagen gewesen sein. Doch auch so gebe ich
die Hoffnung nicht auf, mit Marie einmal herüberzukommen.

Ich rechne mit Bestimmtheit auf Deinen Besuch im nächsten
Jahre und bitte Dich, nur auch gleich einen längeren Urlaub zu
nehmen, damit die Zeit Deines Aufenthalts hier nicht gar zu
kurz bemessen ist. Jedenfalls mußt Du einen Ausflug von hier
auf der Mosel machen, welche den Rhein meiner Ansicht nach
an Schönheit noch übertrifft. Es wird Dich gewiß interessiren,
in Trier die Fußtapfen des größten Volkes der Weltgeschichte
zu sehen. Nirgends außer Italien haben sich solche bedeutenden
und wohlerhaltenen Denkmäler aus der Römerzeit gefunden wie
dort. Vielleicht können wir zusammen einen Abstecher nach Paris
oder der Schweiz machen, welche Marie noch nicht kennt. Ein
Paar muntere Pferde und ein bequemer Wagen sollen Dich durch
die schöne Umgebung von Coblenz führen, und dabei bekommst
Du hier nichts von dem meerumschlungenen Ländchen zu hören.
Unsere Wohnung wirst Du ganz freundlich und auf Besuch ein=
gerichtet finden. Uns fehlt freilich das Glück, Kinder zu haben;
ein großer Segen, wie sehr er auch oft mit Sorge verknüpft ist.
Ich wüßte kaum etwas von Glücksgütern, die ich mir sonst
wünschte. Mein Dienstverhältniß ist angenehm und stellt ein
ferneres Fortkommen in Aussicht. Infolge meines früheren
Verhältnisses bei Prinz Heinrich von Preußen habe ich, bis zur
entsprechenden Gehaltsverbesserung, eine persönliche Zulage von
achthundert Thalern, so daß ich schon jetzt das Einkommen eines

Regimentskommandeurs beziehe, bis ich einmal Chef des General=
stabes eines Armeekorps werde, was wohl in wenig Jahren
kommen muß, dann aber freilich eine Versetzung nach sich zieht.
Höher will ich nicht und werde dann den Abschied nehmen. So
wenigstens denke ich, wenn nicht auf uns Beide das Sprüchwort
zur Anwendung kommt, daß der Krug doch so lange zu Wasser
geht, bis er bricht. Mein größtes Glück ist meine kleine Frau.
Seit fünf Jahren habe ich sie selten traurig und nie verdrieß=
lich gesehen. Launen kennt sie nicht und nimmt auch keine
Kenntniß davon bei Anderen. Ein wirkliches Unrecht dürfte man
ihr nie zufügen, sie würde es beim besten Willen nicht verzeihen
können; denn bei aller Heiterkeit des Gemüths hat sie einen ent=
schiedenen, festen und tiefen Charakter, den sie in allen Wider=
wärtigkeiten bewähren würde. Gott schütze sie davor. Ich weiß
aber auch, was ich an ihr habe. Dein

Helmuth.

Coblenz, den 13. Januar 1848.

Lieber Adolf!

... Was die holsteinschen Wirren betrifft, so sehen wir sie
hier freilich aus einem mehr deutschen Gesichtspunkte an. Bei
der durchaus antigermanischen Politik, welche Dänemark seit
fünfzig Jahren befolgt, den mancherlei Bedrückungen, welche es
dem Aufschwung deutscher Entwickelung entgegenstellt, sei es
Sundzoll oder Eisenbahnbedingung, kann man hier einen engeren
Anschluß der Herzogthümer an das gemeinsame Vaterland nur
wünschen. Zudem giebt es kaum eine glücklichere Stellung, als
die eines unabhängigen kleinen deutschen Landes, für welches
Oesterreich Preußen die politischen und militärischen Lasten mit
übertragen möchte, wie Du gewiß selbst in Lauenburg bemerkt

haft. Das souveräne Herzogthum Holstein würde recht wohl ohne Dänemark, nicht aber das Königthum ohne dieses bestehen können. Aber eben deshalb scheint eine Verständigung durchaus nöthig, und diese kann bei der gegenseitigen Leidenschaftlichkeit schwer erzielt werden. Alle diese Zweckessen, Adressen, Sammlungen und Ovationen führen zu keinem guten Resultat. Aber mir scheint doch, was Mephisto sagt: „'s ist ein Gesetz der Geister, wo sie hineingekommen, müssen sie heraus", findet seine Anwendung auf die Erbfolge-Angelegenheit. Nicht die Deutschen haben das Salische Gesetz aufgehoben. Das positive Recht steht ihnen hier zur Seite, sie streiten für ihr angestammtes Herrscherhaus, für legitime Succession, für Alles, was die Fürsten so gern hören. Soll und muß die Personalunion aufrechterhalten werden, so bleibt nichts übrig, als den einseitig gethanen falschen Schritt zurückzuthun und die lex regia wieder abzuschaffen. Ob der Prinz von Hessen oder der Prinz von Augustenburg den dänischen Thron besteigt, ist die untergeordnete Frage, wo es sich um die Fortdauer der dänischen Monarchie handelt. Dabei kann ich mich von der Ueberzeugung nicht trennen, daß ein inniger Anschluß an Deutschland die wahre Politik Dänemarks sein würde.

Schlimm ist es freilich, bei solchen Reibungen in der Mitte zwischen Regierung und Volk zu stehen, und sehr zu wünschen, daß der jetzige König lange genug regiere, um die jetzt so aufgeregten Gemüther so weit zu beruhigen, daß eine Einigung möglich wird. Wenn sein Nachfolger etwa mit weniger Einsicht und mehr Entschlossenheit auftritt, so dürfte die Sache noch schlimmer werden.

Gern möchte ich einmal mündlich über diese Dinge Gedanken austauschen. Dein

Helmuth.

Berlin, den 9. Juli 1848.

Lieber Adolf!

Das Gerücht eines Friedens mit Dänemark gewinnt Bestand; auch liegt die Nothwendigkeit des Abschlusses zu Tage. Wie würde es Holstein ergehen, wenn ein Krieg, sei es gegen Ost oder West, Preußen in die Lage setzt, für seine und für Deutschlands Existenz ins Feld zu ziehen! Würde man wohl im Stande sein, ein Korps von 15 000 Mann Kerntruppen für einen dann wenigstens untergeordneten Zweck ferner zu verwenden? Aber leider fürchte ich, daß die Bedingungen dieses Friedens wenig den gebrachten Opfern entsprechen werden. Das einige Deutschland hat uns auch in dieser Sache so ziemlich ganz im Stich gelassen. Der preußische Handelsstand und das Militärbudget tragen die Kosten. Und was werden die Schreier in Frankfurt sagen, wenn nicht Einverleibung Schleswigs, Abschaffung des Sundzolls, kurz alle ihre schönsten Träume erreicht werden? Die inneren Schwierigkeiten, die allgemeine Bewegung des Gehorsams gegen den Befehl, des Nichtbesitzes gegen den Besitz, werden auch in Holstein hervortreten, sobald die neue Organisation anfängt.

Du wirst nun an Ort und Stelle sehen, ob sich für Dich eine Deinen Grundsätzen entsprechende Stellung findet, in welcher Du zur Wiederherstellung eines rechtlichen Zustandes wirken kannst. Sehr erfreulich wird die Wirksamkeit im Staatsdienste wohl nicht sein, und ich begreife Deinen Widerwillen gegen den Wiedereintritt sehr wohl. Auch ich zöge das bescheidenste Privatleben vor. Wenn wir nicht zuvor Krieg bekommen, wodurch die ganze Sachlage geändert wird, und man uns mit einem neuen Eid auf eine neue Verfassung kommt, so werde ich wohl auch abgehen. Freilich kann ich dann nach dreißigjähriger Dienstzeit eine Pension nicht beanspruchen. Mein Lieblingsgedanke ist noch immer, daß wir uns nach und nach auf irgend einem Grundbesitz sammeln, wo Jeder an Kapital und Arbeitskräften mitbrächte, was er besitzt. Am liebsten wünsche ich das Besitz= thum auf dem lieben deutschen Boden. Gestalten sich aber die Verhältnisse in der Heimath immer schlechter, so habe ich nichts gegen eine andere Hemisphäre, was meine Person betrifft. Aber ich verhehle mir nicht, daß die Realisirung der Kapitalien in diesem Augenblick einen Verlust von vielleicht 50 Prozent nach sich zieht und daß die Frauen, die überhaupt so konservativ sind, sich schwer mit den Zuständen einer neuen Welt vertraut machen würden. Ihre Neigungen fesseln sie stärker noch als uns an den heimathlichen Boden, sie dem zu entreißen, ist eine große Verantwortlichkeit. Jedenfalls scheint es mir glücklich, wenn Deine jetzige Lage Dir schon gegenwärtig gestattet, Dir landwirthschaftliche Kenntniß zu verschaffen. — Die Rückwirkung unserer unseligen Wirren auf den bisherigen hohen Güterpreis kann nicht ausbleiben, und vielleicht trifft in nicht zu ferner Zukunft der Augenblick ein, wo man ohne späteren Verlust ein Besitzthum kaufen kann. Bei uns werden in der Beamtenwelt die größten Reformen beabsichtigt. Die Gerichte und Regierungs= kollegien werden dem Personal nach reduzirt. Die Landräthe und Oberpräsidien gehen ganz ein, mehrere Provinzen zusammen sollen durch Civilgouverneure wie in Belgien verwaltet werden. Preußen hatte bisher einen vielleicht theueren, langsam wirkenden, aber intelligenten und redlichen Beamtenstand. Möge das neue Experiment besser ausfallen als das gouvernement à bon marché bei unseren Nachbarn. Die rückwirkende Kraft der Pensionsverminderung ist eine Härte, da die frühere Finanz= lage eine solche Maßregel nicht bedingte. Am Militäretat hat man noch nicht zu rütteln gewagt, weil die auswärtigen Ver= hältnisse gar zu drohend sind; es wird aber auch kommen. Was man sich eigentlich unter Volksbewaffnung denkt, verstehe ich nicht; ich glaubte, wir hätten sie im ausgedehntesten Sinne in

unserer Landwehr. Wie gesagt, ohne Krieg wird der Militär=
stand künftig ein trauriger sein. Da ich mir ohnehin sagen
muß, daß ich zu einer größeren Wirksamkeit als der bisherigen
die nöthigen Fähigkeiten nicht besitze, so reift der Gedanke, aus
diesen Verhältnissen auszuscheiden, immer mehr bei mir heran.

Ich glaube Dir geschrieben zu haben, daß ich nicht beab=
sichtige, mir in Berlin eine Wohnung zu suchen; ich hoffe in
kurzer Zeit diesen unerquicklichen Ort zu verlassen. Vielleicht
wird zuerst in Magdeburg eine Vakanz.

Gottlob, daß bei Dir im Hause Alles wohlauf ist. Mit
herzlicher Freude übernehme ich die Pathenstelle bei dem kleinen
Helmuth. Gebe Gott, daß ich ihm einst eine Stütze auf dem
Wege sein könne, über dem mehr als je jetzt ein dichtes Dunkel
ruht, denn auch nicht die nächste Zukunft läßt sich heute errathen.
Dein treuer Bruder Helmuth.

Berlin, den 3. August 1848.

Lieber Adolf!

Mit großem Interesse habe ich Deinen Brief vom 30. v. M.
gelesen. Ich glaube, daß Du ebenso recht gehandelt hast, in
den Kampf der sozialen Frage einzutreten, wie Dich von dem
bisherigen politischen fern zu halten. Allein wird man denn
auch den Herzogthümern die Freiheit verschaffen, sich selbst eine
Konstitution zu geben und auszuführen? Wenn man die pro=
visorische Regierung auflösen, die holsteinschen Truppen auseinan=
dergehen lassen will, so dürfte wohl die Konstitution von
Kopenhagen aus dekretirt werden. Ein solcher Friede wäre frei=
lich ein trauriger, aber wie soll, bei dem jetzigen Zustand Deutsch=
lands, ein besserer erzielt werden. — Nie waren wir weiter von
der Einigkeit als jetzt. Preußen will man nicht an die Spitze
stellen, und ohne Preußen kann man nichts zu Stande bringen.
Der heutige Tag soll eine Demonstration im preußischen Sinne

bringen. Ich hoffe, es wird nicht viel daraus, denn alle diese Demonstrationen beweisen nichts oder wenig. Nur eine geringe Zahl, und zwar immer dieselben Leute betheiligen sich dabei. Aber die Stimmung im Volk ist sehr gereizt; die Gegensätze treten scharf hervor, und die schon halb eingeschlafenen Straßentumulte heben wieder an. Schade, daß an der dreifarbigen Fahne so viel Schmutz klebt und daß sie uns durch die Hand der Demagogen gereicht wird. Ich kann Dir eben jetzt ein Bild unserer Zustände nicht geben; wir sind mitten in einer Krisis. Aber ich glaube, daß die Frankfurter der auch hier aufrichtig gewünschten Einheit durch Einigkeit einen schweren Stoß gegeben haben. Jedenfalls ist das schlimm für die schleswig-holsteinsche Sache. Denn den dortigen Kampf führt Preußen nur im deutschen und ganz und gar gegen sein eigenes Interesse.

Dein Verhältniß bei der konstituirenden Versammlung wird weder ein sehr angenehmes noch ein lukratives sein, aber ich glaube, daß Du außer dem negativen Nutzen, den Raum eines Wühlers einzunehmen, auch sehr positiv schaffen wirst. Ein Land mit fast ganz grundbesitzender und meist wohlhabender Bevölkerung ist immer noch ein Terrain, auf welchem sich etwas bauen läßt. Aus einigen Korrespondenzartikeln aus Kiel sehe ich zwar, daß unsere Volksbeglücker ihre Filiale dort haben.

Heute lasen wir in der Zeitung, daß auch Oesterreich ein Kontingent zur Fortführung des dänischen Krieges stellen soll. Gegen die Zeit, wo es ankommt, wird der Belt wohl zugefroren sein. Lieber wäre es Deutschland, wenn Oesterreich die 94 000 Mann im Fall eines Krieges mit Rußland aufbringen möchte, die es bundesgemäß stellen soll und von denen es aller Wahrscheinlichkeit nach nicht einen Mann zu stellen im Stande sein wird...

Adieu, lieber Adolf. Herzlichst der Deinige.

Helmuth.

Die beifolgende Schrift von Oberst Griesheim ist zwar etwas heftig, spricht aber die Stimmung der Armee aus.

Magdeburg, den 9. September 1848.

Lieber Adolf!

Wir haben lange nicht von Dir gehört, und ich adressire diesen Brief auf gut Glück nach Kiel. Ich weiß nicht, ob Du in der konstituirenden Versammlung sitzest, lese aber in der Zeitung, daß Du auch zu der provisorischen Regierung als Stellvertreter berufen bist.

Es mag sein, daß diese Regierung unter dem Grafen Moltke bei der gegenwärtigen Aufregung geradezu unmöglich ist. Allein mit Sorge erfüllt es mich, zu denken, daß Du in der, wie es scheint, so ganz revolutionären, verfassunggebenden Versammlung sein solltest. Möchte man sich doch in Holstein nicht täuschen. Ich kann natürlich die Absicht unserer Regierung nicht kennen. Aber gewiß wird sie, ich meine den König, bei dem abgeschlossenen Waffenstillstand stehen bleiben, was auch immer in Frankfurt beschlossen wird. Wir sind an der äußersten Grenze des zu Duldenden angelangt. Beide Ministerien in Frankfurt und Berlin haben abgedankt. Ich zweifle, ob der König die Abdankung des letzteren annimmt. Ein neues Ministerium kann nur aus dem linken Centrum gewählt werden, es wird diese elenden Zustände nur um einige Wochen verlängern. Die Zeit ist ernst, ein Bruch fast unvermeidlich, ein Bruch mit der Revolution in Preußen und mit Deutschland, soweit es in Frankfurt repräsentirt ist. Ich glaube, daß der König die Kammern auflöst und daß es in Berlin da anfängt, wo es am 19. März (leider) aufgehört hat. Das Volk muß sich überzeugt haben, daß es kein Heil von der Bande in der Singakademie zu erwarten hat. Kräftige Maßregeln sind getroffen. Der Groll der Armee wird absichtlich durch die Republikaner angefacht. Sie glauben zu siegen. Nun gut, wir glauben es auch. Aber daß man in Holstein glauben kann bei einer so ernsten Lage ganz Europa gegenüber, daß ihrer untergeordneten Interessen wegen ein allgemeiner Krieg gemacht werden soll, das ist stark. Und was ist denn so Verwerfliches in dem Waffenstillstand? Wenn die Gesetze der provisorischen Regierung aufgehoben werden, so sind es die der dänischen Regierung, mithin die Einverleibung Schleswigs ja auch. Wie dem auch sei, die preußischen Truppen werden zurückgehen. An Freischaaren wird es Euch nicht fehlen, mögt Ihr dann aber sehen, wie Ihr zurecht mit ihnen kommt. Le remède est pire que le mal! Es wird schwer sein, die Stimmen der Vernunft durch das Geschrei der Leidenschaft hören zu lassen, und ich wollte mich freuen, wenn Du nicht dabei wärst. — Armes Vaterland! Die Besseren im Volke schweigen, die Hefe ist obenauf und regiert. Sie drängen zu einer Reaktion, die Niemand will und wünscht. Die nächste Zukunft wird zeigen, ob wir in diesem schmachvollen Zustande verharren sollen.

Ich bin seit 14 Tagen in einer neuen Stellung und habe viel zu thun. Das ist noch ein Glück; in Berlin war es fast unerträglich. Marie grüßt herzlich und ist Gottlob wohlauf. Ich muß schließen und weiß auch nichts mehr zu schreiben, Alles ist ungewiß, selbst die nächste Zukunft.

Vom 1. nächsten Monats beziehen wir eine sehr hübsche Wohnung auf dem Domplatz, der besten Gegend der Stadt. Wird es Dir in Holstein zu bunt, so komm zu uns mit Frau und Kindern, wir haben Raum für Alle. Die Stimmung ist hier sehr gut, man blickt mit Verachtung auf Berlin. Zum Kriege wird es endlich doch wohl kommen, und da ist der Trost, daß bei dem ersten Kanonenschuß die Rolle aller dieser Schwätzer zu Ende ist. Gott vergebe ihnen, was sie dem armen, unglücklichen Lande bereitet haben. Dann wird Preußen entweder zu Grunde gehen oder an Deutschlands Spitze treten, wohin es gehört.

Interessant ist es, zu vergleichen, wie in der Republik zu Paris die Theatercensur, Polizeiministerium, Unterdrückung von

Zeitungen, Verbot von Maueranschlägen, Martialgesetz votirt und angenommen wird, während in der Monarchie zu Berlin die frechste Zügellosigkeit in allen Richtungen noch nicht genügt. — Doch genug von der verdammten Politik. Mein lieber Adolf, mein Zweck war eigentlich nur, Dich zu warnen. In der Mitte der aufgeregten Zustände, in denen Du lebst, wird man fortgerissen. Schleswig-Holstein hat bei dem größten Theil denkender Männer in Preußen gar keine Sympathien mehr. Dein

Helmuth.

Magdeburg, den 21. September 1848.

Lieber Adolf!

Aus Deinem Schreiben vom 16. dieses Monats ist mir klar geworden, unter welchen schwierigen Verhältnissen Ihr in Kiel zu arbeiten habt, um aus dem Schiffbruch der Zeit zu retten, was für Ordnung und Bestand noch zu retten ist. Ich begreife, daß man dort die anfängliche Unterstützung Preußens und die scheinbar schließliche Preisgebung schwerlich gutheißen kann. Aber welche Ereignisse liegen nicht zwischen diesem Anfang und Ende! Man übersah im März nicht die Konsequenzen, zu welchen die Barrikadensiege führten. Die heimischen Zustände wurden mit jedem Tage drohender. Die Macht und die Frechheit der Demokraten stieg mit jedem Wechsel von Ministern, die Zeitungen dienten und dienen noch jetzt fast allein dieser Partei. Ich erinnere nur an die Schweidnitzer Ereignisse. Die gerichtliche Untersuchung der kompetenten Behörde (nicht die ungesetzliche der Deputirten) hat jetzt herausgestellt, daß das Militär in seinem vollen Recht war. Wer hätte das wohl aus den Zeitungsberichten herausgelesen? Dennoch bildeten diese Ereignisse die Basis der Steinschen Interpellation und der Schultzeschen

Amendements,*) durch welche die Majorität einer einzigen Stimme einen Tadel über das Heer aussprechen ließ, welches allein flecken=los und rein, die letzte, einzige Stütze der Ordnung, dasteht. Jetzt war in der That die Republik fertig. Die Versammlung war zum Konvent geworden. Sie regierte und gouvernirte, sie gab die Gesetze und führte sie aus. Der König war faktisch beseitigt. Die Berliner Bürgerwehr sagte gut für die Beschlüsse der Kammer. So in Berlin. Am Tage, wo Du mir schriebst, brach der Aufstand in Frankfurt aus. Dort sind Jordan, Jahn, Gagern u. s. w. längst schon Reaktionäre, selbst Blum und Konsorten schon nicht mehr auf der Höhe ihrer Zeit. Konnte wohl irgend ein vernünftiger Mensch glauben, Preußen werde seine Truppen umkehren lassen, die Stettiner Schiffe wieder in das Kopenhagener Embargo schicken, Krieg mit Schweden und Rußland anfangen, weil Professor Dahlmann den Waffenstillstand verworfen hat? Er fand die Männer nicht einmal, welche die Maßregeln zur Ausführung seiner Pläne übernehmen möchten. Gewiß war so viel, daß die Verwerfung des Waffenstillstandes der Bruch Preußens mit Deutschland war, die vollständige Ver=nichtung des Einzigen, was mit all dem Unheil versöhnen konnte, welches wir seit einem halben Jahr erlitten, die Vernichtung jeder deutschen Einheit. Und eben darum wollte die Linke diese Verwerfung. Erbärmlich genug ist es, wenn die Versammlung endlich zu dem entgegengesetzten Resultat ihrer Berathung kam und Männer wie Waitz für die Verwerfung redeten und für die Annahme stimmten — die weite Kluft zwischen dem Wort und

---

*) Der Antrag Stein lautete: „Der Kriegsminister möge in einem Erlasse an die Armee sich dahin aussprechen, daß die Offiziere allen reaktionären Bestrebungen fernzubleiben, nicht nur Konflikte jeder Art mit dem Civil zu vermeiden, sondern auch durch Annäherung an die Bürger und Vereinigung mit denselben zu zeigen hätten, daß sie aufrichtig und mit Hingebung an der Verwirklichung eines konstitutionellen Rechtszustandes mitwirken wollten." Das Amendement Schulze fügte hinzu, „es sei den=jenigen Offizieren, mit deren politischer Ueberzeugung dies nicht vereinbar sei, zur Ehrenpflicht zu machen, aus der Armee auszutreten".

der That. — Die Polen waren seit Sonnabend in Frankfurt, am Sonntag brach die Straßenemeute los. Sie ist besiegt durch das schnelle und kräftige Einschreiten der Mainzer Garnison. Ich zweifle aber nicht, daß dennoch in den nächsten Tagen die Republik in Baden und in Thüringen proklamirt werden wird. Sie wird auch dort besiegt werden. Welch ein Glück aber, daß unter diesen Umständen unser Heer nicht an der Schley, sondern an der Spree steht. Wir haben jetzt 40 000 Mann in und um Berlin; dort liegt der Schwerpunkt der ganzen deutschen Frage. Ordnung in Berlin, und wir werden Ordnung im Lande haben. Eine kräftige preußische Regierung, und Deutschlands Einigung kann durch Preußen bewirkt werden. Mit all diesem will ich nur so viel sagen, daß das Verfahren unserer Regierung hart, ungerecht, selbst treulos in Holstein aussehen kann, aber durch überwiegende, höhere Interessen geboten ist. Jetzt hat man in Berlin die Macht in der Hand und das volle Recht, sie zu brauchen. Thäte man es diesmal nicht, so bin ich bereit, mit Dir nach Adelaide auszuwandern. — Die nächsten Tage müssen Großes bringen.

Von ganzem Herzen wünsche ich übrigens, daß Euer Verfassungswerk dem Lande Ruhe und Segen bringe. Die Dänen werden auch wohl zur Besinnung kommen, wahrlich nicht ein zweites Mal werden sie Deutschland trotzen, wenn Deutschland erst seine inneren Angelegenheiten geordnet hat. Aber auf dem bisherigen Wege würde das nimmermehr geschehen sein. Ich möchte glauben, daß gerade Männer Deiner Farbe und Reventlow die Einzigen sind, welche zwischen den dänischen Ansprüchen und den holsteinschen die Wage halten können. Bleibst Du aber zum Winter ohne amtliche Thätigkeit, so weißt Du, daß Du uns mit Frau und Kindern hier willkommen bist. Wir haben eine große, schöne Wohnung im besten Theil der Stadt, und Marie hat schon Alles ausgedacht, wie Ihr am besten unterzubringen seid.

Was meine dienstliche Stellung hier betrifft, so bin ich Chef des Generalstabes des IV. Armeekorps (Provinz Sachsen). Ich habe vollauf zu thun, denn auch bei uns rührt sich die Demokratie. Unsere Altenburger, Reuß-Schleiz-Greizer, Meininger und Schwarzburger Nachbarn sorgen dafür. Wir schreiten aber mit unseren prächtigen Soldaten kräftig ein. Die aufrührerischen Städte werden durch mobile Kolonnen in Zucht gehalten, ganze bewaffnete Bürgerschaften und Schützengilden entwaffnet, die Rädelsführer verhaftet und den Wühlern kräftig gezeigt, daß das Gesetz noch waltet. Hier in Magdeburg ist die Bürgerschaft gut. Freilich giebt es auch hier viel Gesindel, und man kann in diesen Tagen überall Ausbrüche erwarten. Aber das ist alles Nebensache, Berlin, da liegt die Entscheidung.

Seit fast drei Monaten leben wir in der Cholera, erst in Berlin, jetzt hier. Jeder leidet mit, es ist eine der Zugaben des Jahres achtundvierzig, welches wohl in unserer Erinnerung bleiben wird. Marie ist aber, Gott sei dafür gedankt, wohl und munter wie je. Es ist zum Verwundern; ohne Wirthschaft, da wir noch im Gasthof wohnen, fast den ganzen Tag allein, umgeben von lauter düsteren Bildern und drohenden Nachrichten bleibt sie gleich heiter und ruhig. Wenn ich noch so müde und verstimmt nach Haus komme, so finde ich dort ein fröhliches Gesicht. Gott segne sie dafür.

Unser Hauptvergnügen ist das Reiten. Marie reitet den Schimmel, ich den Rappen; Fuchs und Brauner sind eingespannt. In acht Tagen ziehen wir in unsere hübsche Wohnung am Domplatz, gerade nach Süden gerichtet. Wir freuen uns recht darauf. Alle Möbel sind schon im Hause untergebracht.

Adieu, lieber Adolf, ich schließe mein hastiges Geschreibsel. Möchten wir uns bald und froh wiedersehen. Tausend herzliche Grüße Deiner lieben Frau. Herzlichst der Deinige.

Helmuth.

Magdeburg, den 17. November 1848.

Lieber Adolf!

Wir stehen hier jetzt auf einem Wendepunkt, wo es interessant ist, seine Gedanken auf dem Papier zu fixiren, um vielleicht in wenig Tagen für einen Propheten zu gelten oder über die eigene Täuschung zu erstaunen. Wenn es so im Lande aussähe wie in den Zeitungen, so wäre jetzt Alles verloren. Ein Schrei des Unwillens, um ja die französische Redensart nicht zu vergessen, geht durch alle Städte und Gaue, keine Wahl als Reaktion oder Anarchie.

Wahr ist es, wir sind in einer ernsten Krisis. Bis zur Steuerverweigerung sind wir gekommen. Der nächste Schritt ist die rothe Republik. Und alles dies unter dem vollen Beifall der Presse, begleitet von Adressen aus allen Theilen der Monarchie, unterstützt von den Bajonetten der bewaffneten Bürgerschaft. Mitten in diesem Sturm rufen wir die Landwehr ein, die Landwehr, die nichts Anderes ist, als das Volk selbst. Präziser kann man die Frage nicht stellen. Die Antwort wird das großartigste Dementi der einen oder der andern Partei sein.

Es ist eine Zeit, wo Jeder auf seinem Posten selbstständig handelt. Instruktionen von oben darf Niemand mehr erwarten, und wir haben sämmtliche zwölf Landwehr-Bataillone der Provinz einbeordert. Noch gestern haben Städte sich mit gewaffneter Hand dem Abmarsch von Truppen widersetzt, die Eisenbahnen verweigern den Transport. Die Telegraphen sind zerstört, und Bürgerkompagnien bieten den Rekruten ihren Schutz, wenn sie der Einberufung keine Folge leisten wollen. In Thüringen ist die Republik proklamirt, Dr. Stockmann zahlt regelmäßigen Lohn an Sensenmänner. Die Landwehrzeughäuser sind bedroht, zum Theil von Bürgern besetzt, einzelne Vorräthe sogar schon genommen. Treue, Zucht und Gehorsam sind anscheinend nur noch im Heer

und im Beamtenthum vorhanden, über welche denn auch die
Presse die ganze Schale ihres Zornes ausgießt. In diesen
Tumult hinein werden nun die wenigen Worte gesprochen: zur
Fahne! Tausende sollen Hof und Herd verlassen, um die Be=
wegung zu bekämpfen, für welche sie eben petitionirt, geredet
oder Beifall gespendet, vielleicht die Waffen ergriffen. Das
scheint allerdings etwas außerordentlich.

Bei alledem hoffe ich jetzt mehr als seit sechs Monaten.
Der bisherige Zustand war unerträglich, die Entscheidung ist
ersehnt. Eine solche muß nun erfolgen, so oder anders. Ich
hoffe zu Gott, daß Vernunft und Recht siegen. Das Ministerium
Brandenburg mag eine unpolitische Maßregel sein, aber die
Energie, mit der es auftritt, versöhnt mit allem Uebrigen. Zum
ersten Mal seit dem 18. März sehen wir einen festen Entschluß,
und der zündet in Millionen Herzen. Und fest entschlossen ist
man diesmal, entschlossen zu allen Konsequenzen. Es ist keine
Frage, daß Berlin, wenn der Widerstand stattfindet, das Schicksal
Wiens theilt. Und diesen Widerstand kann jede Stunde, jeder
zufällige Zank hervorrufen. Alle Maßregeln sind getroffen, und
auch hier in Magdeburg, wo unermeßliche Vorräthe angehäuft,
die Besatzung auf zwei Fünftel der Friedensstärke reduzirt ist,
sind wir auf Alles gefaßt. Unsere prächtigen Sachsen stehen
von Worms bis Berlin. Allen Nachbarn müssen wir helfen, so
daß wir für uns selbst fast nichts mehr übrig haben. Aber das
Wenige, was uns bleibt, haben wir gehörig in Thätigkeit gesetzt.
Wo unsere Truppen erscheinen, ist die Ordnung hergestellt. Die
Gutgesinnten erheben sich, und die lautesten Schreier sind ver=
schwunden. Die drei Kugeln im Prater haben nicht allein Robert
Blum, sondern noch manchen andern — in Deutschland getroffen.
Indeß wir sind wenig gegen Viele, und Niemand kann den Aus=
gang verbürgen. Die nächsten Tage sind für uns entscheidend;
gebe Gott, daß ich bald Gutes melden kann.

Die schleswig=holsteinschen Angelegenheiten sind bei dem

Sturm am eigenen Herd nothwendig mehr in den Hintergrund gerückt. Auch erfahren wir durch unsere Zeitungen fast nichts mehr von dort. Um so lieber hörte ich einmal wieder von Dir, wie es geht. Ich sprach heute Abend einen Offizier, der bei Fritz in Apenrade in Quartier gelegen und ihm bei aller seiner dänischen Gesinnung volle Gerechtigkeit widerfahren ließ. Das hat mich recht gefreut.

Ich vermuthe, daß Du Deine Frau und Kinder nach Schleswig hast kommen lassen. Ich hatte die Hoffnung, zu Weihnachten etwa auf acht oder vierzehn Tage nach Itzehoe zu kommen und daß wir uns da wieder einmal vereinigen könnten aus allen Gegenden; aber jetzt kann man ja keine acht Tage vorausdenken. — Sonst geht es uns gut. Einen Feind sind wir los, die Cholera, die mir scheußlich war, weil ich fortwährend krank gewesen bin, bis sie abzog. Es wäre schrecklich, jetzt krank zu werden. Marie ist immer munter und stürmte gleich eine Barrikade, wenn es sein müßte. — Wenn Du Deine Regentschaft niederlegst, so laden wir Dich hierher ein. Nun Adieu, lieber Adolf. Ich muß die Zeit zu Rathe halten, vorzüglich zum Schlafen, denn alle Nacht werde ich zweimal aufgeklopft. Indeß man gewöhnt sich an Alles, nur nicht an die Errungenschaften. Herzlich Dein

Helmuth.

Magdeburg, den 13. Juli 1849.

Lieber Adolf!

Das Ereigniß von Fribericia ist, abgesehen von dem Kummer, welchen es in den durch so viel Unglück betroffenen Familien erweckt, ein höchst schmerzlicher Vorgang. In militärischer Hinsicht wird der Stand der Dinge durch dasselbe fast gar nicht alterirt. Die Dänen werden selbst kaum glauben, um ihres

Sieges willen auch nur acht Tage das Feld außerhalb ihrer
Wälle behaupten zu können, sie würden ohnfehlbar einer doppelten
Streitmacht gegenüber, deren Gereiztheit durch kein Zögerungs=
system mehr zu gebieten ist, eine entschiedene Niederlage erleiden.
Wenn das schleswig = holsteinsche Truppenkorps schwer gelitten,
so ist der Verlust der Dänen nicht minder groß gewesen, und
ohne Zweifel haben sie sich heute schon in die Festung und nach
Fühnen zurückgezogen.

Es ist schwer, für die vom Unglück Betroffenen ganz gerecht
zu sein. Von meinem ganz unparteiischen Standpunkt aus, glaube
ich, kann man nur einräumen, daß allerdings die Kriegsführung der
Bundestruppen in Jütland eine klägliche gewesen, daß man den
General Rye seit vielen Wochen hätte vernichten können. Wie
weit höhere politische Rücksichten das verhindern durften, wage
ich nicht zu entscheiden, aber gewiß verwünschten diese Politik
Niemand herzlicher als Prittwitz, Hirschfeld und ihre Truppen.
Daß diese Generale dem Bonin absichtlich keine Unterstützung ge=
währt hätten, kann ernstlich Niemand Glauben schenken. Prittwitz
stand vier Märsche von Fridericia, und es ist bitter genug ge=
tadelt worden, daß er nicht noch weiter hinauf in Jütland stand.
Ob Bonin früher vor der Einschiffung Ryes gewarnt werden
konnte, weiß ich nicht. Es stand in allen Zeitungen und hätte
ihn schwerlich zu anderen Maßregeln veranlassen können, als auf
die er ohnehin angewiesen war: auf eine enge Einschließung der
Festung und sorgsame Aufmerksamkeit.

Der dänische Ausfall ist strategisch genommen eine gut ein=
geleitete Operation und taktisch eine glänzende Waffenthat. Es
standen 14 000 Mann verschanzt gegen 20 000 Mann, welche im
freien Felde vorgingen. Wenn die Holsteiner sich tapfer ver=
theidigt, so haben die Dänen noch tapferer angegriffen. Sie
haben gesiegt. Daß dies trotz der nicht allzu großen Ueberlegen=
heit an Bajonetten gegen Verschanzungen und eine an Zahl und
Kaliber sehr überlegene Artillerie gelang, kann nur der Ueber=

rumpelung beigemessen werden: wie es aber geschehen konnte, daß eine so bedeutende Truppenmacht während einer kurzen Sommernacht bei hellem Mondenscheine unbemerkt landen konnte, ist schwer zu erklären.

Wenn sonach die militärische Seite der feindlichen Unternehmung eine glänzende ist, so erscheint sie in jeder anderen als ein ganz verwerflicher Akt der Rache, als ein nutzloses Hinschlachten von Freund und Feind und als ein politischer Fehler, der sich an den Urhebern selbst rächen dürfte.

Das Traurige an der ganzen Sache ist die schlimme Waffe, welche sie der Bosheit in die Hand giebt, der Bosheit, welche Preußen des Verraths zeiht, und der Einfalt, die daran glaubt. Wenn jetzt der Waffenstillstand abgeschlossen wird, so sieht es allerdings ganz so aus, als ob die Kabinetspolitik absichtlich die schleswig-holsteinschen Waffen geopfert hätte, um jeder Friedensbedingung Eingang zu schaffen. Die eigenen Truppen werden empört sein, die Demokratie gewinnt neues Terrain, die süddeutschen Kontingente werden, wenn nicht offen, so doch versteckt den extravagantesten Plänen der holsteinschen Umsturzpartei die Hand bieten, neue Freischaaren entstehen und der Kredit der Regierungen ungeheuer sinken, eine Demüthigung wird die erste Trophäe der versuchten Einigung Deutschlands sein.

So sehr ich den Abschluß eines Friedens mit Dänemark gewünscht, so hoffe ich noch, daß er jetzt nicht zu Stande kommt. Die plötzliche Abreise des dänischen Unterhändlers aus Berlin läßt beinahe darauf schließen, daß auch in Kopenhagen die Demagogie alles Maß überschreiten wird und daß man neue Ansprüche auf einen Sieg gründet, der ohne alle wirkliche Entscheidung geblieben ist. Die Gönner in London und Petersburg werden sehen, daß Dänemark keinen annehmbaren Frieden will, und die öffentliche Stimme wird zu einer vollständigen Besetzung Jütlands und zu kräftigem Angriff auf Fridericia zwingen (denn auch dieser war bisher äußerst matt). Ich möchte diese

Hoffnung festhalten und wünsche herzlich, daß die Friedensvorschläge von Dänemark nicht acceptirt sind.

Die Deinigen grüße alle herzlich. Auguste ist natürlich sehr
aufgeregt. Ich wünsche nur, daß wir bald über den armen
Krohn etwas Beruhigendes erfahren. Die Kinder blühen und
gedeihen. Die schlimme Zeit geht noch spurlos an ihnen vorüber,
und hoffentlich werden sie bessere Zustände erleben.

Herzlich der Deinige.

Helmuth.

Magdeburg, den 11. August 1849.

Lieber Adolf!

Wir haben Dich dieser Tage stündlich erwartet, aber Du
wirst wohl bei der Krisis Deines engeren Vaterlandes Deine
Zeit zu sehr durch Geschäfte in Anspruch genommen gesehen
haben, wenigstens hoffe ich, daß nicht Krankheit Dich verhindert
haben möge.

Wir reisen nun morgen Vormittag um $^3/_4 11$ Uhr von
hier ab, und ich schreibe Dir dies noch mit dem heute Abend
6 Uhr abgehenden Zug, damit Du nicht etwa morgen hierher
kommst und uns nicht mehr findest.

Die Zeiten haben sich vorerst genugsam beruhigt, daß ich
ein paar Wochen meinen Posten hier verlassen kann, und es
thut mir sehr Noth. Wir haben Wangeroog als Bad gewählt.
Lieber wäre ich nach Föhr gegangen. Aber bei dem unsinnigen
Lärm über preußischen Verrath mag ich nicht nach Holstein
gehen, wo der Aerger mir die Kur verderben würde, wenn die
Stimmung wirklich so ist, wie ich aus einzelnen Proben schließen
muß. Gern hätte ich darüber Deine Ansicht gehört. Es scheint,
daß man sich in Holstein in das Unvermeidliche fügt, aber
de mauvaise grace, was die Sache freilich nicht bessert. Ich

wünsche Dir von Herzen, daß Du Dich bald friedlich in Deiner Abministration von Rantzau einrichten mögest.

Unsere neue Kammer läßt mich einige Hoffnung auf bessere Zustände fassen. An einen Krieg mit Oesterreich kann ich nicht recht glauben, es wäre, als wenn zwei Eifersüchtige sich in einem Pulverthurm schießen wollten. Ungarn wird Oesterreich auch noch eine Weile amüsiren, und in Italien kann die Ruhe nur durch Truppenmacht erhalten werden. Das neueste Auftreten der Centralgewalt ist allerdings geeignet, den Bürgerkrieg in Deutschland wieder anzufachen, und leicht dürfte der zweite Akt von Baden in Württemberg aufgeführt werden. Mir scheint, daß durch die Besitzergreifung von Hohenzollern Preußen die Schiffe hinter sich verbrannt hat. Es muß in der deutschen Sache vorwärts. Der Himmel erhalte uns nur unser Ministerium Brandenburg; nur keine klugen schwachen Leute mehr.

Adieu, lieber Adolf, auf besseres Wiedersehen irgendwo. Herzlich der Deinige.

Helmuth.

Magdeburg, den 12. November 1849.

Lieber Adolf!

Wir freuen uns herzlich, aus Deinem Schreiben zu ersehen, daß Du nunmehr auf Deinem ländlichen Schloß angekommen bist, und hoffen, daß auch Deine Gesundheit sich durch eine entsprechende Thätigkeit recht bald wieder stärken und befestigen wird. Freilich wirken die heillosen Verwickelungen des Landes auch wohl auf Deine neue Stellung zurück, aber doch nicht so unmittelbar wie in Deinem früheren Wirkungskreise, oder wie auf den armen Ludwig, welcher wirklich in einer verzweifelten Lage sich befinden muß.

Hier kehrt die Ordnung mehr und mehr zurück. Die Ablieferung der Waffen der Bürgerwehr ist ein starker Schritt zur

Wiederherstellung besserer Zustände. Ich zweifle nicht, daß sie in nächster Zukunft ohne erheblichen Widerstand vor sich gehen wird. Dann werde ich auch wohl vielleicht einen wenn auch sehr beschränkten Urlaub erlangen können. Freilich ist für mich die dortige Stimmung, mit Recht und mit Unrecht eine feindliche, nicht gerade einladend. Aber auf eine Umwandlung in dieser Beziehung ist auf lange Zeit hinaus nicht zu rechnen. Was aus dem schleswigschen Handel werden soll, mag Gott wissen. Die Sache ist schlimmer als alles Uebrige, und um so mehr, als sie durch kein Abwarten, sondern nur durch positives Handeln geschlichtet werden kann. Auf der einen Seite ist es durchaus unwahrscheinlich, daß nach der gemachten bitteren Erfahrung Preußen abermals die zweifelhaften Rechtsansprüche der Herzogthümer, auf die Gefahr eines europäischen Krieges hin, ausfechten wird. Andererseits kann man doch unmöglich zusehen, wenn der Kampf zwischen ihnen und Dänemark wieder losgeht, ein Kampf, dessen Ausgang, selbst wenn die preußischen Offiziere belassen würden, mindestens zweifelhaft sein wird. Dänemarks Absichten scheinen ganz darauf gerichtet zu sein, einen solchen Einzelkampf herbeizuführen.

Mir scheint, die Statthalterschaft spielt ein gefährliches Spiel. Offenbar ist Preußen der einzige Alliirte, den die Herzogthümer haben. Weder Rußland noch England werden ihnen helfen, am wenigsten Oesterreich, Bayern und alle die Anderen, die jetzt ihre Sache in Wort und Schrift vertheidigen, ihre Truppen aber zuerst zurückgezogen haben. Die Demokratie ist wohl die schlechteste Stütze, auf welche man rechnen kann, und in Holstein scheint diese ohnehin nicht so stark zu sein, daß sie das Verhalten der Statthalterschaft bestimmen dürfte. Doch ich räume gern ein, daß mir das Verständniß der dortigen Zustände abgeht.

Wir haben unsere Winterquartiere bezogen. Im Saal liegt ein schöner Teppich, und bei dem trefflichen Herbstwetter scheint die Sonne gar freundlich durch die Scheiben. Die Fluth der Schreiberei will sich noch immer nicht legen. Ich läse gern einmal wieder ein Buch, aber man kann nichts Ordentliches anfangen. Meine römische Karte wird jetzt durch Brose, unseren ersten Künstler, in Kupfer gestochen, wozu der König 700 Thaler zuschießt. — Mein General grüßt bestens und thut mir den Gefallen, dann und wann zu verreisen, was die Geschäfte gar sehr abkürzt.

Von mir die herzlichsten Grüße an Auguste und die prächtigen Kinder. Laßt uns bald wieder etwas von Euch hören und behalte lieb Deinen

Helmuth.

Magdeburg, den 26. Januar 1850.

Lieber Adolf!

Wir leben hier in der Erwartung, was mit der Königlichen Proposition werden wird. Ich glaube, daß die Regierung sie durchbringen würde, wenn man davon überzeugt wäre, daß man fest dabei stehen bleiben will. Aber das glaubt man eben nicht, und es wird wohl zu einem mezzo termino kommen. An ein Ministerium Gerlach glaube ich nicht, man müßte denn auch entschieden sein, die lieben Berliner mit Kartätschen zu begrüßen. Vielleicht tritt eine Modifikation des Ministeriums Manteuffel-Brandenburg ein, und das wäre gewiß ein großer Verlust, denn das System wird man kaum ändern können, und für dasselbe findet man keine tüchtigeren Männer, als die der rettenden That sind. Im Allgemeinen befestigen sich wohl die Verhältnisse nach innen, denn wenn die Demokratie auf den passiven Widerstand angewiesen ist, so kann sie nicht bestehen. Ihr Element ist recht eigentlich die That. — Könnten Oesterreich und Preußen sich aufrichtig verständigen, dann würde Alles leicht gehen, aber ich fürchte, diese Einigung besteht nur den kleinen Staaten gegenüber, und nur bis die Hauptfrage zwischen beiden großen Mächten zum Austrag kommt.

Hast Du die Brochüre „Rückblicke auf die Entwickelung der deutschen Angelegenheiten im Jahre 1849" gelesen (von Canitz, aber nicht genannt), sonst empfehle ich sie.

Herzlich Dein

Helmuth.

Magdeburg, den 17. Februar 1850.

Marie grüßt aufs Freundlichste, wir hoffen bald gute Nachricht von Deiner Frau zu hören. Das abscheuliche Wetter, welches seit vierzehn Tagen anhält, wird Dich wohl zum Einbleiben nöthigen. Es muß nun aber doch bald besser und dann der ländliche Aufenthalt sehr schön werden. Die Zeitstürme werden wohl über die hohen Buchen wegbrausen aber hoffentlich Dein Dach nicht treffen. Es sieht allerdings sehr drohend aus. Wenn zwar für den Augenblick bei uns weniger als in den beiden letzten Frühlingen unmittelbare Kriegsrüstungen vorliegen, so ist doch die ganze Sachlage sehr ernst. Es ist daher von der höchsten Wichtigkeit, daß durch die endliche Feststellung der Verfassung unleugbar eine größere Festigkeit im Innern unseres eigenen Landes gewonnen ist, dies um so mehr, als von Erfurt her wohl kaum große Resultate zu erwarten sein möchten. Oesterreich ist so wenig eine deutsche Macht, daß man wohl gewärtigen darf, es werde einer wirklichen Einigung gegenüber seine außerdeutschen Interessen, selbst auf dem Wege der Waffenentscheidung, zur Geltung zu bringen suchen. Dem steht vielleicht nichts entgegen, als die unleugbare Erschöpfung seiner Finanzen und die drohende Stimmung in zwei Dritteln aller österreichischen Lande, in Italien, Ungarn, Böhmen und Galizien.

Preußen muß sich gestehen, daß es nirgends in ganz Europa mehr einen Freund hat, sondern ganz allein auf sich selbst angewiesen ist. Für uns ist nur etwa Louis Napoleon, ein Mann mit höchstens einer Partei, nicht einer Nation hinter sich. In Frankreich scheint ein blutiger Konflikt unvermeidlich, der Ausgang zweifelhaft. Man weiß daher nicht, was man an Frankreich hat, ob Freund oder Feind. — Preußen ist von den Demokraten aller Nationen gehaßt, weil es die stärkste Stütze der Ordnung, in den Augen des Petersburger und des Wiener Kabinets aber ist es revolutionär und überhaupt in der ganzen Staatenfamilie als Parvenü, als Sohn seiner Thaten, wenig beliebt; den Kleinstaaten, als herabgekommenen Altabeligen, besonders fatal. Also keine Allianz, kein Aufgehen weder von noch in, keine Hoffnung als auf sich selbst.

Wie es auch kommen mag, ich glaube nicht, daß der gefährlichste aller Feinde, die Demokratie, Aussicht auf Gelingen bei uns hat. Denn diesmal würde man wohl zu allen Konsequenzen entschlossen sein. Dagegen ist es freilich schlimm, daß allem Anschein nach der Streit um Schleswig wieder losgeht, und daß ein nicht unbeträchtlicher Theil unserer Streitkräfte nochmals in einen Kampf verwickelt werden dürfte, der, in Ermangelung einer Flotte, auf keine absehbare Weise der Erledigung zugeführt werden kann. Erfreulich sind die allmälig erfolgenden Militärkonventionen mit Anhalt, Braunschweig, Mecklenburg. Wäre der von England appanagirte König von Gottes Gnaden nicht, so würde Norddeutschland sich wohl bald einigen.

Auf die „D. Reform" werde ich sogleich abonniren.

Die herzlichsten Grüße an Frau und Kinder. Dein Bruder

Helmuth.

Magdeburg, den 21. März 1850.

Lieber Adolf!

Unsere Reisepläne können freilich durch die Ereignisse leicht gekreuzt werden, welche das Jahr in seinen nicht sehr rosenfarbigen Falten birgt. Es ist aber immer schon sehr viel gewonnen, daß man nur noch an den auswärtigen Krieg denkt. Wie hochfahrend auch die Sprache des Wiener Kabinets klingt, so dürfte doch Oesterreich kaum in der Lage sein, die Waffen gegen das deutsche Einigungswerk zu erheben. Die Armee in Böhmen befindet sich im kläglichsten Zustande, Italien und Ungarn wollen durch zahlreiche Heere niedergehalten sein, und die Finanzen des Kaiserthums verursachen die ernstesten Bedenken. Ernster sieht es mit Rußland aus, welches uns namentlich in Kopenhagen alles mögliche Herzeleid anthut. Aber wenn irgend etwas, so würde ein Angriff der Russen die deutschen Stämme zur Einigung treiben. Die eigentliche Pandora=Büchse bleibt aber doch la belle France mit ihren neuesten Wahlen. Frankreich hat das unabsehbare Unglück, drei Dynastien zu besitzen. Es scheint, daß Louis Napoleon sich aufrichtig der Majorität anschließen will gegen den Sozialismus, aber wohl nur die allerdringendste Gefahr von dieser Seite kann die Majorität zusammenhalten. Sobald es sich um Begründung eines dauernden Zustandes handelt, wird die legitimistische und die orleanistische Partei sich von der napoleonischen trennen. Von dort kann ein Raubanfall über Nacht kommen und leider Sympathien im südlichen Deutschland finden. Bayern hat gerüstet, ohne daß man recht absieht, wofür. Gewiß ist nur, daß es seine Finanzen zerrüttet. Was dagegen von Zusammenziehung preußischer Truppen bei Erfurt immer in den Zeitungen wiederholt wird, entbehrt alles und jedes Grundes. Nur 30 Gendarmen und einige Schutzmänner sind abgesandt, und auch durchaus keine Truppenzusammenziehung beabsichtigt. Selbst das erste Landwehr=

Regiment, welches zur Disposition des Generals Döring in Hamburg stand, ist nach der mecklenburgischen Grenze zurückverlegt, woraus man schließen muß, daß unsere Regierung jedes fernere Eingreifen mit Waffenmacht in die dänische Angelegenheit aufgiebt. Es scheint wirklich, als ob man nur Holstein besetzen will. Wenn nun auch die Schweden abziehen, was entsteht dann in dem Vacuum Schleswig? Gehen die Dänen vor, so werden die Holsteiner nicht zu halten sein, und es ist sehr die Frage, wer dann der Stärkere ist. Die Abberufung der preußischen Offiziere wird erfolgen, aber angesichts eines Feldzuges werden gewiß viele hier ihren Abschied nehmen, um dort zu bleiben. Am meisten dabei zu verlieren hat offenbar Bonin, aber er ist auch am lebhaftesten bei der Sache betheiligt. Führt er einen glücklichen Feldzug, so wird man ihm verzeihen. Mit Rendsburg und der nicht zu überschreitenden Eider im Rücken kann er schon operiren und jedenfalls das Land bis Flensburg hin behaupten. Darüber hinaus wird die Flankenstellung von Alsen gefährlich, aber bis dahin kann er sich frei bewegen. Die Landungen der Dänen weiter südlich können zur Verwüstung der Küstenstädte führen, setzen aber die Existenz des gelandeten jedesmal nothwendig nur kleinen Korps in Frage. Zersplittern sich die Holsteiner nicht, so können sie die Entscheidung in offener Schlacht suchen. Eine wirkliche Entscheidung wird dadurch kaum gegeben werden. Die Eiberlinie gewährt den Holsteinern Schutz, denn ihre Ueberschreitung würde das ernstlichste Vorgehen deutscher Armeen rechtfertigen. Die Dänen finden Schutz auf Alsen oder in Jütland. Dorthin nachzufolgen würde für ein schwaches Heer sehr bedenklich sein. Aber allerdings würde es von unschätzbarem moralischen Werth sein, wenn die Herzogthümer wie den Willen so die Kraft zeigten, sich der Dänen zu erwehren. — Es hat etwas Widerwärtiges, so den Holsteinern zu sagen: seht selbst, wie ihr fertig werdet. Aber weder Holstein noch Dänemark will die Ausgleichung annehmen, die ihm geboten wird.

Auch durch Theilnahme preußischer Truppen ist eine endliche Erledigung nicht zu erzwingen, so lange wir ohne Flotte sind. Endlich befindet sich Preußen in der Entwickelung seiner eigenen Zustände, in einer Krisis, in welcher es auf einen europäischen Krieg stündlich gerüstet sein muß.

Das Parlament in Erfurt ist heute eröffnet. Man wird redlich versuchen, eine Einigung zu erzielen. Gelingt es, so muß die magnetische Kraft eines einigen, gewaltigen deutschen Staatenkomplexes in wenig Jahren fast von selbst bewirken, was man in zwei Feldzügen nicht hat erreichen können: einen intellektuellen Anschluß der deutschen Bevölkerung Schleswigs, gegen den keine politische Form einen Damm zu bilden vermag.

Aber diesem Einigungswerke steht nicht nur die Demokratie, sondern auch die Oligarchie der kleinen Dynastien entgegen. Wäre die Volksrepräsentation wirklich der Ausdruck des Volkswillens, so müßten beide Hindernisse fallen. Giebt es etwas Wahres in den Bestrebungen der letzten Jahre, so ist es der Drang nach deutscher Einigung, aber dieser Drang findet keine Worte gegen den Partikularismus auf der einen, die Negation jeder gesellschaftlichen Ordnung auf der andern Seite. Ich hoffe, daß Preußen sein Wort lösen und den Versuch bis zur Darlegung der evidenten Unmöglichkeit durchführen, dann sich aber darauf beschränken wird, Preußen zu sein. Materielle Vortheile werden für Preußen durch den jetzt angebahnten Anschluß kaum erzielt. Für die kleinen Staaten aber dürfte die nächste Erschütterung wohl entweder den Untergang des monarchischen Prinzips überhaupt oder die vollständigste Mediatisirung bringen. Lebt dann Preußen noch, so ist es der Erbe.

Herzlich der Deinige.

Helmuth.

Magdeburg, den 29. Mai 1850.

Lieber Adolf!

Unter den jetzigen Verhältnissen sehe ich nicht viel Gutes für Schleswig-Holstein. Schlimm, daß man nicht früher zu irgend einem Abschluß hat kommen können. General v. Willisen ist unstreitig ein geistreicher und tüchtiger Mann, aber ein Theoretiker. Für Euch ist er insofern besser als Bonin, weil die Dänen von diesem immer wußten, daß er von Berlin seine Richtung erhielt. Willisen brennt vor Begier, loszugehen. Ich glaube nicht, daß die holsteinschen Abgeordneten jetzt irgend etwas in Kopenhagen erreichen, und wahrscheinlich wird es in Schleswig zum Zusammenstoß kommen. Hält Willisen seine Streitmacht beisammen, geht er nicht über Flensburg vor, so daß er Alsen nicht in die Flanke kriegt, läßt er sich auf keine Detachirungen ein, um die Küste und die Städte zu schützen, so kann der Däne einzelne Orte verwüsten, Personen wegschleppen, aber der Ausgang eines allgemeinen Gefechts ist dann mindestens zweifelhaft, und dann gewinnt die Sache ein anderes Ansehn, wenn thatsächlich die Herzogthümer zeigen, daß sie sich selbst behaupten können. Ich fürchte nur gelehrte Manöver, und daß man sich durch den Nothschrei der Betroffenen vom Hauptzweck ableiten läßt. Der Deinige.

Helmuth.

Magdeburg, den 18. Juli 1850.

Lieber Adolf!

... Ein seltsamer Friede*) ist es, der den sofortigen Ausbruch des Krieges zur unmittelbaren Folge hat. Man kann sich leider nicht verhehlen, daß er das Geständniß ablegt, eine Sache

---

*) Der Friede von Berlin zwischen Preußen und Dänemark (2. Juli 1850).

angefangen zu haben, die man nicht zu Ende zu führen vermag.
Wahr ist es, daß das nur deshalb unmöglich wurde, weil ein
Theil des gemeinsamen Vaterlandes keinen Antheil, ein anderer
ganz notorisch dagegen Partei nahm, wahr, daß Preußen Hol=
stein in einem Feldzug rettete, im zweiten es schirmte und zu
einem dritten das Heer schuf; aber betrübend ist immer die
Stellung, die wir jetzt einnehmen, nachdem wir uns einmal zum
Vorkämpfer Deutschlands aufgeworfen. Mit bitteren Gefühlen
mögen unsere Truppen abziehen! Bei der leidenschaftlichen Auf=
regung der Parteien ist ein blutiger Zusammenstoß der gegen=
seitigen Vortruppen gar nicht zu vermeiden, und an diesem wird
der allgemeine Kampf sich entzünden. Die nächsten Tage müssen
Entscheidung bringen. Ich hoffe, daß Willisen sich auf keine
Detachirung einläßt und nicht über Flensburg hinaus geht, sondern
dort in guter Defensivstellung mit versammelten Kräften den An=
griff erwartet. Der Ausgang dürfte dann sehr zweifelhaft sein.
Siegen die Holsteiner, so ist zwar damit keine Erledigung erreicht,
aber ein bedeutendes moralisches Gewicht gewonnen, welches selbst
bei den fremden Großmächten in die Wagschale fällt. Kann das
unglückliche Deutschland sich irgendwie zu aufrichtig gemeinsamem
Handeln einigen, so wird Preußen nicht der Letzte sein. Unsere
Truppen bleiben hart an der lauenburgischen Grenze und an
der Eisenbahn. Das projektirte Londoner Protokoll muß zu
einer Einigung hindrängen, wenn überhaupt eine möglich ist. —
Es ist eine schmerzliche Zeit.

Den 26. Juli. Wenn es wahr ist, daß die Dänen jetzt
von Fehmarn bis Tönningen sich ausdehnen und dies mit mehr
als bloßen Vorposten geschieht, während Willisen mit Allem bei
Schleswig steht, so dürfte der Augenblick für ein Offensivunter=
nehmen gekommen sein. Weichen die Dänen dem Angriff aus,
so kann er bis Bau folgen, und wenigstens der moralische
Eindruck ist günstig. — Vielleicht aber beschränkt er sich auf die
Defensive, da die Dänen, um die Sache zu Ende zu bringen,

ihn nothwendig angreifen müßten. Denn ihre Flankenstellung auf Alsen nützt ihnen nichts, so lange die Holsteiner nicht über Bau vordringen. Willisens rechte Flanke ist wohl gesichert; um seine linke anzugreifen oder ihn wegzumanövriren, müßte der Däne alle Kommunikationen aufgeben. Die Sache steht bis jetzt ganz gut, und die Unterhaltung der Heere in ihrer gegenwärtigen Stellung muß den Dänen mindestens ebenso große Opfer kosten als den Holsteinern. Schade, daß die Eisenbahn von Rendsburg nicht bis Flensburg fortgesetzt ist. — Alles, was die Statthalterschaft in diesen Tagen gethan und erlassen hat, gefällt mir sehr gut.

In Deutschland sieht es jammervoll aus. Daß wir der Reaktion entgegengehen, ist bis zu einem gewissen Punkt wohl nicht zu beklagen. — Ich kann mir nicht versagen, Dir die beifolgende Schrift zu übersenden, welche trefflich die beiden Hauptrichtungen Preußens in seiner deutschen Politik darstellt: das Streben nach Suprematie und Ausschließung Oesterreichs in Deutschland, wenn es stark war, das Arrangement und Theilung, wenn es schwach war. In welchem Fall wir uns jetzt befinden, magst Du selbst beurtheilen. Dein

Helmuth.

Magdeburg, den 6. August 1850.

Lieber Adolf!

Seit meinem letzten Brief sind die ersten Würfel gefallen und zum Nachtheil der Holsteiner. Daß Deutschland theilnahmlos zusieht, ist schmerzlich und demüthigend. Ich begreife dies Verhalten, wenn man dadurch einen großen, welthistorischen Zweck erzielt. Wenn man diesen Zweck aber nicht erreicht, ihn, wie es scheint, nicht erreichen will, so trifft dafür der Haß Preußen, die Verachtung diejenigen Staaten, welche zur Hülfe nur bettelhafte Geldsammlungen veranstalten, wo allein Soldaten helfen können. Die Dänen sind nun so weit, daß sie das Einschreiten des Deutschen Bundes anrufen müssen. Aber wo sollen sie ihn suchen, in Frankfurt, Wien oder Berlin? Vielleicht, daß das Londoner Protokoll noch in Deutschland wach rüttelt, aber der alte Rothbart schläft fest auf dem Kyffhäuser.

Es ist so erstaunlich viel leichter, urtheilen als machen, daß man nur schüchtern seine Meinung aussprechen mag. Soweit bis jetzt die nur mangelhaften Berichte vorliegen, scheint die Schlacht bei Idstedt aus Mangel an ein paar Bataillonen in der Reserve des Centrums verloren gegangen zu sein. Die Stellung war sehr ausgedehnt; die Massen hinter dem rechten Flügel, welcher der stärkste Theil der Aufstellung war, angehäuft. Die Absicht war die dort vorzunehmende Offensive; es verblieb sonach nichts zur Abwehr gegen den Angriff, den der Feind voraussichtlich gegen den schwachen linken Flügel unternehmen mußte.

Wie wenig aber die holsteinsche Armee im Ganzen geschlagen, beweiset nicht allein der große Verlust der Dänen, sondern hauptsächlich, daß sie keinen Schritt verfolgt haben.

Daß General Willisen jetzt sich mit Allem bei Rendsburg verschanzt, will mir nicht scheinen. Bleibt er da, so bleiben auch die Dänen beisammen, und er kann weder Friedrichsort unterstützen noch Kiel schützen. Ich glaubte, er würde etwa nach Flemhude und Kl. Nordsee gehen, die Uebergänge über Eider und Kanal besetzt haltend. Die Dänen müßten Besatzung in Schleswig, Eckernförde ꝛc. lassen, Rendsburg maskiren, sich also erheblich schwächen. Es würde sehr gewagt sein, Friedrichsort zu belagern oder auf Kiel zu gehen, so lange ein nicht geschlagenes Heer mit einem kurzen Marsch Gottorp erreichen kann. Es bliebe nichts übrig, als das Heer selbst anzugreifen, welches am genannten Ort eine starke Defensivstellung findet, Front gegen Ost und West, je nachdem der Gegner ober- oder unterhalb über die Eider ginge. Die Eisenbahnen fahren die Zufuhr bis fast an die Stellung heran.

Uebrigens muß es jetzt oder nie zu Unterhandlungen kommen. Bleiben die Dänen bei dem thörichten Standpunkt, die Deutschen als Insurgenten zu bezeichnen, so bleibt ihnen auch die Aufgabe, diese Insurgenten zu vernichten, was ihnen mit jedem Schritt in Holstein hinein schwerer werden möchte.

Meine Abreise war wie die des Rappen auf gestern festgesetzt. Man hat mir aber so viele Offiziere genommen, daß ich meinen Stab erst wieder neu organisiren muß. Dabei möchte ich doch abwarten, was denn eigentlich jetzt im Werke ist, denn es scheint, daß man einen Entschluß gefaßt hat. Die Spannung mit Oesterreich nimmt immer zu. Sie vergelten uns, was wir im Jahre 1848 ihnen nicht gethan haben. An einen Krieg mit Oesterreich glaube ich immer noch nicht. Für zwei Mächtige giebt es immer noch ein Mittel, sich zu verversöhnen: auf Kosten der Schwachen, Anmaßenden. Der wahre Kampf wird dadurch freilich nur gestundet. Uebrigens hat Oesterreich bis jetzt alle Vortheile des negativen Verhaltens. Die Schwierigkeiten werden sich riesenhaft entwickeln, sobald es handeln, sobald es nur überhaupt ein wirkliches Programm aufstellen muß.

Aus all der Wirrsal versetze ich mich gern in Deine friedliche Häuslichkeit, welche, so Gott will, nicht bedroht ist. Ich freue mich, daß von Augustens Verwandten diesmal Niemand persönlich betroffen worden ist. Hoffentlich sollst Du nun auch bald Dein Pferd haben. Ich schicke Dir einen ganz neuen Sattel, eine alte Kandare und einen guten Woilach mit.

Helmuth.

Magdeburg, den 4. November 1850.

Lieber Adolf!

Seit gestern Mittag hängt der Friede Europas nicht mehr allein von den Ministerkonferenzen, sondern von dem Verhalten einer Husaren-Patrouille ab. Die Preußen und Bayern müssen in der Gegend von Saalmünster aufeinander gestoßen sein. Ein paar Karabinerschüsse können leicht in die Pulvertonne Deutschland fallen und alle seinen Distinktionen der Politik in die Luft sprengen. Unsere Diplomatie muß doch wohl eine verkehrte sein, da jeder Schritt vorwärts uns weiter ins Verderben führt. Schon bleibt fast nur die Wahl zwischen Demüthigung oder einem Krieg unter den schwierigsten Umständen, einem Kriege, in welchem gegen Osten, Norden und Süden Front gemacht werden soll, und wo in der Welt kein Verbündeter mehr ist. Glücklich, wer hier nicht zu entscheiden, sondern nur zu gehorchen hat. Vor zwei Tagen glaubte man den Krieg gewiß. Heute zweifelt man, und jede Stunde, die den Mobilmachungsbefehl nicht bringt, macht den Krieg unwahrscheinlicher. Aber wie man aus all den angefangenen Händeln nur einigermaßen mit Ehren herauskommen wird, sehe ich nicht ein. Der Kampf, den man von allen Seiten fürchtet und vertagt, wird wohl zum Frühjahr doch zum Ausbruch kommen. — Griesheim ist zur Zeit Kommandant von Coblenz; man wird schon noch von ihm hören.

Mein General*) erinnert sich Deiner mit wahrer Theilnahme; er freut sich jedesmal, von Dir zu hören. Es giebt hier viel zu ordnen und vorzubereiten, denn durch all die einzelnen Entsendungen, Aufstellung von Truppenkorps aus allen Provinzen zusammengewürfelt, ist das verwickelte Geschäft einer Mobilmachung der Armee unendlich komplizirt. Möchte sie nicht eher befohlen werden, als man entschlossen ist, auch wirklich zu schlagen. Die

---

*) Der interimistische kommandirende General des IV. Armeekorps, Generallieutenant v. Hedemann.

Demonstrationen kosten Preußen Millionen und ziehen doch nicht. Es sind der Worte zu viel gemacht. Alles fordert Thaten. Der schlimmste Handel bleibt die holsteinsche Sache. Aber genug davon. Die Dinge sind nun so verwirrt, daß eine Entscheidung nicht mehr lange ausbleiben kann.

Der Deinige.

Helmuth.

Magdeburg, den 25. Februar 1851.

Lieber Adolf!

Ueber Politik mag ich nichts schreiben. Die unwürdige Rolle, die man uns spielen läßt, kann nicht lange dauern. Ich habe immer noch nicht an Krieg geglaubt, aber jetzt glaube ich, daß wir in Jahresfrist den Krieg haben werden. Ein schimpflicher Friede hat noch nie Bestand gehabt. Was für eine Streitmacht haben wir beisammen gehabt! 24 Wochen war das IV. Armeekorps mobil und aus allen Garnisonen abgerückt. Was für eine Truppe! Hatte Friedrich der Große je solch ein Material gehabt? 30 Millionen sind verausgabt für eine Demonstration und um alle und jede Bedingung anzunehmen. Aber die schlechteste Regierung kann dies Volk nicht zu Grunde richten, Preußen wird doch noch an die Spitze von Deutschland kommen. Eine Einigung des Zollverbandes (nach Ausscheiden der Süddeutschen) mit dem Steuerverein ist meine Hoffnung. In Holstein ist für den Augenblick Alles verloren, aber der Prozeß wird wohl noch einmal aufgenommen. Aber das muß wahr sein, eine kläglichere Nation als die deutsche giebt es nicht auf Erden.

Mobilmachung und Demobilmachung haben mir viel zu thun gemacht, aber das Resultat war befriedigend; es fehlte nur an dem Willen, davon Gebrauch zu machen, wenn auch nicht zu einem Kriege gegen ganz Europa (denn in diese Lage hatte uns unsere Diplomatie gebracht), so doch, um bewaffnet zu unterhandeln. Aber es ist, als ob man mit Aufbietung aller Kräfte des Staates sich den demüthigsten Bedingungen unterwerfen wollte. Die Mißstimmung ist furchtbar und allgemein. Wenn der Sieg über die Demokratie solche Früchte trägt, so möchte man sie fast wieder heraufbeschwören. Doch dies wird nicht nöthig sein. Dein

Helmuth.

Magdeburg, den 22. Dezember 1851.

Lieber Adolf!

Marie grüßt aufs Herzlichste. Sie hat zur Weihnacht ganz was Besonderes für mich in Hinterhalt, und es brennt sie schon seit Wochen, daß sie nur mit aller Mühe noch dicht halten kann. Zur Nachricht für Auguste, daß Marie von mir einen dunkelbraunen Sammethut mit Kamelien, ein sehr schönes schweres Lyoner Seidenkleid gros grain mit Damastmuster und ein Hauskleid beige, halb Seide halb Wolle, dunkelbraun, erhält. Dein

Helmuth.

Magdeburg, den 1. Januar 1852.

Lieber Adolf!

Marie hat mir denn die berühmte Pelzjacke aufgebaut und hat von mir noch eine strahlende Lampe erhalten, welche den zu einer Bildergalerie umgewandelten Saal vollständig erhellt. Ein Teppich und Doppelfenster und Portièren machen ihn zur wohnlichen Stube. Ich wollte, Du könntest uns einmal ein paar Tage hier aufsuchen. Dein

Helmuth.

Magdeburg, den 23. Januar 1853.

Lieber Adolf!

Die äußerliche Aussöhnung Oesterreichs und Preußens dürfte vielleicht der Kopenhagener Regierung auch einige Rücksicht gegen die Herzogthümer auferlegen; wenn sie zwar ihre Rachsucht gegen den Einzelnen nicht beengen wird, wie das ihr Verfahren gegen den armen Krohn nur zu deutlich zeigt. Ein wirklicher Beistand ist freilich nur von der Erhebung deutscher Nation zu erwarten, und dazu gehört ein allgemeiner Krieg, für den jedoch Louis Napoleon vielleicht in wenig Jahren sorgen wird. Sein Kaiserthum nimmt immer mehr den Charakter eines großartigen Schwindels an. Seine Vermählung mit der Spanierin schließt ihn von dem Eintritt in die legitime Monarchenfamilie vollends aus, und die Londoner Börse kann durch einfache Erhöhung des Agios sein ganzes Finanzsystem erschüttern. Die Franzosen werden des Abenteurers bald müde sein, der es schwieriger finden wird, Kaiser zu bleiben, als zu werden. Ohne Siege kann er sich wohl kaum behaupten, und ob er selbst Feldherr ist und zwar im Stil des Onkels, das muß sich erst zeigen. Selbst muß er aber Schlachten schlagen, denn sein Feldherr würde Kaiser sein.

Herzlich der Deinige.

Helmuth.

Magdeburg, den 4. März 1853.

Lieber Adolf!

Im Allgemeinen sehen die Dinge jetzt friedlicher aus als lange. Die orientalische Krisis ist zwar keineswegs beendet, aber vertagt. Das Wichtigste dabei ist das Verhalten Napoleons.

Läge Krieg in seinen Absichten, so war hier die für ihn günstigste Chance geboten, mit England vereint aufzutreten. Er scheint aber wirklich den Frieden zu wollen. Fragt sich nur, wie lange er das dem Inland und der Armee gegenüber kann. Auch die nun abgeschlossene Handelseinigung zwischen Oesterreich und Preußen ist von großer politischer Wichtigkeit. Da sich von den beiden deutschen Großmächten keine zur alleinigen Hegemonie in Deutschland hat aufschwingen können, so haben sie sich einstweilen zu einer gemeinsamen verständigt. Dies hat nach außen doch den großen Vortheil, daß nicht mehr die eine Hälfte Deutschlands die andere paralysirt, wie es während der schleswigholsteinschen Händel geschah, und es steht zu hoffen, daß nun der Bund den dänischen Prätensionen gegenüber etwas kräftiger auftreten wird. Freilich ist das Verdorbene kaum mehr gut zu machen und Holstein wohl kaum noch für den Steuerverein zu gewinnen. Die Elbe wird dies schöne Land auch wohl in dieser Beziehung von Deutschland trennen. Nur eine allgemeine Erhebung deutscher Nation kann es zurücknehmen, aber noch kreisen die Raben um den Kyffhäuser, und der alte Rothbart schläft noch. Dein

Helmuth.

Magdeburg, den 4. Juni 1853.

Lieber Adolf!

Mit wahrer Betrübniß habe ich die Nachricht von dem Tode Deiner armen kleinen Friederike heute erhalten, des guten frommen Kindes. Guste erzählte uns noch, wie sie Dich nach der Eisenbahn begleitet, und jetzt nach dem kurzen Beisammensein in Ratzeburg ist sie Dir und Deiner armen, schwer heimgesuchten Frau und uns Allen entrissen. Gott tröste Euch und behüte die übrigen Kinder, wenn die schreckliche Krankheit so bösartig auftritt. Aber Gott weiß zu erhalten und zu nehmen, und daß nichts ohne seinen Willen geschieht, muß uns trösten, wie schwer auch ein solches Geschick die Eltern betrübt.

Welche aufrichtige Theilnahme Marie und Guste empfinden, brauche ich Dir nicht zu sagen. Sie wollen Beide an Auguste schreiben, ich habe Dir aber doch gleich sagen wollen, wie sehr diese unerwartete Trauerbotschaft uns Alle bekümmert hat. Trost weiß ich nicht zu geben, und den kann auch Niemand Euch gewähren als Euer eigener religiöser Sinn und Euer Gottvertrauen, das durch das Unglück nicht erschüttert, sondern befestigt werden möge. Tröste Euch Gott und helfe Euch über die erste schwere Zeit hinweg. Herzlichst Dein treuer Bruder

Helmuth.

Magdeburg, den 25. Januar 1854.

Lieber Adolf!

Die politischen Verhältnisse sehen kritisch aus. Mir scheint, die deutschen Mächte spielen eine traurige Rolle. Offenbar ist ein neuer Machtanwuchs Rußlands ihnen am allergefährlichsten, und doch überlassen sie den Westmächten, die Kastanien aus dem Feuer zu holen. Man wird uns das nicht vergessen, und unser Ansehen in Europa wird dadurch nicht wachsen. Den Türken scheint es klar geworden zu sein, daß es sich um ihre Religion und staatliche Existenz handelt. Sie schlagen sich über alle Erwartung und sogar offensiv. In der bataille rangée werden sie dennoch unterliegen, aber es wird schwer sein, sie dahin zu bringen. Vor Juni können die großen Operationen dort nicht beginnen. Aber je weniger Chancen Rußland ohne die Herrschaft im Schwarzen Meer hat, je leichter kann der Kampf vielleicht auf einen ganz andern Schauplatz überspringen.

Die nächste Zukunft muß den Entschluß des Kaisers bringen. Nach seinem Charakter zu urtheilen, kann er kaum zweifelhaft sein, obgleich gut unterrichtete Leute an eine friedliche Stimmung glauben wollen. Herzlichst der Deinige.

Helmuth.

Magdeburg, den 6. April 1854.

Lieber Adolf!

Es ist sehr zu wünschen, daß jetzt keine größeren Auszahlungen nöthig werden, der niedrige Cours aller Papiere schadet so lange nichts, als man sie nicht zu verkaufen gezwungen ist. Auch kann diese Krisis nicht lange fortbestehen. Dem Starrsinn des russischen Kaisers ist es fast schon gelungen, ganz Europa unter einen Hut zu bringen. Fährt er so fort, dann kann wirklich die größte Zwangsmaßregel, die Wiederherstellung Polens, in Betracht kommen. Ich glaube nicht an die neuen Friedensvorlagen aus St. Petersburg; es scheint mir der letzte Versuch, die deutschen Mächte, und namentlich Preußen, noch hinüberzuziehen. Aber die Dinge sind schon zu weit gediehen. Die Aufstellung eines bedeutenden Truppenkorps auf unserer Seite ist mir sehr wahrscheinlich, und die Sache muß entweder mit der Zurückweisung Rußlands nach Asien oder — mit einer Theilung der Türkei enden. Die Gleichstellung der Christen mit den Muselmännern ist faktisch die Auflösung des muselmännischen Reiches. Herzlichst der Deinige.

Helmuth.

Magdeburg, den 29. Oktober 1854.

Lieber Adolf!

Was die jetzigen politischen Verhältnisse für Rückwirkung auf die Herzogthümer üben werden, läßt sich noch nicht übersehen. Jedenfalls erkennen die Westmächte den politischen Fehler,

welcher begangen wurde, als eine nur zu Gunsten Rußlands ein=
gerichtete Erbfolge in Dänemark eingesetzt wurde. Man will
wissen, daß für den Preis eines offensiven Beitritts von den
Westmächten an Schweden und Deutschland eine Theilung des
Königreichs in Aussicht gestellt worden sei. Auf solche Fährlich=
keiten lassen wir uns freilich nicht ein. Mir scheint das einzig
denkbar Mögliche eine feste Allianz zwischen Oesterreich, Preußen
und dem Bund, dahin, die Neutralität aufrecht zu erhalten, den
Frieden zu vermitteln oder, wenn dies nicht geht, gewaffnet, sei
es nun gegen Ost oder West, aufzutreten. Sewastopol wird in
wenig Tagen wahrscheinlich fallen. Man wird die Stadt, die
Marine=Etablissements und die Flotte zerstören, sich auf die
nördliche Befestigung gar nicht einlassen, sondern dann abziehen.
Rußland hat dann eine ungeheure moralische Niederlage erlitten
und nicht minder eine materielle. Die Flotte im Schwarzen
Meer ist in 20 Jahren nicht wieder herzustellen, die permanente
Bedrohung Konstantinopels ist beseitigt, der Kaukasus aufs Neue
zum Widerstand gestärkt. Damit werden die Westmächte sich um
so mehr begnügen müssen, als sie ohne Oesterreich und Preußen
kaum andere Erfolge zu erzielen vermögen, gegen ganz Deutsch=
land und Rußland aber schwer anzukämpfen sein wird. Das
nächste Frühjahr muß Entscheidungen bringen. Der Deinige.

Helmuth.

Magdeburg, den 5. März 1855.

Lieber Adolf!

Der Tod des Kaisers*) ist eins von den Ereignissen, wo
man das Walten der Vorsehung mit Augen zu sehen glaubt.
Welche Folge das Ereigniß haben wird, liegt aber noch ganz

---

*) Nikolaus I. starb am 2. März 1855.

im Dunkeln, möglicherweise einen totalen Umschlag der jetzigen Politik. Seine letzten noch vernehmbaren Worte waren zur Kaiserin: „Dites à Fritz, que je compte sur lui pour la Russie et que je lui rappele les dernières paroles de papa!" Der König hat in Erwiderung auf diesen Anruf an Alexander II. telegraphirt und eine entsprechende Antwort erhalten. Die Gesundheit der Kaiserin hat sich erhalten, und die Aufgabe, unter ihren beiden ältesten Söhnen Einigkeit zu erhalten, wird sie länger bewahren. Der Kaiser gehört der gemäßigten deutschen Partei, Nesselrode, Orlow, der Großfürst Constantin der extremen russischen Kriegspartei an. Es ist aber die Frage, ob der verstorbene Kaiser, der Mann wie Keiner in Europa, von dieser Partei nicht schon weiter gedrängt wurde, als er selbst wollte, und ob der neue Monarch ihr wird widerstehen können. Die unwahrscheinliche, doch zur Ausführung gelangende Reise Napoleons nach der Krim deutet auf eine für den Krieg definitiv entschlossene Politik Frankreichs. Die Sachen stehen schlecht in Sewastopol. An einen Sturm glaube ich nicht. Mit aller Bravour kann man nicht eine Wand hinauflaufen. Die Entscheidung im freien Felde ist, aus Mangel an Kavallerie der Alliirten, sehr zweifelhaft, die Folgen einer Niederlage unberechenbar. Herzlich der Deinige.

Helmuth.

Magdeburg, den 4. Juli 1855.

Lieber Adolf!

In der Krim dauert die Menschenschlächterei fort, ohne daß man begreift, welches Resultat dadurch erzielt werden kann. Oesterreich tritt durch seine umfassende Reduktion faktisch auf den Standpunkt der preußischen Neutralität. Gebe Gott ein aufrichtiges Zusammenhalten aller deutschen Mächte. 500 000

Mann, welche bereit sind, Front sowohl gegen Osten als Westen zu machen, sind ein Gewicht, welches vielleicht das Umschlagen in einen allgemeinen europäischen Krieg verhüten wird, dessen erster Akt die Herstellung Polens, die Revolution in Ungarn, Italien und Deutschland sein dürfte.

Ich habe soeben in Begleitung des künftigen Thronerben eine sehr interessante Reise durch die Provinz Preußen gemacht. Das Riesenwerk der Weichselbrücke erregt Erstaunen. Fünf Pfeiler von der Größe einer Dorfkirche tragen ein 40 Fuß hohes Gitterwerk, welches von fern aussieht wie ein Gradier= werk. Die Entfernung der Pfeiler, über welchen die Fahrbahn schwebt, beträgt im Lichten 360 Fuß. Aehnlich ist die Nogat überbrückt. Ueberall findet man noch wohlerhaltene Reste der gewaltigen Herrschaft des deutschen Ritterordens. Ein Schloß wie die wiederhergestellte Marienburg, den Sitz der Hochmeister, giebt es wohl nirgends in der Welt. Fast in allen Städten stehen noch die Ordensschlösser der Landpfleger und Komthure. Dagegen ist die ursprüngliche preußische Bevölkerung vollständig vertilgt oder in der Einwanderung untergegangen. Die Ein= führung des Christenthums durch die polnischen Herzöge dauerte vom Martyrium des heiligen Adalbert bis zur Herbeirufung des deutschen Ordens zweihundert Jahre. Der Orden kämpfte um den Besitz des Landes fünfzig Jahre, und so ist der ursprüng= liche Stamm, seine Sprache und seine Denkmäler bis auf einige Aschenkrüge und Waffen vollständig vertilgt. Die Besitznahme eines Landstriches wurde durch Anlegung einer Burg bezeichnet, unter deren Schutz deutsche Ansiedelungen sich bildeten. Nur zwei Familien, die Kalnein und Perbandt, sind nachweislich preußischen Ursprungs, die Dohna, Lehndorff, Dönhoff, Waldburg u. s. w. sind die Angehörigen der Ritter. In seiner Blüthe war der Orden eine souveräne Macht, seit Siegfried von Feuchtwangen den Sitz der Hochmeister von Venedig nach Marienburg verlegte und die Kniprode, Jungingen, Altenburg und Reuß mit ge=

waltiger Hand, aber auch unter beständigen Kämpfen, die Herrschaft führten. Die Städte, welche nachmals vom Orden abfielen, tragen den Stempel ihres hanseatischen Ursprunges. Danzig ist eine der schönsten Städte, die ich kenne. Es erinnert sehr an Lübeck, aber übertrifft es an Größe, Schönheit und Reichthum. Die Gegend ist reizend, drei- bis fünfhundert Fuß hohe Berge mit dichtem Laubwald, der gewaltige Strom, die üppige Niederung und das Meer vereinen sich zu einer prachtvollen Umgebung. Sehr interessant war auch die Besichtigung des prachtvollen Hauptgestüts Trakehnen und der Remonte-Depots von Jurgaitschen, Neuhof u. s. w. Selten sieht man wohl so viel treffliche Pferde beisammen; in Trakehnen allein über tausend Zuchtstuten und Fohlen. Dein

Helmuth.

Berlin, den 27. Oktober 1855.

Lieber Adolf!

... Meine jetzige Adresse ist: Oberst v. Moltke, erster persönlicher Adjutant Seiner Königlichen Hoheit des Prinzen Friedrich Wilhelm von Preußen, Berlin. Mein junger Prinz ist ein höchst liebenswürdiger, hoffnungsvoller Herr und das ist für meine Stellung allerdings entscheidend. Sonst hätte ich das Hofparquett nicht gesucht; ich trete in manche schwierigen Verhältnisse. Ich werde sehen, wie lange ich das durchführen kann. Die Reise nach Schottland war sehr interessant. Heute Nacht bin ich von Letzlingen zurückgekehrt, wo in zwei Tagen über dreihundert Stück Damwild und über hundert Sauen geschossen sind. Recht bedeutende erste Anschaffungen lagen mir ob, namentlich Pferde, dann eine schwarze, eine rothe, eine graue und eine bunte Toilette für Reisen ins Ausland, Parforcejagd, Treibjagd und Hofgesellschaft. Herzlich der Deinige.

Helmuth.

Berlin, den 12. Dezember 1855.

Lieber Adolf!

Wir wohnen hier in einem Stadttheil,*) von welchem Du wohl nur die ersten Anfänge hast entstehen sehen. Jetzt enthält er mit die schönsten Häuser der Stadt. Dicht bei uns zieht der neue Schifffahrtsgraben, vormals Schafgraben, durch welchen nunmehr der sehr bedeutende Schifffahrtsverkehr stattfindet, welcher früher durch die Stadt ging und die Brücken sperrte. Breite Chausseen mit doppelten Baumreihen begleiten den Kanal und bilden einen sehr angenehmen Reitweg, welcher längs des Thiergartens bis nach Charlottenburg führt. Zum Frühjahr ist das eine große Annehmlichkeit, und die Pferde sind gleich vom Pflaster.

Leider ist die Kriegsfrage auch in diesem Jahre unerledigt geblieben. Die Russen werden die Halbinsel nicht räumen, und es fehlt an einer Basis für Friedensunterhandlungen. Die Alliirten stehen auf dem Taurischen Chersonnes, eng eingeschlossen und gleichsam belagert von den Russen. Ihre Stellung ist sehr stark und schwer zu nehmen, ihre Existenz ist durch den Besitz der Häfen von Balaklawa und Kamiesch gesichert, aber sie können nicht heraus. Nach meiner Ansicht bleibt ihnen nur übrig, zum Frühjahr abermals in Eupatoria zu landen, noch eine Schlacht an der Alma zu gewinnen und diesen Sieg dann zu benutzen, wie sie den ersten zu ihrem großen Nachtheil unbenutzt gelassen haben. Erst wenn sie die Krim haben, werden sie unterhandeln.

Fast scheint es, als ob man einen ernsten Schlag im Finnischen Meer versuchen wollte. Die Russen haben von neun Armeekorps eins in Asien und fünf in der Krim. Von

---

*) Oberst Freiherr H. v. Moltke wohnte damals Schönebergerstraße 9/10.

Finnland bis nach Polen stehen nur drei Korps, außerdem zwar noch viele aber nur neuformirte Truppen (Depot=Bataillone und Druschinen). Die Ausrüstung einer sehr großen Zahl schwimmender Batterien mit äußerst weittragendem Geschütz kann selbst Kronstadt gefährlich werden.

Die letzte Thronrede sprach das Festhalten Preußens an der Neutralität aus. Dein Helmuth.

Berlin, den 12. Dezember 1857.

Lieber Adolf!

Der Stand unserer Finanzen und des Krebits spricht sich in dem unerschütterten Kurs aller Staatspapiere aus. Es war im Staatsministerium berathen, der Stadt Hamburg vier Millionen anzubieten. Wegen Verantwortlichkeit vor den Kammern zögerte man einen Augenblick, und nun — borgt Oesterreich, dasselbe Oesterreich, welches seine Eisenbahnen verkauft und die Armee reduzirt, um sein jährliches Defizit zu decken! So lassen wir uns in Deutschland überflügeln.

Die Dänen stoßen in diesem Augenblick auf eine unglückliche Konjunktur. Die fremden Mächte scheinen nicht Lust zu haben, für sie einzustehen, und wenn Oesterreich und Preußen diesmal vereint handeln, so werden jene klug thun, einzulenken. Doch regiert wohl nicht gerade die Staatsklugheit in Kopenhagen, sondern Parteileidenschaft. Dein

Helmuth.

Berlin, den 19. Dezember 1857.

Lieber Adolf!

Hinsichtlich Holsteins möchte ich glauben, daß man sich doch zu wirklichen Zugeständnissen wird bequemen müssen. Oesterreich und Preußen, mithin der Bund, gehen in der Sache dies=

mal zusammen, und die augenblickliche politische Lage würde
gegen wirkliche Exekutivmaßregeln deutscherseits kaum auf den
Beistand fremder Mächte hoffen lassen. Selbst England scheint
hinsichtlich dieser Frage aus seiner völligen Verblendung zurück-
gekommen zu sein. Dennoch ist die Partei, die in Kopenhagen
am Ruder ist, stark, populär und rücksichtslos, man kann also
nicht wissen, was noch daraus wird.

Mit der österreichischen Geldhülfe an Hamburg hängt es so
zusammen. Dort gilt der Zwangskurs aller Staatspapiere, das
Metall liegt also vollkommen müßig in der Bank, und es ist
ein ganz annehmbares Geschäft, davon 600 000 Gulden Zinsen
im Laufe eines Jahres zu ziehen. Der Kredit der österreichischen
Papiere wird dadurch freilich nicht gewinnen. Bei uns dagegen
muß die Bank ein Drittel des Werthes ihrer in Umlauf ge-
setzten Papiere in Silber nachweisen. Für vier Millionen
Komptanten, die nach Hamburg gebracht worden wären, hätten
zwölf Millionen Papier aus der Cirkulation zurückgezogen
werden müssen, was bei der auch auf Preußen stark nach-
wirkenden Krisis bedenklich erschien. — Für Hamburg ist das
Geschäft immer ein mißliches. Es fragt sich, ob die Schwindel-
geschäfte nicht so ausgedehnt sind, daß selbst diese Anleihe noch
nicht ausreicht. Hamburg hat, ich glaube 1854, noch 300 Millionen
Ex- und Import, 1856 600 Millionen Verkehr nachgewiesen.
Die Verluste, die bei dem Ausleihen von 10 Millionen eintreten können, fallen natürlich dem Senat nebst den Zinsen zur
Last und müssen von den Steuerpflichtigen getragen werden.
Der Hamburger Nichtkaufmann wird also zahlen müssen, damit
seine großen Handelsherren vielleicht vorm Bankerott geschützt
werden. Die gute Folge der großen Geldkrisis ist das allgemeine
Herabsinken aller Preise, welches sich schon jetzt fühlbar macht
und hoffentlich andauern wird. Die Waare Geld ist im Preise
gestiegen, und da sie eine gegebene Größe, die sich nicht will-
kürlich vermehren läßt (das Surrogat hat sich eben als nicht

geeignet gezeigt), so kauft man für dasselbe Geld mehr Bedürfnisse. Freilich kommt die gute Ernte hinzu. Der Roggen, welcher 56, auch 60 u. s. w. stand, kostet heute 38.

Eine wirklich fortschreitende Besserung in dem Befinden des Königs ist außer Zweifel. Die Vermählung des jungen Prinzen Friedrich Wilhelm, den ich vielleicht noch nach England begleiten werde, ist auf den 25. Januar künftigen Jahres verlegt, damit möglicherweise der Prinz von Preußen zur Hochzeit kommen kann. Mit Gewißheit läßt sich freilich noch keineswegs übersehen, ob wirklich der König dann schon im Stande sein wird, die Regierung mit allen ihren Lasten, ihrer Aufregung und Unruhe wieder antreten zu können. Ich habe den Herrn seit dem Morgen seiner Erkrankung am 7. November nicht mehr gesehen. Faktisch hat man bisher alle Geschäfte von ihm fern gehalten, doch hat er viele der ihm nahe stehenden Personen gesehen, den Tod des Generals Reyher, des Bildhauers Rauch, und was sonst während seiner Krankheit vorgefallen, erfahren. Er beschäftigt sich vornehmlich mit Bauplänen, seinen Lieblingsstudien. Stüler, Humboldt, Groeben, Dohna, Kleist und Andere haben ihn gesehen, Letzterer sagte mir, daß er ihn wenig verändert gefunden.

Unendlich schwierig ist die Aufgabe des Prinzen von Preußen, der mit den ihm überkommenen Organen im Sinne der bisherigen Grundsätze fortzuregieren und sonach seine eigenen Grundsätze vielleicht in manchen Richtungen hintanzusetzen hat. Die Selbstverleugnung und der Takt, welche er dabei zeigt, finden die allgemeinste Anerkennung, aber die Frische eines neuen Regierungsantritts ist dabei verloren gegangen. Ein Definitivum ist gewiß sehr wünschenswerth, aber wenn der König unter der unendlich liebevollen und klugen Pflege der Königin nicht vollständig geneset, eine möglichst heikle Angelegenheit.

Was mich betrifft, so bin ich nach dem Tode meines hochverehrten Vorgängers „beauftragt mit Wahrnehmung der Geschäfte des Chefs des Generalstabes der Armee". Da dies eigentlich

die Stellung eines Divisionsgenerals ist und ich erst General=
major bin, so kann die Ernennung nur eine provisorische sein,
auch trage ich noch den Scharlachkragen, und sind meine Kom=
petenzen 800 Thaler geringer, als für die Stelle im Etat aus=
geworfen sind. Sonst aber habe ich die ganzen Funktionen und
Gerechtsame des Chefs, die Dienstwohnung, die Disziplinar=
gewalt u. s. w. Meine Truppe besteht nur aus 64 Mann,
darunter 50 Stabsoffiziere, nämlich dem sogenannten großen,
thatsächlich sehr kleinen, Generalstab und den Generalstäben der
neun Armeekorps und achtzehn Divisionen. Meine Finanzen
bestehen aus einem Dispositionsfonds von 26 000 Thalern, über
den ich frei verfüge, aus welchem ich aber die trigonometrische
und topographische Landesvermessung zu bestreiten habe, zu
welchem Zwecke ich ein Hülfskorps von dreißig Offizieren aus
der Armee kommandire, dann 10 000 Thaler Reisefonds. Ich
habe in dieser ersten Zeit allerdings viel zu thun gehabt, um
mich erst einigermaßen zu orientiren in sachlicher wie in personeller
Hinsicht. Gerade das letztere ist von großer Wichtigkeit, nicht
allein für das Korps selbst, sondern wesentlich für die Armee.
Der Deinige.

Helmuth.

Ohne Datum. Juli 1859.

Lieber Adolf!

Der Friede ist also geschlossen zwischen den beiden katho=
lischen Kaisern. Das Kurze von der Sache ist, daß Oesterreich
lieber die Lombardei dran giebt, als daß es Preußen an der
Spitze von Deutschland sehen will.

In der That war Deutschland sehr nahe daran, das gefähr=
liche Präzedens einer wirklichen Einigung zu geben. Die revo=
lutionäre Despotie und der reaktionäre Konservatismus haben

ein gleiches Interesse, dem vorzubeugen. Der 2. Dezember opferte sein Programm, Franz Joseph eine Provinz, um einen italienischen nach dem Muster des deutschen Bundes herzustellen in dem Augenblick, wo die Ueberzeugung lebhafter als je geworden, daß der deutsche Bund im Frieden ein Hemmniß, im Kriege eine Gefahr ist. Ob der italienische Bund etwas Anderes ist als die Offenlassung der ganzen Frage, mag die Zukunft entscheiden. Oesterreichs Kaiser als Mitglied zweier solcher Bünde kann in seltsame Verwickelung gerathen.

Deutschland, das unglückliche Deutschland, hat der Welt das jammervolle Schauspiel gezeigt, daß die Sonderinteressen selbst das kräftig erwachte Nationalgefühl überwiegen. An wem liegt die Schuld?

Hätte Oesterreich uns als Bundesgenossen haben wollen, es hätte uns längst gehabt. Es wollte uns als Vasallen, ohne Bedingung, ohne Gegenleistung; ohne Sicherheit, daß es nicht an dem Tage den Frieden schloß, an dem wir den Krieg erklärten.

Was Wunder, wenn man geltend machte, daß wir nicht für die Mißregierung in Italien, für Konkordat und Polizei= system einen Krieg anfangen könnten, der nothwendig mit einem Angriff der Franzosen in Frankreich beginnen müßte. Was sollte man dem Volk sagen, wofür dieser Krieg geführt würde? Rief man doch nicht das Heer, nein, das Volk von Frankreich auf den Kampfplatz. Waren wir, war Deutschland doch in keiner Weise angegriffen oder bedroht. Nicht einmal ein Obser= vationskorps war gegen uns aufgestellt. Konnte man im Kriegs= manifest etwas Anderes sagen, als daß der Krieg für eine künftige mögliche Gefahr geführt werde, ein Krieg gegen die nachhaltigen Kräfte des mächtigsten Staates der Welt, der unsere Existenz bedroht? Die Haltung Preußens und Deutschlands machte es ja möglich, daß Oesterreich, welches am Bundestag die Bereit= schaft seiner Bundeshülfe über seine Verpflichtung hinaus an=

zeigte, bereits mit seinem ganzen Heere in Italien stand. Konnte es damit seine italienischen Interessen nicht selbst vertheidigen? Außer dem halben XII. Korps in Galizien, den beiden Kavallerie-korps und den immobilen Truppen war Alles in Italien konzentrirt, für Deutschland war faktisch nichts mehr übrig. Dabei die hochfahrende Sprache der Diplomatie und die Erinnerung an Olmütz.

Aber die entgegengesetzte Ansicht ist nicht ohne Vertreter geblieben. Preußens Existenz ist bei jedem Krieg gegen seinen großen Nachbarn gefährdet. Wir haben keine Verbündeten. England hat kein Heer, und Rußlands Heer steht 400 Meilen hinter unserer Rheingrenze. Die russische Hülfe kommt, wenn wir fertig sind. Kein Verbündeter kann uns den Dienst leisten, den Oesterreich leistet (nicht aus Liebe zu uns), daß er 200 000 Franzosen auf einem 100 Meilen entfernten Kriegsschauplatz fixirt. Nicht für Oesterreich, sondern mit ihm, rein für unsere Interessen wollen wir Krieg führen. Rußland ist weniger als je früher und vielleicht als je später im Stande, uns dabei zu stören. England, welches nothwendig eine starke Kontinentalmacht braucht, wird sich erklären, sobald wir handeln.

Zwischen diesen Ansichten war die Wahl zu treffen. Eine schwere Wahl. Sie war getroffen. Die Mobilmachung von sechs Korps war befohlen, der Befehl zur Mobilmachung der übrigen drei Korps lag fertig. Der Eisenbahntransport war vollständig vorbereitet, die Truppen befanden sich im Marsch zu den Einschiffungspunkten. Der Transport mußte am 15. dieses Monats beginnen. Das Betriebsmaterial war von allen Bahnen der Monarchie auf den drei Linien zusammengebracht. Wer die preußische Heeres- und Landwehreinrichtung kennt, weiß, daß wir mit diesem Material nicht zuwarten können, daß die Versammlung unausbleiblich sofort zur Aktion führen muß.

Nicht die Schlacht von Solferino, nicht selbst der Waffenstillstand hat irgend etwas in dem Gange geändert, den die preußische Regierung eingeschlagen. Fürst Windischgrätz versicherte am 8. Juli, daß der Kaiser keinen Fußbreit Land, nein, nicht eine Gerechtsame in Italien opfern würde, und am 7. schon war der Waffenstillstand „behufs Verhandlungen" geschlossen.

Oesterreich hat jedenfalls die Ueberzeugung gehabt, daß Preußen zum Krieg entschlossen, daß das Vorgehen von 400 000 Deutschen den Kaiser Napoleon zwinge, einen bedeutenden Theil seiner italienischen Armee nach Frankreich zu ziehen, daß es also seine Lombardei und Piemont dazu erobern könne — aber es kannte auch den Antrag an den Bund vom 4. Juli*) und — schloß den Frieden.

Ein großer Moment für Preußen ist versäumt. Wir konnten noch vor vier Wochen an die Spitze von Deutschland treten. Sehr bezeichnend ist bemerkt worden, daß Preußen das, was die natürlichen Konsequenzen des Handelns gewesen wären, als Bedingung zum Handeln aufgestellt habe. Eine Gefahr war damit verbunden, aber ohne Gefahr machen sich keine weltgeschichtlichen Umformungen.

Jetzt stehen wir auf uns selbst allein angewiesen, und die Ueberzeugung habe ich, daß wir uns auf die kommenden Ereignisse mit aller Sorgfalt und Kraft vorbereiten werden. — Aber daß unsere Lage demnächst eine politisch und militärisch günstigere sein wird, als in dem jetzt geschlossenen Abschnitt der Begebenheiten, daran zweifle ich.

Ein kühner Entschluß wird nur durch einen Mann gefaßt.

In einer berathenden Versammlung wird stets das Für und Wider mit so guten und unwiderlegbaren Gründen belegt, daß Eines das Andere aufhebt. Der positive Vorschlag hat die unzweifelhaftesten Bedenken gegen sich, die Negation bleibt im Recht, und Alles vereinigt sich auf dem neutralen Boden des Nichts-

---

*) Am 4. Juli stellte der preußische Gesandte den Antrag beim Bundestage, daß seinem König der Oberbefehl über die deutschen Bundes-Armeekorps für den bevorstehenden Krieg übertragen werde.

thuns. Es gehört eben ein Friedrich der Große dazu, um sich nirgends Rath zu holen und Alles aus sich selbst zu wollen.

Bis die preußische Frage studirt werden wird, ist nun gegen alle Wahrscheinlichkeit eine Pause der Ruhe eingetreten, und ich hoffe, im nächsten Monat eine mir recht nöthige Kur in Gastein anzutreten. Marie geht natürlich mit. Nachher, im September, wollen wir dann eine kleine Reise im hohen Alpengebirge machen. Der Deinige.

Helmuth.

———

Berlin, den 2. Januar 1860.

Lieber Adolf!

Mir geht es ganz erträglich, ich habe aber als Vorsitzender der Küstenbefestigungs-Kommission gerade jetzt viel Arbeit, da die Abgeordneten der Küstenstaaten zum 9. dieses Monats hierher eingeladen sind. Ob Hannover kommt, ist freilich sehr zweifelhaft und damit der Ausführung die größte Schwierigkeit bereitet.

Mit einiger Spannung sieht man dem Zusammentritt der Häuser zum 12. dieses Monats entgegen. Die Grundsteuer-Regulirung und die Militärreform sind Gesetzesvorlagen von tiefgreifendster Bedeutung. Herzlich der Deinige.

Helmuth.

———

Berlin, den 19. Dezember 1861.

Lieber Adolf!

Aus dem langweiligen Europa weiß ich nichts Neues zu melden. Jemand, der sich sehr theilnehmend nach Dir erkundigt, ist der Graf Rantzau, früher Klosterprobst in Uetersen, der hierher übersiedelt und eine Anstellung in unseren auswärtigen Angelegenheiten übernommen hat. Vor mir liegen die Auf=

zeichnungen des Prinzen von Nöer. Ich habe sie noch nicht gelesen, sie sind mit allgemeiner Mißbilligung in ganz Deutschland aufgenommen worden. Mit der Armee-Reduktion in Frankreich ist es nichts, Herr Fould mag sehen, wo er das Geld herbekommt. Die allgemeine Bewaffnung dauert fort. Unsere Wahlen sind sehr schlecht ausgefallen; sehr möglich, daß Waldeck Präsident des Abgeordnetenhauses wird. Die Landboten, welche nicht einsehen, daß ganz allein Preußen zur Zeit den Bestand der Ordnung in Europa gegen Frankreichs Uebermacht hält, werden auf Verminderung des Präsenzstandes der Armee dringen, was abgeschlagen wird und die Auflösung der Kammer nach sich ziehen kann. England steht am Rande des Krieges gegen die Yankees, und Rußland befindet sich in einer furchtbaren inneren Krisis mit einem mißvergnügten, beraubten Adel und einem plötzlich befreiten, nicht zu belehrenden Volk. In Ungarn wenden die Dinge sich zum Bessern, der Rausch fängt an zu verrauchen, aber die Finanzen und Benetien legen auf lange jede Aktion nach außen lahm. Dein Bruder

Helmuth.

London, den 22. Dezember 1861.

Lieber Adolf!

Ich habe Dein Schreiben vom 30. vorigen Monats zwar sogleich von Berlin aus beantwortet, aber da die Post nur einmal, und zwar übermorgen, nach Madeira geht, so fürchte ich, daß Du meine erste Mittheilung mit dieser zweiten zugleich erhalten wirst. Nach dem Postcursbuch trifft der steamer gerade zum 1. Januar künftigen Jahres auf Deiner Insel ein, und so wünsche ich Dir denn von Herzen ein frohes, neues und gesundes Jahr. Gewiß bringt dieselbe Post Dir auch einen Brief von Guste mit guten Nachrichten aus Rantzau, dem besten Neujahrsgeschenk für Dich und Deine Frau. Den Weihnachtsabend werdet Ihr mit Euren Gedanken wohl bei den Kindern sein, welchen diesmal nur die Großmutter bescheert.

Der plötzliche und ganz unerwartete Hintritt des Prinzen Albert hat mich ebenso unerwartet einmal wieder nach England geführt. Der Kronprinz hat gewünscht, daß ich ihn begleite, und morgen Montag, den 23., findet die feierliche Beisetzung der Leiche des Royal Consort in der St. Georgskapelle von Windsor statt. Die ganze Feierlichkeit dauert nur zwei Stunden und bewegt sich innerhalb des weiten Umfangs dieser prachtvollen Königsburg über den Hof von einem Flügel zum andern. Alle Leidtragenden und ihr Gefolge im schwarzen Frack, übrigens mit der alterthümlichen Pracht und Förmlichkeit. Um 10 geht der Expreßtrain von hier nach Windsor und um 2 Uhr kehrt er zurück, um 7 Uhr sind wir in Dover, schaukeln die Nacht auf dem Kanal, rollen am Weihnachtsabend durch Köln und treffen am 25. früh wieder in Berlin ein.

Die Königin ist nach Osborne gebracht worden und wird auch bei der Beisetzung nicht zugegen sein. Sie war bekanntlich schon bei dem Tode ihrer betagten Mutter so ergriffen, daß sie der Außenwelt abgestorben schien. Wie sie diesen Schicksals= schlag ertragen wird, weiß man noch nicht. Der Prinz, ein schöner, verständiger, besonnener Herr, ist nur 42 Jahre alt geworden. Das Familienleben war anerkanntermaßen ein Muster für alle Verhältnisse, und in so hohen doppelt erfreulich. Jetzt muß die Königin ohne diese Stütze den schweren Entschluß über Krieg und Frieden fassen, dazu kommt noch, daß Lord Palmerston krank sein soll. — Wie unpolitisch für Amerika ein Krieg gegen England auch erscheinen muß, ich zweifle, daß die dortige Re= gierung die Kraft hat, dem demokratischen Geschrei gegenüber Mr. Slidell u. s. w.*) herauszugeben. Und das fordert England,

---

*) Mr. Slidell und Mason, die konföderirten Bevollmächtigten, waren durch das amerikanische Kriegsschiff „San Jacinto" gewaltsam von Bord des englischen Postdampfers „Trent" weggenommen worden, während dieser auf der Fahrt von Havannah nach St. Thomas war.

nichts mehr und nichts weniger. Jedes Andere ist der Krieg, und seine Folgen unberechenbar. Würden die Entschlüsse in New-York durch Politik bestimmt, so könnte man nun denken, daß die Republik für den wohl unvermeidlichen Verlust des Südens sich in Kanada entschädigen will. Neue Truppenverstärkungen gehen in diesen Tagen dorthin ab. — Auch für uns in Preußen ist die Sache ernst genug. Zu einer Zeit, wo Rußland und Oesterreich durch innere Verhältnisse lahm gelegt, England in einem überseeischen Krieg begriffen ist, hat Frankreich, um in Europa zu schalten und walten, eben nur allein Preußen sich gegenüber. — Vielleicht, daß gerade die Nothwendigkeit, so folgenschwere Beschlüsse zu fassen, die britische Königin aus ihrem tiefen Kummer aufzurütteln vermag.

Hier in London haben wir bei ununterbrochenem Nebel und etwa vier Grad Wärme einen schneidenden Ostwind, der auf dieser Insel auch wenig angenehmer zu sein scheint als auf dem Kontinent. Bei allem gerühmten Komfort hat man doch nirgends ein warmes Zimmer. Eine konstante Temperatur von fünfzehn Grad vom Morgen bis auf den Abend ist zwischen Schiebefenster und Kamin unmöglich. Obwohl ich den luncheon überschlage, so bin ich von der schweren Kost schon auf 14 Tage im Voraus satt und ganz zufrieden, daß der Aufenthalt überhaupt nur vier Tage dauert. Heute Sonntag herrscht ohnehin die offizielle Langeweile, und ich werde mich darauf beschränken, Westminster-Abbey aufzusuchen und das Parlamentsgebäude von außen anzusehen.

Gestern war ich in Sydenham; es thut mir leid, daß Du den Krystallpalast nicht besucht hast, er ist wirklich merkwürdiger, als man denkt, und enthält namentlich für Architektonik Stilproben, wie man sie nirgends sonst versammelt sieht. Man müßte nach Nürnberg und York, nach Granada, Aegypten, Griechenland und Aethiopien reisen, um zu sehen, was man hier unter einem Dach vereinigt hat. Aber was hilft alle Landschaft ohne blauen Himmel! Die ödeste Heidegegend ist schöner bei einem rosigen Sonnenuntergang als Wight bei Nebel; und das ist das Geheimniß des Reizes der Campagna von Rom, die eigentlich an sich nicht viel schöner ist als das Torfmoor bei Uetersen. — Deine Beschreibungen von Madeira haben bei Marie und mir die ganze Sehnsucht nach dem Süden wachgerufen. — Veder Napoli e poi morire, sagt man, und wirklich liegt etwas Wahres in dem Ausspruch, daß, wer Italien gesehen, nie ganz unglücklich werden könne. Wenigstens vermag man selbst an einem trüben Sonntag in London sich in die Scenerie von Fels und Meer im tropischen Farbenglanz hineinzudenken, die Euch jetzt umgiebt. Und doch denkt Ihr vielleicht sehnsuchtsvoll nach dem grauen Norden, denn schließlich sind es doch die Menschen und nicht die Gegend, welche die Hauptsache sind.

Dein Bruder

Helmuth.

Berlin, den 19. März 1862.

Lieber Adolf!

Dein Schreiben vom 3. dieses Monats traf am 16. hier ein. Die Verbindung mit der zwischen 600 und 700 Meilen entfernten Insel ist doch sicher und schnell, indem der Brief im mittleren Durchschnitt 50 Meilen den Tag zurücklegt; sie ist freilich nur selten. Bei dem unglaublichen Mangel einer Verbindung mit dem portugiesischen Mutterland wirst Du dann freilich noch ein ganzes Stück längs des Meridians 0 von Ferro hinaufmüssen und dem Aequator auf $^1/_3$ seiner Entfernung vom Pol bis fast zum Wendekreis des Krebses nahekommen, wobei die große Nähe der Tropen und der Wüste Sahara sich im April schon recht fühlbar machen dürfte. Indeß wird das Meer temperiren, und die kanarische Insel mag an sich sehr interessant sein. Ein paar Tage wirst Du dort wohl auf den steamer warten müssen. Dein Brief traf gerade am Tage nach der Abreise von Guste, Ernestine und Friederike hier ein, wir lasen ihn in aller Eile und schickten ihn nach, daher erinnere ich mich nicht genau, ob Du erst nach Cabix mußt, oder, wie ich glaube, direkt nach Gibraltar gehst. Das Letztere wäre vorzuziehen, und ich freue mich schon auf Euer Einlaufen zwischen die Säulen des Herkules: rechts in dunkler Ferne das Atlas-Gebirge, links die flache Küste Europas, aus welcher sich der mächtige Fels von Gibraltar erhebt. Dieser Gebel-al-tarik, der Berg des Tarif, des omajadischen Kalifen, zeigt gegen Westen die lachende Stadt mit grünen Bäumen und Gärten, gegen die öde Sandenge nach Norden starren aus den Felsgalerien die Feuerschlünde, welche Albion dem rechtgläubigen Spanien zukehrt; gegen Osten aber stürzt der Berg mehrere tausend Fuß senkrecht, völlig unersteiglich, meist ohne einen grünen Halm und grausig schön in die tiefblaue, hier in fast unergründlicher Tiefe der Atlantis zuströmende, Flut. Auf diesem Felsen behaupteten sich noch die Saracenen, als christliche Unduldsamkeit ein in der Kultur ganz Europa vorgeschrittenes Volk von mehreren Millionen vertrieb und, sich selbst die tiefste Wunde schlagend, in Unwissenheit, Trägheit und Inquisition versank. Die Araber nahmen die Schlüssel ihrer Wohnungen mit sich; ihre wunderschönen Lieder besingen noch heute das Thal von Granada und die Pracht von Sevilla, und sie hegen die feste Zuversicht, daß Allah sie einst dorthin zurückführen wird.

Du wirst ein deutliches Bild von dem häuslichen Leben dieses merkwürdigen Volkes in Sevilla erhalten, wenn Du dort in das Innere einiger der Höfe eintrittst, der Alcazar zeigt ihre Pracht trotz der Hinzufügungen der Löwen von Leon, des Thurmes von Castilien und der Ausbauten Carls V.

... Sehr viel leichter, weil ganz zur Eisenbahn, möchte

von Marseille aus ein Ausflug nach Arles, Nimes und Avignon sein, um eine Idee von dem Charakter der Provence zu bekommen und die bedeutenden römischen Bauten zu sehen. Wenn, wie ich glaube, die Dampfschiffe zwischen Toulon und Genua Nizza nicht berühren, so würde ich rathen, zu Lande nach Nizza zu gehen und jedenfalls die Corniche nicht auszulassen. Ein Vetturino mit einem zweiräberigen Calescino ist bis Voltri zu miethen, mit dem indeß in Gegenwart des Wirths ein bestimmter Akkord zu treffen ist. In der Regel übernimmt der Mann auch die Beköstigung, wobei man ganz gut fährt. Die Caparra, das Handgeld, welches der Fuhrmann dem Reisenden zahlt, ist jedenfalls zu fordern. Noch schöner ist die Riviera di Levante, die Küste von Genua bis Lucca, wenigstens bis La Spezzia (Porto Venere). Bei der weiteren Richtung hängt es von Zeit, Wetter und Geldbeutel ab, wo Du links umbiegen mußt.

Die „identischen Noten" aller deutschen Kabinette gegen Preußen werden wohl schon bis Madeira gedrungen sein. Dennoch ist gerade jetzt eine Verständigung zwischen hier und Wien in der hessischen Frage erzielt, in welcher zwar das Wahlgesetz nicht berührt, sonst aber doch Oesterreich der diesseitigen Anschauung nicht ohne Aufopferung seines früheren Standpunktes beigetreten ist. Der Kurfürst scheint indeß nicht übel Lust zu haben, es selbst auf eine Bundesexekution ankommen zu lassen.

Schlimmer steht die Sache mit Dänemark, welches mit dem Rumpf-Reichstag, aus dem noch die beiden deutschen Abgeordneten ausgestoßen, ganz einfach bis zur Eider regiert. Es wird schließlich doch zum Bruch kommen müssen, so ungern man daran geht. Es ist offener Hohn.

Dabei haben wir soeben eine Ministerkrisis gehabt. Die liberale Partei, welche ausdrücklich erklärt hatte, die liberalen Minister stürzen zu wollen, hat in einer Rechnunglegungsfrage den liberalsten Minister v. Patow derart angegriffen, daß dieser seine Entlassung einreichte. Statt sie zu acceptiren, löste die

Krone das Abgeordnetenhaus auf und vertagte das Herrenhaus. Wie es scheint, bestanden indeß vier der Minister auf ihrer Entlassung oder auf Genehmigung eines Regierungsprogramms, mit welchem wieder die drei übrigen Minister sich nicht einverstanden erklärten. Wir hatten daher neben der Kammerauflösung noch die Ministerkrisis. Patom, Bernuth, Auerswald und Pückler sind ausgetreten, von der Heydt, Roon und Bernstorff geblieben, Prinz Hohenlohe (Präsident des Herrenhauses), Graf Lippe, v. Jagow, Graf Itzenplitz und Mühler eingetreten.

Welchen Weg nun dies neue Ministerium einschlagen wird, weiß im Publikum noch Niemand. Wahrscheinlich ist es eine Schattirung weiter rechts. Fragt sich, ob die neu zu wählende Kammer nicht eine Schattirung weiter links sein wird. Herzlich der Deinige.

Helmuth.

Berlin, den 15. Dezember 1862.

Lieber Adolf!

Heute erhielt ich von Frau v. Krohn eine für mich bestimmte Einlage Deiner Frau, leider ohne Datum, gegen das die Damen in der Regel eine Abneigung haben, für welche Mittheilung ich aber meinen besten Dank sage und aus der wir mit großer Freude erfahren, daß der Aufenthalt auf der Zauberinsel in der Atlantis eine fortdauernd gute Einwirkung auf Euer Befinden übt.

Je mehr nun das Klima von Madeira Dir zusagt, um so wünschenswerther erscheint es, dort möglichst lange zu verweilen. Indem man in diesem Naturpalast ein paar Etagen höher zieht, kann man sich ja vor der lästigen Hitze einigermaßen schützen, wobei freilich die Fischerei etwas erschwert werden wird. Ein

Offizier, der seine brustkranke Frau nach Italien brachte, hat in Verona vier Grad Kälte getroffen, und das bei unheizbaren Zimmern. In Paris läuft der Kaiser mit seiner Gemahlin Schlittschuh, und in Cannes wird daher wohl auch ungefähr die Temperatur der unheizbaren Winterlandschaft walten.

Aber nach der bereits früher ausgesprochenen Ansicht unserer Aerzte genügt selbst ein sechsmonatlicher Aufenthalt auch in den Tropen noch nicht, um ein bereits eingewurzeltes Uebel wirklich zu heilen, wie sehr er dessen Wirkung auch zu lindern vermag. Es wäre daher doch die Frage ins Auge zu fassen, ob Du Deine Anwesenheit auf Madeira nicht um noch ein volles Jahr zu verlängern hättest. Um den erforderlichen Urlaub herbei= zuführen und die nöthigen Anordnungen in Rantzau zu treffen, wo die Dinge ja ihren geregelten Gang gehen, ist jetzt noch Zeit. Da die so bedeutenden Reisekosten bei dem längeren Aufenthalt nicht in Ansatz kommen, so würden 200 Thaler monatlich wohl vielleicht ausreichen.

Wenn Du dann im Frühjahr 1863 hoffentlich gründlich geheilt zurückkehrst, wirst Du Dein Amt gewiß in geordnetem Zustande vorfinden und es mit neuen Kräften wieder übernehmen. Mit gestärkter Gesundheit kannst Du dann auch ein paar Monate auf der Rückreise verweilen und sie dazu benutzen, die inter= essanten Gegenden des europäischen Südens zu besuchen.

Der Gedanke einer so langen Abwesenheit darf nicht er= schrecken. Mir scheint die Sache wirklich keinen so großen Bedenken zu unterliegen. Die Kinder sind unter so guter Obhut wie möglich, die Regierung kann, wenn für Deine Stellvertretung gesorgt ist, den Urlaub kaum verweigern. Jedenfalls bitte ich Dich, die Sache in reifliche Erwägung zu ziehen, und wenn Du Dich damit befreunden kannst, Deine Schritte ohne Zögerung zu thun.

Hier weht seit mehreren Tagen ein schneidender Ostwind, der selbst einer ganz gesunden Lunge weh thut, sonst haben wir nur sechs bis sieben Grad Kälte und leider gar keinen Schnee. Nach Wochen haben wir heute die Sonne wieder gesehen. Die Spirallinie ihrer Bahn hat sich doch schon so weit gehoben, daß sie über die jenseitigen Dächer in meine schöne, gegen Süden gelehrte Wohnung während der Mittagsstunden hineinscheint und auch schon fühlbar erwärmt. Ich begrüße diesen Uebergang zum Sommer stets mit Freude. Denn man lebt doch eigentlich nur im Sommer und zwar nur des Abends, wenn man spazieren reitet. Mir ist alle Kälte antipathisch, ganz besonders in den Stuben.

Gestern haben wir in der kalten Schloßkapelle und in dem kalten Weißen Saale die Kammern eröffnet. Man sah wunderbare Erscheinungen, viele sehr junge Leute und bedenklich schwarze Bärte, einige Bassermannsche Gestalten. Das sind die Männer, von denen das „Volk" erwartet, daß sie das Land besser als der König regieren werden. Man vermuthet, daß die Reformatoren doch anfangs sehr vorsichtig auftreten und den Bogen nicht allzu straff spannen werden.

Herzlich Dein Bruder

Helmuth.

Berlin, den 20. Januar 1864.

Lieber Adolf!

... Wir sind Alle erfreut, daß Du Dich während der dreiwöchentlichen, unausgesetzten, grausamen Kälte gesund erhalten hast. Heute ist bei uns Thauwetter bei Westwind eingetreten, und so antipathisch die Kälte meiner im Süden etwas verweichlichten Natur ist, so bitte ich Gott, daß es nur noch 14 Tage frieren möge, damit der unglückliche deutsche Konflikt, in dem wir mal drin sind, nun auch schnell und radikal gelöst werde. — Die Truppen werden bei dem langsamen Transport auszustehen haben, doch ist so viel wie möglich durch Decken und Warmbier für sie gesorgt.

Die deutschen Angelegenheiten sind wirklich, als wenn man in ein Narrenhaus kommt. Es waren die tollsten Geschichten zu befürchten, und mußten Maßregeln dagegen getroffen werden. Wie weit Demagogie, Schwäche und Anmaßung noch jetzt führen können, ist gar nicht zu wissen. Doch ist für jetzt durch Zusammengehen von Oesterreich und Preußen nicht nur in der deutschen Sache, sondern auch in ihren Konsequenzen die Hauptgefahr beseitigt.

Ich sitze so in der Arbeit, daß ich für heute nur die herzlichsten Grüße an Dich und die Deinen hinzufüge.

Helmuth.

Berlin, den 29. Januar 1864.

Lieber Adolf!

... Nach meiner Rechnung müßten heut über acht Tage schon die ernsten Würfel fallen. Bekommen wir noch Frost, so wird die Sache ohne zu große Opfer abgehen, und dann ist es auch wahrscheinlich, daß eine wirkliche Erledigung der Sache Dänemark gegenüber erreicht wird. Dann ist sie aber noch mit Klein-Deutschland abzumachen, was bunt genug werden kann.

Preußen und Oesterreich gehen vorerst innerhalb der Verträge vor, um, wenn es möglich ist, eine europäische Konflagration zu vermeiden. Dabei kann ein Zusammenstoß mit den Dänen kaum noch ausbleiben (es sei denn, daß sie noch jetzt mit Preisgebung ihres ganzen Materials sich auf ihre Inseln zurückzögen, was von Allem das Unerwünschteste wäre). Es bleibt nach gefallener Entscheidung übrig, Dänemark die Personalunion zu bieten, dagegen alle Rechte der Herzogthümer zu fordern, mindestens ihre volle Selbstständigkeit, und für die etwa nicht zu erreichende Zusammengehörigkeit materielle Garantie durch Besetzung eines festen Punktes, durch ständige Bundesgarnison, endlich Kriegskosten ꝛc.

Sicher wird sich Rußland gegen den Herzog erklären, und nie, so lange dieses Reich in Europa existirt, ist es, trotz der polnischen Insurrektion, oder vielmehr wegen derselben, in der Lage gewesen, so unmittelbar sogleich ein solches Gewicht in die politische Wagschale zu werfen wie eben jetzt. Dann wäre die Konfusion in Deutschland vollständig, und die drei nordischen Mächte könnten gegen Süddeutschland und Frankreich zu Felde ziehen. Kurz, über die nächsten Wochen sieht vielleicht jetzt kein Staatsmann hinaus, viel weniger ich. Ich hoffe, ein Sieg wird Vieles im Aeußern und Innern besser gestalten.

Vorerst wird doch auch in Holstein die gesetzliche Ordnung einen Halt selbst in dem bloßen Durchzug einer so bedeutenden Truppenmacht finden, wie die preußisch-österreichische Armee. Man schont die gereizte Empfindlichkeit der Kleinstaaten und ihrer Kommissare, doch hat das Alles seine Grenzen. Wenn der Großherzog von Oldenburg sein Fürstenthum Eutin mit dem Schlagbaum in Schwartau zuschließt, so sind das Sonderbarkeiten, die nur in Deutschland vorkommen können. Wenn aber die Kleinstaaten auf eigene Hand den Krieg mit Europa herausfordern, für den dann Oesterreich und Preußen einstehen müßten, so wird man doch ein Einsehen haben müssen.

Ernst genug sieht es nach allen Seiten aus, wir müssen die nächsten Begebenheiten abwarten. Dein Bruder

Helmuth.

Apenrade, den 1. August 1864.

Heute ist in Wien der Präliminarfriede abgeschlossen: Abtretung der drei Herzogthümer, Fortbesetzung von Jütland bis zur Ratifikation und, falls der definitive Friede wider Er-

warten nicht zu Stande käme, jedenfalls Fortbauer der Waffen=
ruhe auf 12 Wochen, also bis Ablauf der Schifffahrtsperiode.
— So ist nun voraussichtlich dieser Krieg zu Ende und mit
einem Erfolg gekrönt, wie er nur erreicht werden konnte. Jetzt
kommt der zweite Akt, die deutsche Frage, für wen wir das
Blut unserer Soldaten vergossen und Millionen verausgabt
haben. Jedenfalls wird wohl ein längeres Sequester der Er=
ledigung vorangehen. Die Großmächte, welche das Land erobert
haben, werden es sicher behalten, bis man sich mit ihnen ar=
rangirt. — Die Herzogthümer werden voraussichtlich nicht nur
einen Theil der dänischen Staatsschuld, sondern auch etwa
20 Millionen Kriegskosten übernehmen müssen. Es ist billig,
daß sie für ihre Befreiung etwas leisten. Eine Selbstfolge ist
wohl nun, daß alle Beamten ihres Eides entbunden werden und
zunächst im Auftrage Preußens und Oesterreichs verwalten. Ich
glaube daher, daß die Verhältnisse sich auch für Dich ganz er=
wünscht gestalten.

Armes Dänemark, armer König! Der Gründer einer neuen
Dynastie, der sein Regiment damit anfängt, das halbe Reich
abzutreten! Reduktionen in Heer und Flotte, in Hofstaat und
Verwaltung durchgreifendster Art sind unvermeidlich; man kann
zweifeln, ob dies Land als selbstständiges Königreich überhaupt
fortbestehen kann. Wir haben zwar kleinere in Deutschland,
aber sie existiren nur in der Anlehnung an Oesterreich und
Preußen. Sollten sie das vergessen haben und jetzt versuchen,
gegen Beide existiren zu wollen, so werden sie wohl zur Erkennt=
niß kommen. Der Rendsburger Fall könnte ihnen ein Finger=
zeig sein. Bis jetzt scheinen sie noch die Demokratie ihrer eigenen
Länder und Hauptstädte mehr als die deutschen Großmächte zu
fürchten. Herr v. Beust spricht, als ob er uns nächstens den
Krieg erklären will.

Uebrigens verkenne ich nicht, daß neue Verwickelungen immer
noch eintreten können. Wir haben mit einem König und einer

Regierung paktirt, die vielleicht morgen, wenn die Bedingungen in Kopenhagen bekannt werden, nicht mehr existiren. Wir dürfen auf die nächsten Nachrichten sehr gespannt sein. Nach unseren Nachrichten sind die Königin und General Hansen die einzigen Männer dort. Die gesammte Armee steht auf Fühnen, auf Seeland nur die schwache Garde, dagegen eine zahlreiche Bürgermiliz. Diese Sorte kennen wir von 1848.

Helmuth.

Berlin, den 24. Juni 1865.

Lieber Adolf!

... Die Herzogthümer-Frage liegt in einer Krisis, bei der nicht abzusehen ist, wohin sie führen kann. Nur so viel ist mir ganz unzweifelhaft, daß Preußen aus inneren und äußeren Rücksichten den Besitz nicht aufgeben kann. Die Entscheidung der Volksvertreter ist reine Nebensache. Man kann sich an den Ausfall gar nicht kehren, wenn er im Pfahlmuschelsinn gefaßt würde, und eben deshalb sollte man die Stände gar nicht fragen, die Versammlung gar nicht angeregt haben. Versammlungen sind das blinde Werkzeug einzelner Intriganten, und wo die politische Nothwendigkeit entscheiden muß, ist es ein unnützes oder gefährliches Spielzeug. Höchstens könnte es eine Rücksicht für Kaiser Napoleon sein. Dann muß man die Sache aber auch in seinem Stil machen, das heißt, man nimmt das Land und fragt nachher, ob man es thun soll. Um das zu können, giebt es aber nur zwei Alternativen, den Condominus zu entschädigen oder ihm den Krieg zu erklären (oder erklären zu machen).... Das Erstere ist nur möglich durch Cession von preußischem Landesgebiet, und dieser Gedanke ist bisher an höchster Stelle völlig zurückgewiesen, der andere Fall daher nicht unmöglich und freilich von den unberechenbarsten Folgen, da nothwendig ganz

Europa für und wider Partei nehmen müßte, so ungern irgend einer der Staaten dazu schreiten würde, da Frankreich in Algier, in Mexiko und event. gegen Nordamerika beschäftigt, Rußland im Innern vollauf zu thun hat und England ebenso schwach auf dem Kontinent ist wie anmaßend.

Ich hoffe noch immer auf eine Verständigung, die eine wirkliche Aussöhnung der beiden deutschen Mächte anbahnt. Damit ist der Weltfriede gesichert und Allen gedient, nur den Würzburgern nicht. Wir grüßen Alle herzlich.

Helmuth.

Berlin, den 20. Mai 1866.

Lieber Adolf!

Ich benutze ein paar freie Augenblicke, um Dein Schreiben vom 16. d. Mts. zu beantworten und für Deine Theilnahme zu danken.

Ja wohl ist es eine ernste Zeit. Der Krieg ist unvermeidlich. Ich glaube nicht, daß es in eines Menschen Hand liegt, ihn zu vermeiden.

Die Geschicke Deutschlands werden sich jetzt vollziehen. Der Sonderungstrieb, welchen seit Tacitus die Deutschen bewahrt haben, führt zur Entscheidung durch das Schwert. Es hat uns ein Ludwig XI. gefehlt, der die Macht der Vasallen in Frankreich noch zur rechten Zeit zu brechen wußte. Es mag wohl wahr sein, was die österreichischen Blätter behaupten, daß zwei Großstaaten in Deutschland nebeneinander nicht bestehen können. Einer von beiden muß untergehen. Der Kampf wird furchtbar werden. Oesterreich hat gerüstet wie nie zuvor, und auch wir stellen unsere ganze Macht ins Feld. Jedenfalls zahlt Deutschland mit Provinzen rechts und links an seine Nachbarn.

Ob die Kleinstaaten, die so eifrig das Feuer schüren, besser daran sein werden unter der Alleinherrschaft des einen Siegers als in der Schwebe zwischen beiden Großmächten, bezweifle ich.

Daß auch die Haltung der Bevölkerung in Holstein sehr wesentlich beigetragen hat, die gegenwärtige Krisis heraufzubeschwören, ist wohl nicht zu leugnen. Unterliegt Preußen, so werden die Holsteiner gegen Uebernahme von 90 Millionen Schulden ihren Wunsch erfüllt sehen, ein Kleinstaat zu werden, nur daß dann das Preußen fehlt, welches allein die Existenz von Kleinstaaten im Norden sicherte. Oesterreich wird sich die Hände nicht darum verbrennen, und der Deutsche Bund, der es bei leiblicher Existenz nicht that, kann es nach seinem Tode noch weniger.

Fünfzig Friedensjahre haben gezeigt, daß bei dem unpraktischen, immer nur auf die Phrase hinauslaufenden Sinn der Deutschen es zu einer Einigung auf dem Wege friedlicher Verständigung niemals kommen wird. Ist es Gottes Wille, daß Preußen diese Aufgabe lösen soll, so sind die europäischen Verhältnisse im Allgemeinen nicht ungünstig.

Wir haben in Deutschland keinen Freund. Der Bund ist eine österreichische Institution geworden, und seine Majoritätsbeschlüsse sind der Ausdruck des Wiener Kabinets. Aber dies, selbst die europäischen Konferenzen und vollends die sogenannten Beschlüsse von Vereinen und Korporationen, sind Zwirnfäden, die den rollenden Stein nicht mehr aufhalten. Oesterreich hat noch nie gerüstet, ohne auch zuzuschlagen, es ist nicht reich genug, um ohne Erfolg abzurüsten. In Italien ist keine Regierung stark genug, um den Enthusiasmus der Nation zurückzuhalten. Bei uns hat Niemand den Krieg gewollt, aber wir acceptiren ihn mit ruhiger Zuversicht. — Möge Gott uns den Sieg verleihen, denn mit Preußen fällt Deutschland. Mit herzlichem Gruß

Helmuth.

Berlin, ben 28. Januar 1867.

Lieber Adolf!

... Im Allgemeinen ist wohl eine Verständigung der Regierungen erzielt, so daß man dem am 24. dieses Monats zusammentretenden Parlament eine bestimmte Vorlage machen kann. Aber es bleiben noch sehr viele Punkte, namentlich in der wichtigen Militärfrage, zu ordnen. Die kleinen Staaten haben so wohlfeile Soldaten gehabt, daß derselbe Aufwand, den Preußen seit fünfzig Jahren für sie mitgetragen, die Verdoppelung und Vervierfachung involvirt. Nun ist es unmöglich, die Steuerkraft dieser Länder plötzlich in gleichem Maße anzustrengen. In Holstein ist, wie Du doch wohl selbst in Afrika erfahren hast, das Besitzergreifungs=Patent am 24. vorigen Monats feierlich proklamirt worden. Auch die Rekrutenaushebung verläuft ungestört. In Hannover und Frankfurt haben bei der Kontrolversammlung der älteren Mannschaften arge Excesse, wohl durch Einwirkung von außen, stattgefunden, die Leute wurden nach vierzehn Tagen zu einer neuen Versammlung berufen, deren Ausfall durch Truppenaufstellung gesichert war. Mehrere hundert Excedenten sind vom Fleck abgeführt und zu einer achtwöchentlichen Uebung eingestellt worden, was sie sehr wunderte, aber seine Wirkung nicht verfehlt hat.

Wir leben hier in dem ärgsten Trubel des Karnevals; alle Abend ist was los, und Abends um 10 Uhr, wo man gern zu Bett ginge, geht's zur Kur, in Konzerte oder Assembleen. Leute und Pferde kommen nicht vor 1 Uhr zur Ruhe, und dabei soll man Morgens arbeiten. Für die Gesundheit taugt das nichts.

13. Februar. Wir fingen an, etwas besorgt zu werden, da vierzehn Tage ohne Nachricht verflossen, seit Ihr das Dampfschiff bestiegen, da schickt heute Guste von Ratzeburg aus einen langen Brief von Fritz. Zwar scheint er von der ganzen Expedition wenig erbaut zu sein, doch enthält sein Schreiben von guter

Wohnung, freundlichen Wirthen, Sonne, Luft und Meer, 18 Grad Wärme, gutem Frühstück, blühenden Rosen, Araukarien, Palmen und Orangen, kurz allerlei Elemente, aus denen sich doch ein recht behaglicher Winteraufenthalt zusammenbauen läßt. Mir wenigstens lächelt so ein Blick in den sonnigen Süden aus unseren grauen Nebeln, tropfenden Dachrinnen und langen Abenden. Die vielen nackten Betteljungen würden mich auch nicht sonderlich stören. Bei uns verkriecht sich das Elend in die dumpfen Räume, wo man es nicht sieht; Hunger und Kälte drohen mit Vernichtung. Im Süden hat der Aermste wenigstens die Sonne, um sich zu erwärmen, und Meer und Bananen lassen Niemand verhungern. Nach Allem hoffen wir, daß der Aufenthalt in Algier Dir Freude macht.

Gestern waren die Wahlen zum Reichstag, und man ist sehr gespannt darauf, was das Resultat dieser direkten Wahl sein wird. Der Ausfall ist von einigen Bezirken schon bekannt: in Sonderburg Ahlemann (Däne), Neustadt Bockelmann, Oberpräsident Scheel durchgefallen. Pastor Schrader an zwei Stellen gewählt; ich weiß nicht, was der Mann ist. In Holstein ist die Betheiligung jedenfalls sehr gering gewesen. Ich konkurrire im hiesigen Wahlbezirk mit Herrn Wiggers; ich gönne es der Stadt Berlin, wenn ich durchfalle. Die Stadt der Intelligenz verschreibt sich einen Mecklenburger zu ihrem Vertreter. In Oldesloe wurde gewählt Schleiden, Rendsburg Baudissin-Friedrichshof, Eckernförde Baudissin, Glückstadt Obergerichtsrath Jensen, Tondern Staatsrath Franke, Bergedorf Dr. Goldenbaum. Nach der eben eingehenden Zeitung sind in den sechs Wahlkreisen Berlins Bismarck, Roon, ich, Falckenstein, Steinmetz und Herwarth — durchgefallen und ebenso viel Demokraten gewählt. Die Menge ist eben blind, und wehe dem Staat und der Gesellschaft, wo sie zur Herrschaft gelangt. — Die ländlichen Bezirke werden vielleicht besser sein, von dort sind die Resultate noch nicht bekannt.

Helmuth.

Berlin, den 10. März 1867.

Lieber Adolf!

... Die Verhandlungen im Reichstag nehmen eine schreckliche Zeit fort, aber sie sind im höchsten Grade interessant, jetzt wo endlich die Vorberathungen und Wahlprüfungen beendet sind. Es sind doch sehr bedeutende Talente in dieser Versammlung, und neben diesen fallen die konventionellen Phrasen, die Reden, um zu reden, gänzlich durch. Es ist doch, als ob selbst die helleren Geister aus dem kleinstaatlichen Leben nur den beschränkteren Gesichtskreis mitbringen. Der Staatsrath Franke trug in seinem Angriff auf die Wahl des Alsener Abgeordneten Ahlemann eine Dänenfeindschaft vor, welche in der Versammlung sehr wenig Anklang fand. Auch Twesten sieht die europäischen Dinge nur aus einem schleswig-holsteinschen Schiebefenster an. Herr Meyer aus Hamburg fiel mit schwunghaften Redensarten völlig durch, und der katholische Pfarrer Michaelis, nicht a Kempis, aber aus Kempen in Schlesien, welcher von seinem kirchlichen Standpunkt die ganze Bewegung verdammte und eine Art Kapuzinerpredigt hielt, ist sogleich eine komische Person geworden.

Warnstedt hat noch nicht gesprochen, dagegen Münchhausen eine Rede für König Georg gehalten, in welcher er das Verfahren Preußens durchweg angreift. Persönlich gefiel mir der Mann gut. Er sprach mit Ruhe und gemessener Würde, wohl bewußt der fast allgemeinen Mißbilligung. Ebenso habe ich mit großem Interesse Walbeck gehört, welcher von seinem, dem Partikularismus entgegengesetzten, liberalen, fast republikanischen Standpunkt die Regierungsvorlage verwirft.

In lautloser Stille hörte die Versammlung die Vorträge von Braun aus Sachsen, Miquel-Osnabrück und Wagner für die Vorlage, und zweimal replizirte Bismarck in wahrhaft staatsmännischer Rede. Ich sammle die stenographischen Berichte, es

ist schade, daß wohl keine dortige Zeitung etwas über die Reichs=
tagsverhandlungen bringt, und wohl der Mühe werth, daß Du
die Reden nachträglich einmal liesest.

Schon nach dieser zweitägigen allgemeinen Diskussion habe
ich die Ueberzeugung gewonnen, daß die Verwerfung des Ver=
fassungsentwurfs eine Unmöglichkeit ist. Die Opposition muß
sich auf die Berathung der Einzelparagraphen werfen; „sie kann
im Großen nichts verderben, so fängt sie's dann im Kleinen an".

Wenn der Tag nur 24 Stunden mehr hätte! Heute haben
wir von zehn bis drei Uhr gesessen, jetzt ist Fraktionssitzung,
und daneben wollen doch auch die laufenden Dienstgeschäfte
besorgt sein. Außerdem giebt mir die Redaktion einer Geschichte
des letzten Feldzuges viel zu thun, die bald erscheinen soll.

Ich hoffe, den vollständigen Stammbaum herzustellen. Es
ist ein Blatt wie ein Tischtuch, denn die lebende Generation
umfaßt über hundert Mitglieder. Wenn ich einmal festen Grund=
besitz haben sollte, so lasse ich ihn in Stuck ausführen. Mir
scheint, es ist für alle Nachkommen ein Sporn, sich der Ahnen
würdig zu zeigen.

Helmuth.

Mai 1867.

Lieber Adolf!

Wahrscheinlich werden die Berathungen des Reichstages
nächsten Dienstag beendet. Ich zweifle nicht an einem befrie=
digenden Resultat; dann wird sofort der Landtag der Monarchie
berufen, mit welchem ich glücklicherweise nichts zu thun habe.

Die Luxemburger Sache wird schwerlich schon jetzt zum
Kriege führen. Louis Napoleon muß sich sagen, daß er dazu
gar nicht im Stande ist; aber das kann er seinen eitlen Fran=
zosen nicht sagen, die Stimmung ist sehr aufgeregt in Paris,
von den Parteien gehetzt und eine Explosion nicht unmöglich.

Uns könnte nichts willkommener sein, als den Krieg, den wir doch haben müssen, gleich jetzt zu bekommen, wo Oesterreich aller Aussicht nach im Orient engagirt sein wird. 30 000 Mann werden in diesem Augenblick bei Semlin versammelt, ob gegen die Serben oder die eigenen Kroaten, ist noch nicht zu erkennen. Wir rechnen sehr darauf, Euch bei der Rückreise zu sehen, in sechs Wochen wird Vieles klarer geworden sein. Mit herzlichem Gruß

Helmuth.

Berlin, den 29. November 1867.

Lieber Adolf!

Ich bedaure, daß Du Dich nicht zum Reichstag oder Landtag hast wählen lassen. Wir haben wunderbare Käuze aus den Herzogthümern bekommen; man würde Unrecht thun, das Land nach ihrer gänzlichen Unfähigkeit zu beurtheilen. Der Einzige, welcher, obwohl regierungsfeindlich, doch nicht die bloße Phrase, sondern zur Sache spricht, ist Franke. Die Uebrigen haben nicht auf fünf Minuten die Aufmerksamkeit des Hauses zu fesseln verstanden. — Das steht freilich nicht im stenographischen Bericht, wie denn überhaupt die Hälfte der Redner nur für die Stenographen spricht. Wenn es Dich interessirt, so schicke ich Dir die diesjährigen Verhandlungen, ebenso das zweite Heft der Darstellung des Feldzuges. Das erste Heft wirst Du erhalten haben. Ich schicke dann auch die Schlachtpläne mit. Dein Bruder

Helmuth.

Berlin, den 24. Januar 1868.

Lieber Adolf!

Für Abhülfe der Noth in Preußen geschieht unendlich viel, und zwar in allen Theilen Deutschlands und selbst des Auslandes. Freilich kann das Alles nicht das abscheuliche Klima dieses mit dem fruchtbarsten Boden ausgestatteten Landes ändern. Die ganze Feldwirthschaft muß dort in wenig Monaten beendet sein. Wenn wir in Schlesien*) zu pflügen anfangen, muß dort die Aussaat schon erfolgt sein, das fordert ein ungeheures Inventar an Pferden u. s. w. und Arbeitskräfte, die nicht vorhanden sind. Steuernachlässe und Geldspenden sind höchst bedenklich, Arbeitgeben die einzig wirksame Hülfe. Diese wird nun auch durch Chaussee= und Eisenbahnanlagen in reichem Maße geboten, aber die Jahreszeit verhindert noch die Inangriffnahme.

Weit schlimmer sieht es freilich in Algerien aus, wo der Kaiser mit der lächerlichen Summe von einer halben Million Francs herantritt. Ich möchte aber nicht glauben, daß die inneren Schwierigkeiten, auf die er stößt, den Frieden sichern. Im Gegentheil, nur wenn er sich nicht anders zu halten weiß, wird er das va banque eines Krieges spielen. Eine bessere Garantie ist, daß Frankreich allein zu schwach dazu und Oesterreich nicht fertig ist.

Das im März zusammentretende Zollparlament wird zeigen, ob die deutsche Nation gewillt ist, die Gelegenheit zu nützen, welche unser Herrgott alle paar Jahrhunderte einmal bietet, zu der Einigung zu gelangen, nach der Alles schreit, singt und festtafelt, die aber dann zumeist nicht in die Schablone paßt, welche jeder einzelne Stamm für sich, abweichend von allen

---

*) Inzwischen hatte der General-Feldmarschall das Rittergut Creisau bei Schweidnitz gekauft.

anderen, dafür macht. Ohne äußeren Zwang kommt so etwas nicht zu Stande, und früher oder später werden wir den Kampf darum zu bestehen haben.

Wir haben in Schlesien eine gute Mittelernte gemacht; eine sehr reiche an Stroh, die mir sehr erwünscht ist, da noch für 1000 Thaler künstlicher Dünger gekauft werden muß, weniger Körner. Doch habe ich noch 2000 Scheffel Weizen liegen, zu dem Preis von vier Thalern eine gute Einnahme. Zum Frühjahr werde ich aber bauen müssen, der ganze Hof ist massiv, nur das Schloß hat Schindeldach, und der Dachstuhl ist verfault. Außerdem mache ich eine Parkanlage, zu welcher Brücken gebaut, Wege angelegt und 10 000 Bäume gepflanzt werden müssen. In ihrem Schatten werde ich nicht mehr wandeln, doch sind schon einige alte Eichen da. Ich hoffe sehr, daß Du diesen Sommer Dir Creisau einmal ansiehst. Ich freue mich jeden Tag darüber, daß die Sonne immer höher über die Dächer hervorkommt und man die Hoffnung hat, daß es wieder Sommer wird. Wir grüßen Beide herzlich

Helmuth.

Berlin, den 24. Dezember 1868.

Lieber Adolf!

Unsere theure Marie ist heut Nachmittag 3 Uhr nach 16tägigem schweren Krankenlager, aber kurzem, schmerzlosem Todeskampf entschlummert. Ein furchtbares Fieber raffte sie hinweg, nachdem alle Mittel der Pflege und der ärztlichen Kunst erschöpft waren. Schon mehrere Tage zuvor, bei voller Besinnung, hatte sie Abschied genommen, und in heftigsten Fieberphantasien betete sie für uns. Ich hätte nicht gemocht, daß sie wieder erwache. Sie hat ein selten glückliches Leben genossen und ist des traurigen Alters überhoben. Ihr gerader, treuer und gottesfürchtiger Charakter machte sie überall beliebt, und die allgemeinste Theilnahme herrscht.

Jeannette*) kam heute früh. Guste hat mit unglaublicher Aufopferung gepflegt. Beide sind mir ein großer Trost. Dein Bruder
Helmuth.

Berlin, den 30. Dezember 1868.

Liebe Auguste!

Ich danke herzlich für Ihre Theilnahme an meinem herben Verlust. Wer Marie gekannt hat, vermag die Größe desselben und die Leere, die mir geblieben ist, zu ermessen. Nichts Schöneres als ihre Büste, gleich nachdem sie ausgerungen hatte; dieser stille friedliche Ausdruck ihres Gesichts. Sie schien sanft eingeschlummert. Ihr Sarg steht jetzt in der kleinen katholischen Kapelle auf Creisau, mit unzähligen Kränzen und Palmenzweigen bedeckt. Die Gerichtsmänner und die Schulzen der Güter hatten sich ausgebeten, den Sarg zu tragen. Die kleine Kirche war mit grünen Tannenreisern bestreut, und Viele weinten bitterlich, Alle hatten die junge, schöne Herrin lieb gehabt. Ich hoffe, zum Frühjahr mit einer kleinen Begräbnißhalle für Marie und mich fertig zu werden; ich hatte freilich geglaubt, sie würde sie zuerst für mich bauen. Das Gebäude wird nahe vom Schloß auf einem kleinen Waldhügel errichtet, von wo man eine weite und liebliche Aussicht über das Gut und auf das Gebirge hat. Ich hoffe, die Stelle so herzustellen, daß Jeder gern dort verweilen wird.

Mit meinen besten herzlichsten Grüßen an Adolf und die Töchter Ihr verwaiseter Schwager
Helmuth.

*) Baronin v. Brockdorff, Schwester der Frau v. Moltke.

Berlin, den 9. Januar 1869.

Liebe Auguste!

Ich danke Ihnen recht herzlich für die lebhafte Theilnahme an meinem Unglück. Sie haben Marie genug gekannt, um die Größe meines Verlustes zu würdigen. Es ist mir noch immer wie ein schwerer Traum, daß sie so aus dem blühenden, kräftigen Leben gewaltsam herausgerissen worden ist.

Von Seiten der Verwandten ist Alles geschehen, um meine äußerliche Stellung zu erleichtern. Jeannette ist noch hier, und das Leben geht seinen gewöhnlichen Gang. Fritz und Guste wollen das große Opfer bringen, den ihnen so lieb gewordenen Aufenthalt in Lübeck aufzugeben und zu mir zu ziehen, wodurch mir allerdings eine große Wohlthat geschieht. Da der König die Gnade gehabt hat, Henry zu meinem zweiten Adjutanten zu ernennen, so fehlt es dann nicht an solchen in meiner Umgebung, die in naher und inniger Beziehung zu Marie gestanden haben.

Ich übersende beifolgend einige Kleinigkeiten aus ihrem Nachlaß, die ich als Andenken freundlich anzunehmen bitte. Für Ihre Tochter Marie, die Pathe meiner Frau, bewahre ich ein Andenken bis zu ihrer Konfirmation auf.

Ich bitte, erinnern Sie sich in Freundlichkeit Ihres ergebenen Schwagers

Helmuth.

Creisau, den 29. August 1869.

Lieber Adolf!

Bei Deiner nächsten Anwesenheit wirst Du in Creisau Manches vorgeschritten finden. Die Parquetzimmer sind sehr hübsch geworden und stehen für Gäste völlig möblirt bereit. Der

Saal unten mit der Granit-Marmortapete bildet jetzt eine in ihrer Einfachheit wirklich sehr geschmackvolle Halle, und das große Buffet nimmt sich der Eingangsthür gegenüber noch einmal so groß und schön aus. Im Großen ist das Haus fertig und die allerdings sehr bedeutende Ausgabe dafür abgeschlossen. Zum Herbst geht es nun wieder an Brücken- und Wegebau.

Gestern war der Kunstgärtner bei uns. Er hat bereits Coniferen verschiedener Art in Breslau für mich zurückgestellt, welche um die Kapelle und auf dem künftigen Begräbnißplatz vor derselben gepflanzt werden sollen. Nun fordert der Mann aber Wasser auf den Steinberg und behauptet, daß ohne Wasser die Pflanzung nicht gedeihen kann. Wie dasselbe dreißig Fuß hoch heraufzuschaffen, unterliegt jetzt der Erwägung, jedenfalls wird das viel Geld kosten. Noch in dieser Woche sollen Steine gesprengt werden, um die Bergwand felsartig aufzubauen, auf welcher die Kapelle steht; in nächster Woche kommt der Gärtner, um zu pflanzen, da die Nadelhölzer am besten schon im August gesetzt werden. Der dritte Jahresertrag des Gutes wird wohl draufgehen.

Mit der Ernte sind wir fertig bis auf den zweiten Schnitt des Heus und die Kartoffeln. Nun geht es an die Bestellung fürs nächste Jahr. Gespann und Leute sind dabei nicht zu entbehren, und für die Anlagen auf dem Steinberg müssen Arbeiter von außerhalb herangezogen werden.

Der Gärtner hat schon Weintrauben und Reines Claudes abgeliefert, aber die große Menge des Weins wird kaum ganz reif werden. An Pfirsichen sind nur ein Dutzend vorhanden. Prachtvoll sind die Pelargonienbeete vor dem Hause, und der Ricinus hat sich zu 9½ Fuß Höhe gesteigert.

Nachdem Du uns in Dresden verließest, wo es wirklich winterlich war, haben wir während der ganzen Uebungsreise nur den folgenden Tag Sonnenschein gehabt, aber wir sind doch auch nicht einmal naß geworden. Von Stolpen konnten wir reizende Ausflüge in die Schluchten der Sächsischen Schweiz machen, und alle Abend war die ganze Gesellschaft in munterster Laune beisammen. Diese steigerte sich besonders bei einer Abschieds-Monstrebowle in Großenhayn, wo uns dann der Kronprinz von Sachsen noch besuchte. Von dort bin ich mit Henry vorgestern auf der Gebirgsbahn beim schönsten Wetter hierher gefahren, und seitdem haben wir köstlichen Sonnenschein, wenig Fliegen und machen die gewohnten Ausflüge zu Wagen.

Da ich den König nach Pommern und Preußen zu begleiten habe, so reise ich schon am 2. oder 3. September nach Berlin, hoffe aber die letzte Hälfte des Monats und den Oktober wieder hier zubringen zu können. Dann habe ich das Erntefest für die Leute und eine Jagd für die Nachbarn auszurichten. Dein Bruder

Helmuth.

Creisau, den 28. Oktober 1869.

Lieber Adolf!

Herzlichen Dank für Deinen freundlichen Brief vom 25. dieses Monats, welcher mich allerdings noch hier in Creisau getroffen hat, wo mich allerlei Arbeiten bisher festgehalten haben. Seit Deiner Abreise ist Manches zu Stande gebracht, das Schloß ist jetzt vollständig eingerichtet, die Kapelle mit Anlagen umgeben und mit mehr als tausend Coniferen umpflanzt, auch eine bequeme Auffahrt gebahnt. Vor derselben ist eine Terrasse angelegt, der ganze Abhang mit Rasen belegt und ein Bassin erbaut, in welchem bloß noch das Wasser fehlt, freilich also die Hauptsache. Eine große amerikanische Feuerspritze versagte die Wirkung, und ich lasse jetzt ein Druckwerk mit eisernen Röhren bauen. Ferner sind wir dabei, eine 28 Fuß lange und 8½ Fuß hohe Brücke über die Peile auf dem Wege nach Wierischau zu bauen und den Lauf des Baches zu reguliren, der mir sonst jährlich Land wegschwemmt. Die Ufer sind schon an vielen Stellen mit Faschinen aufgesetzt, die Wasserrisse mit Erde ausgefüllt. Der gesammte Ertrag des Gutes ist dies Jahr drauf gegangen. Seit einigen Tagen schon senkte sich der Schnee auf der Eule immer tiefer herab, und heute bescheint die Sonne auch unten in der Ebene eine vollständige Winterlandschaft mit grünen Bäumen. Ich werde nun morgen nach Berlin zurückgehen, wohin erst Guste und dann auch Fritz vorausgereist sind, um die Winterquartiere einzurichten.

Aus Deinem Schreiben ersehe ich, wie schwer der Entschluß Dir wird, Deinen Abschied zu nehmen.

Du hast mit treuster Hingebung und anerkannter Tüchtigkeit der Sache Deines engeren Vaterlandes gedient, in diesem in schweren Zeitläufen eine hervorragende Stellung eingenommen. Kein Wunder, wenn Du mit allen Lebensfasern in diesem Boden haftest. Du dientest aber einer untergehenden Sache, und zwar bis zum letzten Augenblick, oder wenigstens nahmen die Verhältnisse eine andere Gestaltung, als von Dir erwartet und beabsichtigt war; dadurch und durch Deine Gesundheit verschloß sich Dir die höhere Laufbahn, zu welcher Du durch Deine Fähigkeiten berufen warst. Dennoch muß man zugestehen, daß die neue Regierung die holsteinschen Beamten großmüthig behandelt hat. Gewiß wird der Mangel an Berufsthätigkeit eine gewisse Leere herbeiführen, und wenn Du es mit Deiner Gesundheit und Deinen finanziellen Mitteln zwingen kannst, würde ich nicht rathen, sie aufzugeben, obwohl ich gestehe, daß mir das Befreitsein davon sehr wohl behagt. Man muß sich eine andere Thätigkeit schaffen. Ich habe hier geschanzt und gegraben wie ein Tagelöhner, und auf dem literarischen Felde würde sich für Dich gewiß eine ansprechende Wirksamkeit finden.

Sobald ich nach Berlin komme, werde ich mich nach dem

Instanzenzug und nach den Grundsätzen über Pensionirung erkundigen und Dir sogleich darüber berichten.

Helmuth.

Berlin, den 18. Juli 1870.

Lieber Adolf!

Wie haben die Dinge sich in wenigen Tagen seit meiner Abreise geändert! Der ruchlose Abenteurer von Boulogne hetzt zwei Völker aufeinander, um seine dynastischen Interessen wenn möglich zu retten. Nie ist ein Krieg gerechter geführt worden, als dieser von unserer Seite, und so hoffen wir auf Gottes Beistand. Aber seine Wege sind nicht unsere Wege, und in der Weltentwickelung führt er auch durch verlorene Feldzüge zum Ziel. Dennoch hoffen wir auf einen glücklichen; die politische Lage ist günstig, denn wir haben Grund, anzunehmen, daß wir den zweiten Feind wenigstens fürerst nicht im Rücken haben werden. Ihr könnt daher nirgends ruhiger und sicherer die Dinge abwarten als in Creisau. Nachrichten (offizielle und zuverlässige) gehen ungefähr ebenso schnell und sicher nach Schweidnitz wie nach Berlin....

Für Helmuth entsteht der glückliche Umstand, daß er nun sogleich Offizier wird und schon in so jungen Jahren einen Krieg mitmacht, worauf wir Alten vierzig Jahre haben warten müssen....

Ich bitte Fritz, daß er an Ernst und August*) sagt, daß ich sie Beide als Trainsoldaten mitnehme. Das Reit= und die vier Wagenpferde sollen aber noch erst in Creisau bleiben, da hier Alles überfüllt ist, die Leute kommen dann in zehn oder zwölf Tagen mit den Pferden und wird das Nähere ihnen mit-

---

*) Zwei Diener.

getheilt werden. August kann die 200 Thaler mitbringen, die in dem feuerfesten Schrank liegen, ferner meinen Schlafrock und Pantoffeln und einen Theil der Wäsche. Die Civilsachen bleiben dort. Hoffentlich geht die Ernte frisch vor sich, wir können das brauchen, in Nordfrankreich vollkommener Mißwachs. Von den Arbeitern werden wohl wenige eingezogen werden, es sind ja lauter alte Krüppel, aber der Inspektor wird wohl heranmüssen, er ist gewiß noch pflichtig. Ich freue mich, daß Du schon Deine Promenade bis zur Kapelle ausdehnst; wenn der Schirrvogt nicht Dringendes vorhat, so laß ihn eine Bank an der unteren Terrasse machen.

Herzliche Grüße an Alle, möchtet Ihr eine rechte Heimat in Creisau finden.

Helmuth.

Ferrières, den 21. September 1870.

Ferrières ist ein Schloß, drei Meilen östlich Paris, mit königlicher Pracht eingerichtet, die Schöpfung der fünften Großmacht Europas, die Apotheose des Mammon. Hier empfing Rothschild den Kaiser Louis Napoleon, wie einst Graf Molé Ludwig XIV., so in unserer Zeit der Parvenü des Reichthums den Parvenü der Macht. Die offiziösen Zeitungen erwähnten damals eine Jagd, auf welcher der Kaiser das seltenste Wildpret erlegte, unter anderm einen Papageien, welcher im Fallen vive l'empereur schrie. Jetzt schreit die Nation à bas l'empereur, und Ferrières ist das Hauptquartier ihres Feindes, welcher, wie Metz und Straßburg, nun auch die nach Victor Hugo „heilige" Hauptstadt mit eisernen Armen zu umfassen die unbegreifliche Frechheit gehabt hat. Paris ist von allen Seiten seit gestern völlig eingeschlossen, und wir leben augenblicklich in der Erwartung, wie die in den Zeitungen verkündigten hunderttausend von Gardes mobiles sich diese Umarmung werden gefallen lassen. Dem Anmarsch von Süden her hat sich das letzte noch intakte französische Korps, das XIV., zwar widersetzt, ist aber gestern hinter die Forts zurückgeworfen worden, wobei es sieben Geschütze verlor. Das V. Armeekorps an der Spitze unseres Vormarsches hat während des 17., 18. und 19. Gefechte gehabt, und ich schicke diesen Brief nicht ab, bis ich Nachricht über Helmuth mittheilen kann.

La France, qui est „plus forte que jamais", hat nun auch unter diesen Umständen immer noch das große Wort. Eine Armee im Felde existirt nicht mehr, aber man hat noch Mr. Rochefort, professeur de barricades und la poitrine des patriotes invincibles. Nichtsdestoweniger erschien gestern hier im feindlichen Hauptquartier die République selbst, in der Person des Herrn Jules Favre.

Den 22. September, Abends. Soeben wird mir gemeldet, daß Helmuth wohl und unversehrt ist; er steht augenblicklich in Versailles und wird Zeit und Muße haben, Euch zu schreiben und das prachtvollste Schloß der Welt durchzumustern. Ich werde nächstens einmal hinüberfahren.

Wilhelm läßt nichts von sich hören, das 17. Dragoner-Regiment ist aber meines Wissens noch nicht vor dem Feind gewesen; ob es zur Belagerung von Toul herangezogen oder in Reims steht, die Francvoleurs in Ordnung zu halten, weiß ich nicht.

Heute hatte ich einen Brief von Geheimrath v. Frankenberg, welcher Euch in Creisau besucht hat. Der gute alte Herr schickte mir ein Epheublatt von der Kapelle. Ja, hätte Marie diese Zeitläufe noch erlebt! Aber ich denke, die hingeschiedenen Menschen verlieren nicht die Kenntniß irdischer Dinge, und ihr patriotisches Herz nimmt an Allem Theil.

Wir haben jetzt seit mehreren Tagen das wundervollste Herbstwetter und ich hoffe, daß es nach der abscheulichen Regenzeit in Schlesien ebenso ist. Aber in den Zimmern nach Norden ist es sehr kühl. Lieber Adolf, ich möchte, daß Du mit den Deinen den Winter irgendwo in einem wärmeren Klima zubringen könntest. Wenn möglich, komme ich auch dahin, denn so ein Feldzug greift die Kräfte sehr an, wenn man wie ich siebzig Jahre auf dem Rücken hat. Uebrigens hege ich im Stillen die Hoffnung, daß ich Ende Oktober in Creisau Hasen schießen werde.

Mr. Favre ist noch nicht aus Paris zurück, und da er noch ganz kürzlich erklärt hat, daß kein Zoll französischen Bodens, kein Stein einer französischen Festung abgetreten werden darf, da ohnehin die Pariser während des ganzen Feldzuges absolut nur Siegesberichte gelesen haben, so wird man einigermaßen überrascht sein, plötzlich ganz andere Vorschläge zu hören. Es soll mich gar nicht wundern, wenn sie ihn massakrirt haben. Der République der honnetten Leute steht die rothe Republik viel gefährlicher gegenüber als die feindliche Armee; vielleicht wird diese noch angerufen, die soziale Ordnung in der Hauptstadt der Civilisation aufrecht zu erhalten. In Versailles sind die Preußen, nachdem 2000 Mobilgarden 300 schlechte Gewehre abgeliefert, aufs Beste aufgenommen, und Sèvres hat um eine Garnison gebeten.

In Paris hört heute die Gasbeleuchtung auf, und Wasser wird nur noch zu bestimmten Stunden empfangen; die Eisenbahnen sind sämmtlich unterbrochen. Das Bois de Boulogne steckt voll Schlachtvieh und von unseren Stellungen bei Meudon und St. Cloud können wir es jeden Augenblick unter Feuer nehmen. Die Promenade der beau und der demi-monde hat aufgehört, und der Pariser hat heute keine Milch mehr zum Kaffee gehabt. Wie lange er das aushält, bleibt abzuwarten. Henry geht es natürlich vortrefflich, er hat alle Annehmlichkeiten des Feldzuges. Mittags speist er an Königs Tafel und Abends hat er einen vortrefflichen Flügel zur Disposition.

Wenn Guste nur für warme Zimmer sorgt, so denke ich,

muß es jetzt sehr schön in Creisau sein, jetzt, wo der Herbst die Blätter roth und golden färbt. Der vorangegangene Regen wird dem Rasen und den Baumpflanzungen günstig gewesen sein, und ich hoffe, daß die Umgebung der Kapelle recht frisch ist. Daß der Gärtnerbursche Wilhelm noch geblieben, ist mir sehr lieb, ich hätte den Gärtner, trotz Fritz' Empfehlung, nicht losmachen mögen, wo so viel größere Opfer gebracht werden. Um meine schönen Brechbohnen bin ich dies Jahr wieder gekommen. August und Ernst sind wohlauf. Eins der jungen Pferde steht stark im Kropf, ich habe aber ein mir zugefallenes Beutepferd (bei Sedan über zehntausend) eingespannt, welches sehr gut paßt, und fahre täglich im schönen Sonnenschein spazieren. Ich wünsche nur, daß es Euch ebenso gut wird, da die Ernte vorbei ist. Aber freilich auf dem Lande giebt es immer zu thun, und Geheimrath Gellhorn giebt die Wirthschaftspferde nicht gern her.

Dies ist der vierte Brief, den ich schreibe, der verlorene hat sich vielleicht auch noch gefunden, eine Post ist freilich bei Verdun aufgefangen worden und vielleicht wird er nächstens im Figaro veröffentlicht, so daß Ihr ihn doch noch zu lesen bekommt. Verschafft Euch doch den Klabberabatsch, er ist in dieser Zeit sehr amüsant und beschäftigt sich auch viel mit mir. Zum Schluß die herzlichsten Grüße an die Mädchen, an Gellhorns, Reichenbachs und alle Bekannten.

Helmuth.

Versailles, den 12. Oktober 1870.

Lieber Adolf!

Dein Schreiben vom 4. d. Mts. ist richtig eingegangen, ich habe nicht eher schreiben mögen, als bis Helmuth von seiner allerdings sehr exponirten Feldwache hart an der Seine, dicht vor Paris in Meudon, abgelöst war. Gestern marschirte er, der Größte und Erste des Regiments, hier ein, wo er nun 14 Tage bleibt. Der König fragte gleich nach seinem Namen. Er ist sehr wohlauf und sieht prächtig aus mit seinem Eisernen Kreuz, und ein vortreffliches Frühstück bei mir schmeckt ihm ausgezeichnet, nachdem er drei Tage ohne Ablösung auf seinem Posten hat stehen müssen. Wir sind in der übeln Lage, daß wir auf uns schießen lassen müssen, ohne zu antworten, denn gegen die 74-Pfünder der Festung kommen unsere 4-Pfünder nicht auf. Der Belagerungstrain, über 100 000 Centner, kann auf einer einzigen Bahn, die eben erst hergestellt, so schnell nicht herangeschafft werden. Wo sich nur etwas rührt, selbst auf die kleinste Menschengruppe, schleudern die Forts ihre Riesengeschosse auf 6000, 7000, ja vom Mont Valérien auf 8000 Schritt, mit großer Präzision. Es ist eine arge Munitionsverschwendung, wenn man bedenkt, daß ein solcher Schuß 93 Thaler kostet. Der Zufall will, daß mal eine Granate trifft, und so verlieren wir alle Tage ein Dutzend Menschen, besonders auch durch Chassepot auf 1000 bis 1500 Schritt.

Aber auf die Entscheidung des Feldzuges hat das natürlich absolut gar keinen Einfluß. Nichts bringt Paris so in Wuth, als daß wir gar nichts unternehmen. Victor Hugo schreibt: „Nous avons cru voir arriver Arminius et nous ne voyons que Schinderhannes."

Allerdings sind wir, für jetzt auf die bloße Cernirung beschränkt, in das verdrießliche Stadium des Zuwartens getreten; das Aushungern geht langsam, wie Metz zeigt, aber es führt zum Ziel. Bis jetzt sind alle Ausfälle zurückgeschlagen. Auch bleiben wir nach außen nicht unthätig. Die Hoffnung der Pariser ist vor Allem auf die Armee der Loire gerichtet, welche auch wirklich im Vormarsch gemeldet war. Nun gut, diese Armee ist gestern auseinandergesprengt und Orléans von uns besetzt worden. Heute schon werden wir jenseit des Stromes stehen, den bekanntlich noch nie ein feindliches Heer überschritten hat. Die Regierung in Tours muß sich nach einem anderen Unterkommen umsehen.

Wird dies unglückliche Land endlich einsehen, daß es besiegt ist, daß seine Lage sich mit jedem Tage verschlimmert? Aber ich zweifle nicht, daß man auch jetzt wieder eine Siegesnachricht publizirt. Merkwürdig ist indeß, daß der „Gaulois", sonst ein Hauptlügenblatt, das Schreiben eines französischen Offiziers bringt, welcher den seltenen Muth hat, den Franzosen die Wahrheit zu sagen. Du wirst es in einer der nächsten Nummern unserer Berliner Zeitungen finden. Richtiger kann die Situation gar nicht gekennzeichnet werden, als es dieser unterrichtete und verständige Militär thut.

Daß vor Metz am 9. abermals ein großer Ausfall zurückgeschlagen wurde, wirst Du früher, als diese Zeilen anlangen, schon erfahren haben. Dort kann die Sache nun nicht mehr lange dauern. Es ist eine harte Geduldsprobe für die Einschließenden, härter für die Eingeschlossenen. Die Ausdauer und Hartnäckigkeit der Franzosen ist anzuerkennen; ihnen kommt zu Hülfe, daß es ihnen geradezu unbegreiflich erscheint, sie könnten besiegt werden, und doch hat sich die Ueberlegenheit der Deutschen in allen Gefechten bewährt, auch da, wo jene an Zahl überlegen waren, so am 16. August und hier vor Paris. Die ganze Feldzugsoperation freilich konnte nur bei einer entschiedenen numerischen Ueberzahl ausgeführt werden: gleichzeitig Einschließung von Metz, Belagerung von Straßburg und Marsch auf Paris. Die leichtsinnigen Rathgeber des Kaisers, die Schwätzer in der Kammer und die Literaturhelden hätten sich vorher erkundigen sollen, was ein geeinigtes Deutschland zu bedeuten hat.

Die republikanischen Machthaber in Paris wagen die Frage an das Land nicht. In der Tabaksdose eines Emissairs wurde das von Favre und Gambetta unterzeichnete Dekret gefunden, welches die von ihrem Kollegen Cremieux auf den 16. d. Mts.

anberaumten Wahlen zu einer konstituirenden Versammlung verbietet und mit ängstlicher Schonung sein einseitiges Vorgehen tadelt. So ist denn noch gar keine Aussicht, daß sich in Frankreich eine Autorität bildet, mit welcher man ernsthafte Verhandlungen eingehen könnte. Es ist in der That ein ruchloses Treiben, die Nation durch fortwährende Lügen über die Lage des Landes zu täuschen. Leistet Paris den Widerstand bis zur wirklichen Erschöpfung der Nahrungsmittel, so kann eine Situation eintreten, die zu denken furchtbar ist. Selbst wenn dann der Friede geschlossen, der Verkehr völlig freigegeben wird, wie soll beim besten Entgegenkommen von unserer Seite die Subsistenz für zwei Millionen Menschen herangeführt werden? Die Umgebung der Riesenstadt ist auf zehn Meilen Weite vollkommen ausfouragirt, die Eisenbahnen sind durch die Franctireurs sämmtlich unterbrochen. Die Sprengungen können in Monatsfrist nicht wiederhergestellt werden.

Die einzige Bahn, die wir bis jetzt haben wiederherstellen können, brauchen wir selbst zur eigenen Ernährung. Es ist furchtbar, wie das zur Macht gelangte Gesindel gehauset hat, und lächerlich dabei. Auf den schönen Straßen, die nach der Hauptstadt führen, ist das Pflaster aufgerissen und von Gräben durchschnitten, aber daneben fährt man auf dem bequemen Sommerweg. Die prachtvollsten Eichen und echten Kastanien sind zu Verhauen zusammengeschleppt, die stolzen Bogen der Viadukte liegen in Trümmern im Flußbett. Diese Sperrungen würden einen Sinn haben, wenn sie nun auch vertheidigt würden, aber diese Francvoleurs haben sich überall davongemacht, und ihre Verwüstungen hielten unsere Avantgarden nur um Stunden, die Armee aber nicht um einen Tag in ihrem Vormarsch auf. Ueberall trafen wir schon die Pontonbrücken neben den gesprengten Bauwerken, deren Wiederherstellung dem Lande Millionen kosten wird. Die Dörfer um Paris bestehen zur Hälfte aus den reizendsten Villen und Schlössern. Die Bewohner wurden mit Gewalt vertrieben, denen die Häuser angesteckt, welche nicht gehen wollten. Natürlich bricht der Soldat die Thüre auf, die er verschlossen findet, den Keller, in welchem er Brot und Wein sucht, den Schrank, um ein Handtuch oder einen Teller zu suchen. So sieht es dann arg aus an vielen Stellen, während da die Ordnung herrscht, wo die Bewohner sich dieser Tyrannei entzogen oder wo höhere Stäbe in Quartier liegen. Hier in Versailles z. B. konnte man glauben, daß tiefer Friede ist, wenn nicht von Paris her der Kanonendonner erdröhnte. Alle Läden sind geöffnet und die Industrie hat sich schon auf Feilbietung preußischer Uniformstücke geworfen. Juweliere und Uhrmacher fürchten nicht, ihre werthvollen Gegenstände auszubreiten. Kommandanturbefehle, an den Straßenecken angeheftet, verbieten, auf den Trottoirs zu reiten, in den Galerien zu rauchen, und auf dem Felde wird geackert und gesäet, ohne daß der Landmann besorgt, daß ihm seine Pferde ausgespannt werden. Freilich bleiben die Lasten und Requisitionen sehr groß, und Alles hofft auf ein baldiges Ende aller dieser Kalamitäten.

Ich nicht am wenigsten und manchmal habe ich eine Sehnsucht nach der stillen Ruhe des Kapellenberges. Die Nachrichten aus der friedlichen Heimat sind Sonnenblicke in dem rastlosen Treiben und der aufregenden Spannung, in welcher wir hier leben.

Schade, daß Ihr nun Creisau verlassen und nach allen Weltrichtungen auseinander gehen müßt, es wird wohl schon recht kalt am Fuß der Eule sein, und mir scheint, Du solltest bis etwa Ende November noch in dem warmen sonnigen Quartier in Berlin verbleiben, wo doch so manches, auch für Auguste und die Mädchen Interessantes, zu sehen ist. Die ganze Wohnung steht ja nun Guste zur Verfügung, denn so bald kommen ich und Henry doch nicht hin. Ihr habt auch dort alle Nachrichten zuerst. Ist das Glück gut, so erlebst Du dort noch den Einzug der Truppen.

Sodann scheint mir, Du solltest die definitive Uebersiedelung nach Lübeck doch auf nächsten Herbst verschieben. Wenn Du den Winter in der Schweiz verlebt hast, so ist doch Creisau schon im Frühling sehr schön und Alles dort zu Eurer Aufnahme bereit. Doppelfenster und Heizung machen das Haus ja auch schon früh ganz bewohnbar, und wir kommen dann aus Berlin bald hinzu. Ich muß jetzt schließen und grüße herzlichst alle Verwandten und unsere freundlichen Nachbarn.

Helmuth.

Versailles, den 27. Oktober 1870.

Mit Freude und herzlichem Dank habe ich die Glückwünsche aus der Heimat erhalten, Adolfs Brief schloß mit dem Wunsch:

"möge Bazaine den 26. durch Uebergabe von Metz verherrlichen."

So ist es gekommen, die Kapitulation wird allerdings (es müssen ganz besondere Umstände eintreten) erst heute Nachmittag 5 Uhr erfolgt sein.

Ehe diese Zeilen an Euch gelangen, wird. der Telegraph das große Ereigniß verkündet haben, und 101 Kanonenschuß auf dem Lustgarten den Berlinern die Mittheilung gemacht haben. Neue 150 000 Franzosen wandern in die Gefangenschaft, und die gewaltige Festung Metz fällt in unsere Gewalt. Seit der babylonischen Gefangenschaft hat die Welt nichts derart erlebt. Wir brauchen eine Armee, um jetzt über 300 000 Gefangene zu bewachen.

Frankreich ist ohne Heer, und dennoch muß erst abgewartet werden, ob die in Fieberhitze rasenden Pariser diesen hoffnungslosen Widerstand aufgeben. Vorher möchte ich nicht gern zu dem letzten blutigen Mittel des förmlichen Angriffs schreiten.

Die Ausfälle sind bisher an unseren Vorposten gescheitert, sie sind nirgends bis zu unseren Hauptstellungen durchgedrungen. Aber jede Verfolgung unsererseits ist unmöglich, und wir verlieren täglich Leute durch das Feuer der Forts, die mit der unglaublichsten Munitionsverschwendung auf gut Glück und auf Entfernungen von 8000 Schritt, über ³/₄ Meilen, feuern. Jeder Schuß kostet 6 Thaler, der mit dem großen Stahlgeschoß der Marine bis zu 93 Thalern; mit 60 bis 100 Schuß tödten sie uns 3, 5 bis 20 Mann, je nachdem der Zufall will. Zum Theil stehen wir auch im Bereich des Infanteriefeuers, und man nimmt vorsichtig die Mütze ab, ehe man über die Kante einer Mauer oder einer Brustwehr hinüberschaut. Alle Zuzüge von außen ferner sind geschlagen und versprengt worden, aber durch lügenhafte Berichte und patriotische Phrasen stachelt die Regierung die unglückliche Bevölkerung der Provinzen stets zu neuem Widerstande auf, der dann durch Vernichtung ganzer Städte niedergeschlagen werden muß. Die Neckereien der Franctireurs müssen durch blutige Repressalien erwidert werden, und der Krieg nimmt einen immer gehässigeren Charakter an. Schlimm genug, wenn sich die Armeen zerfleischen müssen; man führe doch nicht die Völker gegeneinander, das ist kein Fortschritt, sondern ein Rückschritt zur Barbarei. Wie wenig selbst die Massenerhebung, selbst einer so tapferen Nation wie diese, gegen eine noch so kleine, aber geschulte Truppenabtheilung vermag, davon sollten sich unsere Liberalen, welche die Volksbewaffnung predigen, an deren Erfolg in diesem Feldzuge überzeugen.

Es bleibt uns, so lange eine wirkliche und von der Nation anerkannte Gewalt in Frankreich nicht konstituirt ist, nur übrig, die Verheerungen des Krieges in immer größerer Ausdehnung zu verbreiten.

Auch am politischen Himmel tauchen durch Vermittelungsversuche neue Wolken auf. Es ist unglaublich aber wahr, daß Graf v. Beust durch seine bisherigen Niederlagen noch nicht gewitzigt worden ist, sondern fortfährt, mit dem Feuer zu spielen. Er möge sich in Acht nehmen, wir sind ganz in der Lage, Ernst zu machen. Er wird sich aber wohl besinnen.

Das 17. Dragoner-Regiment war beim Einrücken in St. Quentin durch Freischaaren beschossen und hatte 35 Verwundete, jetzt steht Wilhelm vor Mézières, dessen Belagerung gestern eröffnet worden ist.

Helmuth hat sich hier vierzehn Tage gut herausgefuttert und ist jetzt auf Vorposten, gestern war er auf ausdrücklichen Befehl des Königs hierher beurlaubt. Heute fuhr ich mit Henry zu ihm hinaus, um ihm einige Lebensmittel, Wein und Cigarren zu bringen, er befindet sich vortrefflich. Henry ist mit Vortheil in das 60. Regiment versetzt, wo er in kurzer Zeit eine Kompagnie erhalten kann; bis dahin bleibt er bei mir.

Ohne Zweifel seid Ihr jetzt Alle in Berlin, wo es jedenfalls weniger rauh ist als in Creisau. Auch hier ist der Winter früh eingetreten, und die Bäume sind fast ganz des Laubes schon beraubt. Glücklicherweise sind unsere Leute, mit Ausnahme der Vorposten, unter Dach, auch fehlt es nicht an Holz, und die Verpflegung ist gut.

Ich hoffe, daß Ihr Alle gut untergebracht seid, namentlich Adolf auf der Sonnenseite. Leicht möchte in den nächsten Wochen eine Klärung der Situation eintreten und vor der Reise abzuwarten sein.

Ich glaube, daß es fast am sichersten ist, wenn im Schloß, wie bisher, Niemand schläft, die Schäferhunde werden schon aufpassen. Ich denke, Ihr bleibt den November noch ruhig in Berlin, vor Weihnachten giebt es keine ernstliche Kälte.

Es ist ganz richtig, daß der Etappenposten in Stenay sich hat überfallen lassen, 1½ Kompagnien, aber nicht von Mézières, sondern von Montmédy aus. Zerstörung von Telegraphen, Losreißen von Schienen und dadurch Unglück auf der Eisenbahn kommen immer noch vor, daher Erschießung der Schuldigen und Brandschatzung der nächsten Ortschaften unerläßlich. Auf den geheimen Artikel in Gustes Brief erwidere ich, daß ich Henry zu Weihnacht die goldene Uhr seines Bruders John schenken werde, die vortrefflich geht und die ihm erst eigentlich nach meinem Tode bestimmt war.

Graf Brockdorf ist gefangen und über Orléans nach dem südlichen Frankreich abgeführt. Nach dem was sein Regimentskommandeur Oberst Wright mir darüber schreibt, wäre er gut behandelt. Gefangene sind bis jetzt nirgends ausgewechselt, und mit einem Einzelnen kann keine Ausnahme gemacht werden. Hoffentlich wird der Friede bald alle befreien. Ich bitte Guste, dies an Frau v. Bülow zu sagen, die an mich geschrieben hat. Graf B. ist der Bräutigam ihrer Enkelin Loën.

Den 28. Oktober, 8 Uhr früh. Eben Telegramm aus Metz, Festung hat kapitulirt, 3 Marschälle, 6000 Offiziere, zusammen 173 000 Mann Gefangene, nur 16 000 krank.

Helmuth.

Versailles, den 23. November 1870.

Lieber Adolf!

Schwester Guste schreibt, daß Du etwa am 28. d. M. Deine Reise antreten willst, vielleicht erreichen Dich diese Zeilen noch vorher. Ich habe lange nicht geschrieben.

Wenn man so monatelang bei Tag und Nacht immer nur einen Gedanken verfolgt, so wird er zur Qual, und doch kann man sich von ihm schwer losreißen. Nach Sedan und Metz mag es in Berlin wohl geschienen haben, daß Alles zu Ende sei; wir haben aber eine sorgenvolle Zeit verlebt. Der größte Theil unserer Streitkräfte wurde vor Paris festgehalten, und der hartnädige und ausdauernde Widerstand der Armee Bazaines, den man jetzt für einen Verräther erklärt, verhinderte eine baldige Heranziehung neuer Kräfte. Inzwischen war es dem Terrorismus der Advokatenregierung gelungen, alle guten und schlechten Eigenschaften der französischen Nation auszubeuten, ihren Patriotismus, ihren Muth, ihre Selbstüberschätzung und Unwissenheit. Rings umgeben von bewaffneten Banden hatten wir nach innen Front zu machen gegen verzweifelte Ausfälle, nach außen gegen Verrath und Ueberfälle.

Nachdem das ganze französische Heer in die Gefangenschaft nach Deutschland gewandert ist, stehen heute mehr Bewaffnete in Frankreich gegen uns als zu Anfang des Krieges. Belgien, England und Amerika lieferten die Waffen reichlich, und wenn heute eine Million Gewehre ankämen, so würden wir in wenig Tagen eine Million bewaffneter Franzosen mehr gegen uns haben, denn der Terrorismus ruft Alles bis zum 46. Lebensjahre von Haus und Hof, von Familie und Heimat zu den Fahnen. Daß eine solche Kriegführung für das Land eine Grausamkeit ist, welche ihm die tiefsten Wunden schlägt, macht denen die wenigste Sorge, welche vor Allem eine Macht bewahren wollen, über deren Legalität sie die Nation zu befragen nicht wagen. Es kann nicht genug betont werden, daß wir freie Wahlen, die freiesten gewiß, die Frankreich noch gehabt hat, auch in den von uns besetzten Landestheilen, auch ohne Waffenstillstand und ohne jegliche Bedingung genehmigt haben. Man könnte von einem allgemeinen humanitären Standpunkt wünschen, den Beweis geführt zu sehen, daß der feste Entschluß eines ganzen Volkes dessen Bezwingung unmöglich macht, daß ein „Volksheer", wie es von unseren Liberalen gefordert wird, genügt, um ein Land zu schützen. Der vaterländische Standpunkt ist freilich ein anderer, und wir hoffen zu zeigen, daß die Erhebung selbst einer Nation mit solchen unerschöpflichen Mitteln und von solchem Patriotismus, wie die französische, nicht Stand halten kann gegen ein geschultes und tapferes Heer, und in einem ruchlos provozirten Angriffskrieg mag sich auch der Kosmopolit und Philanthrop darüber trösten. Jetzt haben wir unsere Streitkräfte heran und nehmen die Herausforderung an; größere Entscheidungen werden, wenn Du diesen Brief erhältst, voraussichtlich fallen. Aber nur erbarmungslose Strenge kann zum Ziele führen. Fouqué erzählt von einem Ritter, der überall helfend und rettend auftritt, aber Alles flieht, wo er erscheint, weil dort stets große Unglücksfälle eintreten. So geht es hier den Städten mit ihren Beschützern, den Nationalgarden und Freischaaren. Die Bewohner einer Festung dürfen sich nicht beklagen, aber wenn eine Stadt wie Châteaudun u. a. in dem vergeblichen Versuch der Beschützer, sich darin zu behaupten, fast vernichtet wird, so ist das eine Grausamkeit der Vertheidiger. Die Städte, welche das Glück gehabt haben, deren nicht zu finden, befinden sich sehr wohl. In Reims haben wir Eisenbahnen und Kanäle wieder hergestellt, um 40 000 Fabrikarbeitern Kohle zuzuführen, die reiche Weinlese ist ungestört ausgeführt und die Champagnerfabrikation in vollem Zuge. Hier in Versailles sind alle Läden offen, der Markt mit Lebensmitteln überschwemmt, und auf den Feldern pflügt der Landmann mit seinem Gespann. Jenseits unserer Vorposten hingegen liegt eine selbstgeschaffene Wüste von verlassenen Häusern, zerstörten Villen, in Brand geschossenen Palästen und umgehauenen Wäldern. Die Hauptsache aber ist, daß eine bewaffnete Menschenmenge noch lange keine Armee ist, und es ist eine Barbarei, sie in die Schlacht zu führen. Der Krieg wird immer erbitterter und gehässiger, Niemand kann den Frieden sehnlicher wünschen als ich, aber niemals könnte ich für einen Frieden stimmen, der Deutschland nach solchen Opfern nicht seine Existenz sicherte.

Viel hängt dabei von Deutschland selbst ab. Die Verhandlungen des Reichstages werden sehr interessant sein, wenn die süddeutsche Frage auf die Tagesordnung kommt.

Von unseren Verwandten kann ich nur Erfreuliches berichten. Wilhelm ist endlich mit seiner Schwadron beim Regiment eingetroffen und steht heute in der Gegend von Chartres. Helmuth steht wieder auf Vorposten gegen Paris, wird aber in den nächsten Tagen abgelöst. Henry und ich suchen ihn von Zeit zu Zeit auf und führen ihm einige Erquickungen zu. Guste bitte ich, sich nicht um allerlei kleine Ausgaben zu ängstigen; was wir brauchen, ist reichlich vorhanden, ich habe genug für die junge Generation zurückgelegt und gespart, uns Alten soll jetzt nichts mehr abgehen.

Wenn Du in der Schweiz noch keine Pension im voraus hast ermitteln können, so hat das nichts auf sich. Die Schweiz ist so gut auf Fremdenbesuch eingerichtet, daß man stets ein Unterkommen findet. Ich empfehle Dir Beaurivage nicht in sondern unterhalb Lausanne am See, und ganz besonders Hotel du Parc in Lugano. Freilich eine etwas weitere Reise, aber deutsche Wirthschaft unter italienischem Himmel. Die Nähe der zauberhaften lombardischen Seen ist viel werth.

Für mich lassen sich keine Pläne im voraus machen, aber ich hoffe, daß wenn der Feldzug zu Ende ist, der König mir Ruhe nicht versagen wird.

Eben kommt Henry von den Vorposten zurück, wo er Helmuth wohl und munter beim Schanzenbau getroffen hat.

Helmuth.

Versailles, den 22. Dezember 1870.

Lieber Adolf!

Heute erhielt ich aus Ouzouer (nahe bei Châteaudun) eine Korrespondenzkarte von Wilhelm vom 17. d. M. Er schreibt: „Wir haben jetzt seit dem 2. Dezember mit Ausnahme zweier Ruhetage jeden Tag Gefecht gehabt und dabei eine Kälte in den

Biwaks, die wirklich heillos war. Es freut mich, Dir mittheilen zu können, daß ich mich trotzdem Gottlob ganz wohl befinde. Der Boden ist jetzt so tief, daß wirklich kaum durchzukommen ist, ja daß sogar einzelne Pferde stecken geblieben sind und haben erschossen werden müssen. Die armen Pferde sind natürlich infolge dessen, namentlich bei der schmalen Kost, recht müde, doch befinden sich meine mit Ausnahme meiner Stute, die todtgeschossen werden mußte, ganz wohl."

Die Stute, das schöne Pferd, welches er in Nicolsburg von mir erhielt, war schon in Rambouillet krank stehen geblieben. Nun, die Hauptsache ist, daß der Reiter selbst heil geblieben. Die 4. Kavallerie-Division hat während der ganzen Hälfte des Dezember Außergewöhnliches geleistet. Gambetta sagt in einer aufgefundenen Korrespondenz, die freilich nicht für die Oeffentlichkeit zurechtgestutzt war — nous n'avions que la 17 et la 22 division devant nous, tout au plus 60 000; nous avions 200 000 et nous ne pouvions pas avancer. General Chanzy ist vielmehr in voller Auflösung über Le Mans zurückgeworfen und sammelt die Trümmer seines Heeres wahrscheinlich jetzt in dem verschanzten Lager von Conlie, wohin wir ihm vorerst nicht zu folgen gedenken. Wilhelm wird daher jetzt in der Gegend von Chartres voraussichtlich eine längere Ruhe haben, deren die Truppen auch sehr bedürfen.

Gestern haben die Franzosen wieder mit großem Aufwand von Mitteln einen ihrer vergeblichen Versuche gemacht, auszubrechen. Wie die Hühner durch Kakeln verkünden, daß sie ein Ei legen wollen, so annonciren die Pariser ihre Absicht durch eine wüthende Kanonade aus allen Forts. Am Vormittag fanden dann Truppenbewegungen gegen die Stellung sowohl des IV. wie des V. Korps statt, die sogleich als Demonstration erkannt wurden. Gegen den wahren Angriff in nordöstlicher Richtung waren schon Abends zuvor unsere Reserven beordert. Dort griffen volle drei französische Divisionen an und wurden an allen Punkten zurückgeschlagen. Abends hatten wir alle, auch die exponirtesten Vorpostenstellungen wieder besetzt, und ich bin neugierig auf das nächste Siegesbulletin aus Paris.

Helmuth steht schon seit 10 Tagen auf Vorposten, ich bin mehrmals hinausgefahren und habe auch für seine Ernährung gesorgt. Gestern haben die Forts allein gegen das Terrain, auf welchem das V. Korps steht, 300 Granaten des schwersten Kalibers geschleudert; das Resultat war ein verwundeter Füsilier. Es scheint den Leuten ein besonderes Vergnügen, aus sicherem Hinterhalt viel Lärm zu machen, oder sie wollen mit ihrer Munition aufräumen.

Von Helmuth selbst habe ich noch keine Nachricht, würde sie aber haben, wenn ihm etwas zugestoßen wäre. Uebrigens muß er dieser Tage abgelöst werden und kann sich dann hier wieder erholen.

Die allgemeine Sehnsucht nach Beendigung dieses furcht= baren Krieges läßt in der Heimat vergessen, daß er erst fünf Monate dauert, man hofft Alles von einem Bombardement von Paris. Daß dieses nicht schon erfolgt, schreibt man zarter Rück= sicht für die Pariser oder gar dem Einfluß hoher Persönlich= keiten zu, während hier nur das militärisch Mögliche und Zweck= mäßige ins Auge gefaßt wird. Von drei Seiten sind mir schon die Verse zugeschickt:

> Guter Moltke, gehst so stumm
> Immer um das Ding herum,
> Bester Moltke, sei nicht dumm,
> Mach doch endlich bum bum bum!

Was es heißt, eine Festung anzugreifen, zu deren Ver= theidigung eine Armee bereit steht, das hätte man doch aus Sewastopol lernen können. Sewastopol wurde erst Festung während des Angriffs, alles Material konnte zur See heran= geschafft werden, die Vorbereitungen dauerten zehn Monate, der erste Sturm kostete 10 000, der zweite 13 000 Menschen.

Um Paris zu bombardiren, müssen wir erst die Forts haben. Es ist auch zur Anwendung dieses Zwangsmittels nichts versäumt; ich erwarte aber weit mehr von dem langsam, aber sicher wirkenden Hunger.

Wir wissen, daß seit Wochen in Paris nur noch einzelne Gaslaternen brennen, daß in den meisten Häusern trotz des ungewöhnlich frühen und strengen Winters, bei völligem Mangel an Kohlen, nicht geheizt wird. Ein Schreiben des Generals B. an seine Gemahlin, mit Ballon aufgefangen, giebt folgende Preise an: ein Pfund Butter 20 Franken, ein Huhn 20 Franken, une dinde non truffée, bien entendu, 60 bis 70 Franken; hübsch beschreibt er sein Souper: Hering mit Mostrichsauce, außerdem ein reizendes kleines filet de boeuf dont on faisait fête. Paul, le cuisinier avait fait des bassesses pour l'avoir, il a promis au boucher Mr. et madame M. un sauf conduit pour un des forts pour tâcher de voir les Prussiens. Diese vertraulichen Mittheilungen zwischen Mann und Frau charakterisiren die wirkliche Lage besser als alle Zeitungsberichte, die nach der einen oder andern Richtung übertreiben. Die Hungersnoth ist noch nicht da, aber ihre Vorläuferin, die Theuerung. Die Rothschild und Pereire haben noch immer ihr dindon truffé, die untersten Klassen sind von der Regierung bezahlt und ernährt, aber der ganze Mittelstand darbt und zwar schon seit lange. Solche Zustände sind auf die Dauer nicht haltbar. Freilich setzt es voraus, daß wir in der Feldschlacht alle die Heere schlagen, die sich immer von Neuem gegen uns zusammenballen. Wohl nur der Schreckensherrschaft der Advokaten ist es möglich, solche Heere aufzutreiben, schlecht organisirt, ohne Fuhrwesen sie der rauhen Witterung auszusetzen; selbst ohne Ambulancen und Aerzte. Die unglücklichen Menschen, bei allem Patriotismus und bei aller Tapferkeit sind sie nicht im Stande, unseren festgefügten braven Truppen zu widerstehen, das Elend der Biwaks bezimirt sie schonungslos, und die Ver=

wundeten liegen zu Hundert an dem Wege, ohne jede Hülfe, bis unsere Ambulancen, auf welche die Franzosen schießen, sie finden. Die Franctireurs sind der Schrecken aller Ortschaften, sie beschwören das Verderben über diese herauf.

Doch genug der traurigen Dinge. Gott schenke einen baldigen, glücklichen Ausgang, und an dem zweifle ich nicht... Wenn ich das Ende dieses Krieges erlebe, so möchte ich gleich nach Gastein gehen. Wenn die tägliche Anspannung aufhört, so brechen die Nerven zusammen, und gerade eine Winterkur in Gastein ist mir sehr empfohlen, von dort kann ich über den Brenner leicht nach Riva gelangen, wo wir uns vielleicht wiedersehen. Ich hoffe, daß Deine Mädchen tüchtig in den Bergen herumklettern und auf dem Wege nach Glion wenigstens bis zu der kleinen protestantischen (calvinischen) Kirche gelangt sind, von wo man den prachtvollen Blick auf den See, das Rhonethal und den dent du midi hat. Auguste wird das Bergsteigen doch wohl zu beschwerlich, aber bis Château Chillon geht es immer ebenweg. Ich grüße sie Alle herzlich und wünsche, daß Ihr des schönen Aufenthaltes recht froh werden möget. Hoffentlich hast Du Karten von Frankreich mitgenommen und deutsche Zeitungen dorthin abonnirt. Aus den französischen Blättern ist nichts zu entnehmen, während unsere offiziellen Angaben jederzeit zuverlässig sind. Mit besten Wünschen Dein Bruder

Helmuth.

Versailles, den 3. Februar 1871.

Wer hätte das gedacht, lieber Adolf, daß Du in der Schweiz Dich fast auf dem Kriegsschauplatz befinden würdest, und doch muß wohl heute schon der größte Theil des vormals Bourbakischen Heeres Schutz auf diesem neutralen Gebiet gesucht haben, welches uns so die Last der Bewachung abnimmt. Aus

ben Zeitungen weißt Du schon, daß ein dreiwöchentlicher Waffen=
stillstand abgeschlossen ist. Wir haben die sämmtlichen Forts
besetzt, Paris selbst ist für uns nur das große Gefängniß, in
welchem wir die gefangene Armee bewachen. Kein bewaffneter
Franzos darf heraus, keiner von uns hinein.

Inzwischen brehen wir die Wälle und Geschütze der Forts
um, und wenn der Waffenstillstand nicht zum Frieden führt, so
haben wir es in der Hand, die stolzeste Stadt der Welt in
einen Schutthaufen zu verwandeln, außerdem die gestattete Zu=
fuhr von Lebensmitteln wieder zu sistiren. Da nun alle fran=
zösischen Heere geschlagen sind, ein Drittel des ganzen Landes
von uns besetzt ist, so sollte man wohl glauben, einige Nach=
giebigkeit zu finden. Aber die Franzosen sind so sehr der Herr=
schaft der Phrase unterworfen, daß für nichts zu stehen ist.
Ein Dutzend leidenschaftlicher Redner können die ganze Assemblée
nationale zu den unberechenbarsten Entschlüssen fortreißen. Schon
jetzt liefert der letzte Erlaß Gambettas eine Probe, welcher im
Gegensatz mit seinem Kollegen Favre das alte Lied von den
fremden Barbaren und dem Krieg à outrance flötet. Wenn
sich die anderen vagabondirenden Mitglieder des Gouvernements
dem anschließen, so werden wir zunächst zwei Regierungen und
bald 20, d. h. gar keine mehr haben. Das Land ist in der
That mit der Anarchie bedroht. Wir müssen daher auf die
Fortsetzung des Kampfes völlig gerüstet sein, und die schon ge=
steigerte Erbitterung unserer Leute wird furchtbar sein.

Henry wird Deiner Frau berichtet haben, daß es in Nanteuil
lange so schlimm nicht aussieht. „Es ist der Krieg ein rauh
gewaltsam Handwerk." Denke Dir, daß Helmuth mit seiner
Kompagnie nach langem Marsch müde, hungrig, frierend ankommt.
Er hat das Glück, in einer schönen Villa Quartier zu finden.
Nach einigem Harren trifft auch die Proviantkolonne ein, es
fehlt bloß das Feuer, um sich zu trocknen, erwärmen und zu
kochen. Holz ist da, aber der reiche Besitzer hat eine einflußreiche

Fürsprache gewonnen, es darf kein Baum gefällt werden — könnte man den Leuten es so sehr verdenken, wenn sie einige Fauteuils und Pianinos kleinmachten?

Mit meiner Gesundheit geht es wunderbar gut, wenn aber die Spannung aufhört, werde ich wohl bald nach Gastein müssen. Ich habe hier alle Abend meine Whistpartie, seit ruhigere Zustände eingetreten sind, als sie in dem ersten Theil des Feldzuges waren. Es ist ein calmirendes Mittel vor dem Schlafengehen.

Henry grüßt freundlichst Dich und die Deinen mit Deinem Bruder

Helmuth.

Versailles, den 4. März 1871.

Lieber Adolf!

Ich habe Dein Schreiben vom 19. v. M. aus Clarens richtig erhalten, es gab aber gerade so viele, zum Theil sehr peinliche Verhandlungen, und die ganze Situation war noch eine so unsichere und spannende, daß ich mich nicht zum Antworten entschließen konnte. Seitdem ist ja nun der Präliminarfriede ratifizirt und zwar mit solcher Hast, daß unsere Truppen nur zweimal 24 Stunden in Paris verblieben sind. Es genügt übrigens, dort acte de présence gemacht zu haben. Das Königs-Regiment, welches bei der Belagerung vorzugsweise viel geleistet hat, war behufs Einrückens per Eisenbahn aus Orléans herangezogen worden, es konnte gestern nur noch eine Parade auf dem Longchamp im Bois de Boulogne mitmachen. Helmuth ist wohlauf, ich habe ihn nur von ferne begrüßt, das Bataillon kommt eben heute hier in Quartier. Wilhelm marschirt heute aus der Gegend von Lisieux, linkes Seine-Ufer, nach Rouen ab. Auf beide Jungen kannst Du stolz sein. Sie haben sich gut bewährt, und es ist eine große Gnade Gottes, daß sie beide unversehrt geblieben sind in diesem blutigen Kriege und auf so exponirten Posten, wie sie den jüngsten Offizieren zufallen. Henry ist stets wohlauf und sehr beliebt bei allen Kameraden; er verwaltet bei mir Adjutantengeschäfte und führt Haushalt und Geldwirthschaft für mich.

Der definitive Friedensschluß kann voraussichtlich erst nach etwa zwei Monaten erfolgen, bis dahin behalten wir den ganzen Theil von Frankreich östlich der Seine, auch die dort belegenen Forts von Paris besetzt. Wir können vorerst nur die Landwehr entlassen und bleiben noch mit einer halben Million Soldaten im Lande stehen.

Auch der Kaiser verbleibt noch vierzehn Tage bei der Armee, um die Truppen zu sehen; zur Eröffnung des ersten Reichstages muß er in Berlin sein. Ich hoffe, daß das Oberkommando hier nicht zurückbleibt, sondern daß ich auch, etwa am 18. d. M., nach Berlin zurückkehre. Ich bin in dem Bezirk Haidekrug und in Cleve-Geldern zur Wahl gestellt. Der Reichstag und der Einzug der Truppen wird mich dann wohl in Berlin bis zum Sommer festhalten, bevor ich nach meinem lieben Creisau gehen kann, wo ich nun gern den kurzen Rest meines Lebens ruhig bliebe. Ich kann Gott nicht genug danken, daß ich das Ende dieses großen weltgeschichtlichen Kampfes noch erlebt habe. „Der Herr ist stark in dem Schwachen", aber froh werde ich des Erfolges erst, wenn Alles vorüber ist. Wie oft hat es schon so ausgesehen, als ob nun Alles gut wäre (Metz, Sedan), und plötzlich trat eine Situation ein, die Alles wieder in Frage stellte.

Wir haben hier jetzt das köstlichste Frühlingswetter, wie bei uns Anfang Mai. Die kleinen Sträucher werden schon grün, und ich glaube, daß in vierzehn Tagen die Kirschen blühen können. Dazu die wundervolle Umgebung der prachtvollen Capitale, leider voll Brandstätten, Trümmerhaufen und umgehauenen Waldstrecken. Aber schon gehen die Leute an das aufbauen, und es ist ein solcher Reichthum im Lande, daß auch die Kalamitäten dieses Krieges in wenig Jahren wieder werden verwischt sein, wenn nur eine starke Regierung aufkommt. Aber wie überhaupt in Zukunft das Regieren, und namentlich in Frankreich, bei voller Preß- und Redefreiheit möglich, sehe ich nicht ein. Die große Gefahr aller Länder liegt wohl jetzt im Sozialismus. Für sehr glücklich halte ich das gute Verhältniß, welches sich jetzt mit Oesterreich anbahnt. Die Franzosen werden, wie früher dieses, Rache schnauben, aber wenn sie zu Kräften kommen, könnten diese leicht eher gegen England als gegen die starke Centralmacht gerichtet sein, die sich so in Europa bildet. Die Engländer werden dann die Früchte ihrer kurzsichtigen Politik ernten.

Am 15. April übersiedle ich nach dem neuen Generalstabsgebäude, zu dessen Ausmöblirung Se. Majestät noch 12 000 Thaler bewilligt haben, dort ist Platz für Viele, und ich hoffe, daß Du die Zeit von Deiner Rückkehr bis zu Deiner völligen Einrichtung in Lübeck bei mir zubringen wirst. Ich muß schließen mit herzlichem Gruß.

Helmuth.

Ferrières, den 11. März 1871.

Lieber Adolf!

Ich hoffe, daß Du glücklich in Arco angekommen bist.

Der Einzug der siegreichen Armee in Berlin wird in den ersten Tagen des Mai stattfinden, und Du kannst demselben dann beiwohnen; ich denke, Ludwig wird auch kommen. Aus der Zeitung ersehe ich freilich, daß Du im 6. Holsteinschen Bezirk mit einem Herrn Jenssen zur engeren Wahl stehst; solltest Du annehmen, so würdest Du allerdings (nach 14 tägigem beim Präsidenten einzuholenden Urlaub) schon in den ersten Tagen des

April nach Berlin kommen müssen, wo Du Wohnung bei mir findest.

Nach heute stattgehabten Konferenzen halte ich jetzt die letzte erhebliche Differenz in Interpretation der Präliminarverträge für gehoben und fühle mich dadurch sehr erleichtert; bisher habe ich der ganzen Sache noch nicht recht froh werden können.

Ich hoffe, daß Du eine recht schöne Reise auf dem Comer See, dem schönsten von allen, gehabt hast. Wie werden die Apfelsinen den Mädchen schmecken; wir bekommen immer nur unreifes Zeug, aber die im zweiten Jahre am Stamme sitzen, sind prachtvoll.

Auf der Rückreise wirst Du das sehr interessante Trient sehen. Ich empfehle sehr einen Ausflug von Botzen aus (wunderbare Dolomitgebirge in der Ferne) nach Meran, in Sterzing gutes Nachtquartier im Elephanten, Brennertour und mehrtägigen Aufenthalt in Innsbruck. (Schloß Amras.)

Dein Schreiben vom 2. aus Lugano (ist es nicht schön?) habe ich noch in Versailles richtig erhalten. Ich hoffe, daß Du mit den Friedensbedingungen zufrieden bist. Belfort ist ganz französisch.

Deine Reise über den Simplon ist ja sehr glücklich gewesen. Habt Ihr den riesenhaften Epheu auf Isola bella bemerkt?

Das V. Armeekorps wird kein Kontingent zur dauernden Besetzung in Frankreich stellen. Es wird nach definitivem Friedensschluß und Zahlung der ersten Milliarde in die Heimat zurücktransportirt, und Du wirst hoffentlich Helmuth zum Sommer von dem nahen Liegnitz aus in Creisau sehen.

Alle die Unsrigen sind, soweit die Nachrichten reichen, wohlauf, Helmuth auf dem Marsch nach Dijon. Henry grüßt mit mir Dich und die Deinigen.

Helmuth.

Berlin, den 21. März 1871.

Lieber Adolf!

Aus einem eben an Schwester Guste eingegangenen Brief vom 17. d. M. ersehen wir, daß leider Unpäßlichkeit Dich in Lugano noch festhält. Glücklicherweise bist Du dort gut untergebracht, und ich bitte Dich dringend, Deine Abreise nicht zu übereilen. Selbst wenn Du ein Mandat für den heute zu eröffnenden Reichstag annimmst, rathe ich nicht, vor den ohnehin zu Ostern eintretenden Ferien zu kommen, es genügt, wenn Du dem Präsidium meldest, daß Du auf der Reise erkrankt bist. Hier friert es bei Nacht Eis, und bei Tage muß geheizt werden. Nachdem wir selbst hier schon warme Tage gehabt haben, ist ein Winterhauch eingetreten, der auch wohl über die Alpen hinwegreichen mag; aber dort wird es gewiß bald wieder mild und schön werden.

Henry und ich sind wohl und munter zurückgekehrt, aber dem Frieden ist noch nicht zu trauen. Wie Du aus den Zeitungen ersehen haben wirst, ist Paris augenblicklich ganz in Händen der Insurgenten. Vermag die Regierung ihrer nicht bald Herr zu werden, bestätigt sich, daß die Linientruppen mit den Meuterern fraternisiren, so dürfte Frankreich der vollständigen Anarchie verfallen; es fehlt der Henkel, an welchem bisher die Sache anzufassen war. Für uns ist die Assemblée nationale das offizielle Frankreich. Es ist die freigewählteste Versammlung, die je gewählt worden ist. Die ländliche Bevölkerung und die besitzende Klasse sind in ihr ausreichend vertreten. Unterwerfen sie sich dem Pariser Pöbel und den fremden Agitatoren, so verrathen sie ihr Vaterland, und nur eine neue Militärdiktatur kann ein Frankreich wieder herstellen. Einstweilen bleiben wir mit 600 000 Mann im Lande stehen und schicken nur die Landwehr nach Hause. Gestern vor 56 Jahren landete Napoleon I.

von Elba in Frankreich; es hätte dem Neffen ähnlich gesehen, wenn er unter den jetzigen Umständen acte de présence eben= dort gemacht hätte; er ist aber gestern in Dover gelandet.

Gott befohlen und gute Besserung, lieber Adolf. Die freundlichsten Grüße an Auguste und die Mädchen. Versäumt nicht, Villa Carlotta (Sommariva) zu besuchen.

Helmuth.

Berlin, den 31. März 1871.

Lieber Adolf!

Erst nach Deinem Brief vom 28. ist es möglich, Dir wieder direkte Nachricht zukommen zu lassen. Schon vor vierzehn Tagen telegraphirte ich nach Arco, daß Jenssen mit einer ge= ringen Majorität gesiegt hat. Ich dachte mir, daß es Dir jedenfalls lieb sein würde, bald zu erfahren, woran Du seiest. Du kannst nun wenigstens in aller Ruhe die warme Jahreszeit jenseits der Alpen abwarten, und ich versichere Dich, daß es hier scheußlich ist. Leider ist ja die Veranlassung zu dem verlängerten Aufenthalt in Lugano sehr unerfreulich, wenn Du aber erst etwas gestärkt sein wirst, so wirst Du die Schönheit der Weiterreise doppelt genießen. Nur reise nicht, ehe Du ganz hergestellt bist. Wir werden uns sehr freuen, Dich später hier in dem neuen Generalstab zu empfangen, aber ich werde kaum früher als Anfang Mai übersiedeln; zwar sind die Bureaux in vollem Umzug, aber die Chefswohnung ist noch nicht fertig. Wann wir endlich die Truppen in die Heimat zurückbringen werden, ist noch gar nicht abzusehen. Das Garde= und das V. Korps waren schon auf dem Abmarsch, Alles hat aber Halt machen müssen, und nur die Landwehr wird in die Heimat entlassen. Es ist für uns wie für Frankreich eine schwere Last, daß wir dort mit 600 000 Mann stehen bleiben. Aber bei der elenden Schwäche der Regierung muß man auf Alles gefaßt sein; jedenfalls hat sie keinen Kredit, und Niemand borgt ihr die Summe, ohne welche wir nicht fortgehen, so lange Paris nicht unterworfen ist. Für diesen Zweck haben wir nachgegeben, daß 80 000 Mann bei Versailles versammelt werden dürfen. Aber der kleine Schwätzer Thiers glaubt noch immer durch Proklamationen und Phrasen ohne Blutvergießen jene Räuberbanden zu belehren, die schon die Assembléé nationale als abgesetzt, ihre Mitglieder in Anklagezustand erklären und sie nächstens ganz aus Versailles fortjagen werden. Die Eitelkeit des Mannes gestattet ihm nicht, die Macht, welche er nicht zu handhaben weiß, in die Hand eines tüchtigen Generals zu legen, ohne welche Maßregel auf die Truppen gar kein Verlaß ist. So geht es, wenn die Dilettanten zur Gewalt gelangen. Für Frankreich kann die Sache nur durch einen Diktator zu Ende geführt werden, und dieser kann immer nur mit einem Blutbade in Paris anfangen. Findet sich kein solcher, so sind der Bürgerkrieg und die Anarchie unvermeidlich.

Wir grüßen Alle herzlich und wünschen baldige Rekonvaleszenz und gutes Wetter. Nächstens Ausführlicheres.

Helmuth.

(Letzter Brief an den Bruder, welcher am 7. April in Lugano starb.)

Creisau, den 15. September 1871.

Liebe Auguste!

... Oftmals erinnern wir uns an Adolfs letzten Aufenthalt hier, der ihm so wohl bekam. Ueberhaupt ist es tröstlich, daß der Abend seines so vollständig abgelaufenen Lebensweges ein zufriedener war. Er muß befriedigt und glücklich nicht nur über die großen Weltereignisse gewesen sein, die zu erleben ihm noch vergönnt war, sondern auch besonders über das Verhalten der beiden Söhne, die unter Gottes Schutz vor allem Unglück bewahrt geblieben sind. Sein sanftes Erlöschen in Mitte der Seinigen war in der That ein beneidenswerthes Ende, wie es nach einer langen Laufbahn treuester Pflichterfüllung nur gewünscht werden kann.

Wir grüßen Alle aufs Herzlichste, und ich verharre mit den besten Wünschen der Ihrige.

Helmuth Moltke.

Berlin, den 6. August 1874.

Liebe Auguste!

Es war mir ein Trost, gestern früh die Leiche meines Bruders Fritz noch zu sehen; so still und friedlich waren seine Züge, der Ausdruck des rechtschaffenen Mannes. Er ist, wie es scheint, ebenso wie sein Bruder Adolf ohne jeglichen Todeskampf hinübergeschlummert.

Während seines Krankenlagers hatte er mich aufgefordert, der Vollstrecker seines letzten Willens zu sein. Im Beisein der anwesenden Verwandten habe ich Kenntniß von demselben genommen und danach verfahren.

Helmuth.

Berlin, den 26. Dezember 1874.

Vielen Dank, beste Auguste, für das sehr gelungene Bild mit dem lieben, aber leidenden Ausdruck meines Bruders Adolf; es hat ihn mir so lebhaft in die Erinnerung zurückgerufen. Und das sind nur liebe Erinnerungen, niemals hat ein Mißklang mein Verhältniß zu ihm getrübt, man konnte ihm nur herzlich gut sein. Auch von meinem Bruder Fritz habe ich durch Vergrößerung ein vortreffliches Bild erhalten und ebenso von Marie. Sie sind Alle vorausgegangen, wohl weil Gott mit der Lösung ihrer Lebensaufgabe zufrieden gewesen ist. Der Ihrige.

Helmuth.

Berlin, den 7. Dezember 1875.

Beifolgend, liebe Auguste, übersende ich die von den Kindern gewünschten zehn Thaler. Stiefel habe ich selbst nur zwei Paar, und alle entbehrlichen Kleidungsstücke, die wir besaßen, sind schon hier verschenkt, wo ja die Noth sehr viel größer ist und in weit schrecklicherer Gestalt auftritt als auf dem Lande; die Anforderungen an die, welche überhaupt geben können, sind dementsprechend.

Für meine Gutsangehörigen sorge ich nach Kräften durch allgemeine, Allen zugute kommende Einrichtungen. Kleine Handreichungen an Einzelne laufen zumeist Gefahr, an den Unrechten zu kommen und ihnen die von Gott auferlegte Pflicht abzunehmen, durch vermehrte Arbeit und größere Sparsamkeit für die Ihrigen selbst zu sorgen. Noth und Elend sind unentbehrliche Elemente in der Weltordnung; was wäre aus der menschlichen Gesellschaft geworden, wenn dieser harte Zwang nicht zum Denken und Handeln triebe.

Wir grüßen Alle bestens und wünschen ein fröhliches Fest.

Helmuth.

Berlin, den 16. November 1890.

Liebe Auguste!

Herzlichen Dank für das liebe Bild meiner Mutter.

Ein eigner Zufall bringt gleichzeitig heute mit demselben das anliegende Schreiben*) in meine Hände, welches einen rührenden Zug ihrer Herzensgüte bezeugt.

---

*)   Eppendorf, 12. November 1890.
Hochgeborner Herr Graf!

In diesen Tagen, wo noch in allen Herzen die Freude über E. E. neunzigsten Geburtstag nachklingt, las ich unserm Großpapa einen kleinen Aufsatz vor. Moltke's Eltern, hieß es da, wohnten 1807 auf Augusten-

Ich bitte um deſſen Rückſendung, weil ich meiner Schweſter Lene damit eine Freude machen möchte. Lene und Sie ſind ja die einzig Lebenden, welche die Mutter noch gekannt haben.

Meinen ſechsundachtzigjährigen, unbekannten Milchbruder habe ich herzlich gegrüßt.

Nochmals herzlich dankend, Ihr alter Schwager

Helmuth.

hof. — Auf Bitten meines Großvaters erlaube ich mir, E. E. eine kleine Begebenheit aus der Zeit zu berichten.

Mein Großvater Frd. Th. Mau iſt am 3. Auguſt 1806 auf Auguſten-hof geboren, wo ſein Vater die Holländerei des Gutes in Pacht hatte. Neujahr 1807 brannte die Meierei und eine Scheune ab. Anfangs glaubte man, es wäre durch Unvorſichtigkeit meiner Urgroßmutter beim Ausbraten von Speck (ſie hatte an dem Tage vorher 24 Schweine geſchlachtet) ge-ſchehen. Doch es ſtellte ſich heraus, daß das Feuer böswillig von einem Maurer angeſteckt war. Durch das Feuer war mein Urgroßvater ſchwer geſchädigt — er hatte faſt Alles verloren. Doch die große Güte E. E. ſeligen Vaters half ihm wieder empor. Er bekam die halbe Pacht und das verbrannte Korn geſchenkt. Von dem großen Schreck war meine Urgroßmutter ſchwer erkrankt — und nicht im Stande, unſern Großvater, damals ein ſchwaches, kränkliches Kind von einigen Monaten, ſelbſt zu ernähren. Die große Herzensgüte E. E. ſeligen Mutter half auch hier, ſie gab ihm wohl ein Vierteljahr die Bruſt und erhielt ihm dadurch das Leben. Als Pathen ſind auch auf Großvaters Tauſchein angeführt der Major Frd. Victor v. Moltke und Bernhard Paſchen.

Unſer Großvater hat uns oft dieſe Begebenheit erzählt und wie ſehr wir der Familie Moltke dankbar ſein müßten, und nun erfahren wir, daß dies E. E. ſelige Eltern geweſen ſind.

Großvater lebt in ſehr guten Verhältniſſen bei uns und iſt in ſeinem fünfundachtzigſten Jahre ein rüſtiger, ſtarker, alter Herr, welcher ſich mit ſeiner ganzen Familie ſehr glücklich ſchätzt, E. E. noch einmal danken zu können für alles Gute, welches E. E. ſelige Eltern ihm und ſeinen Eltern erwieſen haben. . . .

Charlotte Martens,
Hamburg-Eppendorf (Fiſcherthal).

III.

Briefe an den Bruder Ludwig.

1828 bis 1888.

Lebensbild des Bruders Ludwig.

Ludwig von Moltke, der vierte Bruder des Feldmarschalls, wurde 1805 geboren. Der Umstand, daß die Eltern genöthigt waren, während seiner Jugendjahre vielfach ihren Wohnsitz zu wechseln, mochte wohl die Veranlassung sein, daß der vierzehnjährige Knabe nach Berlin in das verwandte Haus des Geheimen Kriegsraths Ballhorn kam, um das Friedrich-Wilhelms-Gymnasium zu besuchen. Frau Ballhorn, eine Schwester seines Vaters, suchte durch treue Fürsorge Ludwig die ferne Mutter zu ersetzen und gewann durch ihre sanfte, liebenswürdige Art seine innige Liebe und eine Stätte dauernder, dankbarer Verehrung in seinem Herzen.

Mit siebzehn Jahren wurde Ludwig in der Dreifaltigkeitskirche von Friedrich Schleiermacher eingesegnet. Der Unterricht dieses ausgezeichneten Mannes blieb für seine Entwickelung von entscheidendem Einfluß. 1826 verließ er das Gymnasium mit einem vortrefflichen Reifezeugniß und studirte alsdann auf den Universitäten Kiel und Heidelberg die Rechtsgelehrsamkeit. Unter den mannigfaltigen Anregungen, die seinem für Wissenschaft und Kunst gleich empfänglichen Geiste an beiden Orten zu Theil wurden, hat er denjenigen des Professors Thibaut in Heidelberg am meisten zu danken. Dieser bedeutende Jurist förderte nicht allein die Studien des jungen Musensohnes, sondern zog ihn auch in sein Heim, wo das bedeutende musikalische Talent Ludwigs in der Pflege klassischer Musik sachverständige Ermunterung und Weiterbildung erfuhr. Nachdem er 1831 zu Kiel seine Fachprüfung rühmlich bestanden hatte, arbeitete er einige Jahre, zuerst bei dem Landesgericht, dann bei der Regierung in Schleswig. In dieser Zeit verlobte er sich mit Fräulein Marie von Krogh,*) der Tochter des Ober-Forst- und Jägermeisters, Geheimraths von Krogh; die Vermählung fand 1838 statt. Im Herbste 1841 siedelte er, zum Amtmann von Fehmarn ernannt, mit seiner Frau und einem Töchterchen nach Burg über und verlebte dort acht Jahre in einer ruhigen, für ihn und die von ihm verwaltete Insel gleich ersprießlichen amtlichen Thätigkeit. Dem jungen Paar wurden dort noch zwei Söhne und vier Töchter geboren; leider starben beide Knaben im zartesten Alter.

Die Unruhen der Jahre 1848 bis 1850 erschwerten dem Beamten, der sich unter allen Umständen an seinen Eid gebunden hielt, seine Stellung gegenüber der erregten Bevölkerung der Herzogthümer. Er wurde daher 1850 aus Fehmarn abberufen und erst 1853, und zwar als Rath bei der Lauenburgischen Regierung in Ratzeburg, wieder angestellt. In dieser Stellung befand er sich noch 1864 und verblieb auch darin, als das Ländchen in den Besitz der Krone Preußen überging, bis er sich 1868 aus Gesundheitsrücksichten aus dem Dienste zurückzog. Die ihm nunmehr gewährte Muße war der Wiederaufnahme der Studien, besonders aber der von ihm mit liebevoller Hingebung gepflegten Musik, gewidmet. Zahlreiche Kompositionen waren die Früchte dieser für ihn und Andere freudenreichen Stunden.

In seinem Familienleben hatte der alternde Mann schwere Schickungen zu tragen. 1866 entriß der Tod ihm seine Gattin, die ihm eine liebevolle, an edler Denkart und reicher Begabung ebenbürtige Lebensgefährtin gewesen war. Zwei Töchter erlagen einem schleichenden Lungenleiden, eine andere hatte als glückliche Gattin und eine als Hofdame das Vaterhaus verlassen, so daß nur noch ein einziges Kind um den Vater war. Aber sein starker Glaube überwand diese und andere Prüfungen. Als er am 22. August 1889 die Augen zur ewigen Ruhe schloß, da durften seine Kinder sich sagen, daß sein Erdendasein eine lichte Spur hinterlassen habe; es war zwar nicht wie das seines großen Bruders bestrahlt von unsterblichem Ruhm, wohl aber von der Ehre und von der Liebe und Achtung Aller, die ihn gekannt hatten.

---

*) In den Briefen meist Mie genannt.

Gehörten strenge Pflichterfüllung und unerschütterliche Königstreue zu den Grundzügen seines Charakters, so wurde ihm der Uebergang in die preußischen Verhältnisse auch durch den Antheil erleichtert, den er an der Erhebung des Vaterlandes in den Kriegen 1866 und 1870/71 nahm. Als Patriot erfreute er sich des so herrlich neuerstandenen Deutschlands, als Mensch der Erfolge, welche die Nation zu einem großen Theile dem Genius des von ihm ebenso warm geliebten wie aufrichtig bewunderten Bruders zu danken hatte. Diesem gegenüber die eigene Person in Demuth und Bescheidenheit zurücktreten zu lassen, hatte er sich so sehr gewöhnt, daß ihm wohl dieser einfache Abriß seines Lebens nach Inhalt und Form viel zu unbedeutend erschienen sein würde, um in diesen dem glänzenden Lebenslaufe des Bruders gewidmeten Bänden eine Stätte zu finden.

Oels, den 24. August (1828).

Lieber Ludwig!

Obschon Du mir am Schlusse Deines lieben Briefes sagst, daß Du Dich mehr als Deine Umgebung verändert hast, so finde ich Dich doch in mancher Hinsicht derselbe, wie früher. Einmal, daß Du meiner noch in Güte gedenkst und dann in beharrlicher Abneigung gegen das Studium des Jus, dem es freilich an etwas jus fehlen mag, wenn man es um seiner selbst willen studiren muß, wie das bei Euch für eine lange Reihe von Jahren der Fall ist. Du weißt selbst, wie viel eher die Gelehrsamkeit bei uns durch Anwendung auf wirkliche Verhältnisse ins Leben tritt, und ich wette, Du würdest mit weit mehr Interesse die Kriminalordnung studiren, wenn Du wüßtest, daß Du übers Jahr schon Einen danach rädern oder köpfen lassen wirst. Ueberhaupt scheint mir, daß man in meinem lieben Lande, für das ich nun schon einmal sehr eingenommen bin, weit weniger abstrakte Gelehrsamkeit, als praktische Tüchtigkeit, Gewandtheit und Lebensklugheit fordert, und da ich diese weit mehr als jene Dir zutraue, so könnte ich Dir fast zureden, doch lieber hier Dein Glück zu versuchen. Zwar weiß ich, daß es schöner in Ithala ist, als irgend sonst wo, ehrlich gesagt aber möchte ich um keinen Preis in mein altes Verhältniß zurücktreten, und noch habe ich nie bereut, daß ich mich hier anstellen ließ. — Wie ich hier urtheilen höre, sollen die besten Aussichten für den sein, welcher Jura studirt und sodann zur kameralistischen Partie, z. B. zum Forstfach, übertritt. Freilich aber wird immer erst das Examen gefordert, mein bester Lui! Die Geige und das Klavier brauchst Du gewiß darum nicht zu vergessen; wie würde ich mich freuen, Dich wieder darauf zu hören. — Da ich jetzt in guter Lage bin, so könnten wir in Frankfurt oder Berlin recht gut zusammen wohnen. An jedem dieser Orte bringe ich einige Monate zu. Gegen Berlin habe ich großen Widerwillen; wie sehr zöge ich den Aufenthalt in Frankfurt vor, wo ich die letzten Jahre so sehr angenehm gelebt habe. Er dauert aber nur vier Monate dort, wo ich lediglich studiren und reiten will. In Gesellschaft wird man dort doch nicht bekannt.

Hier geht es mir sehr gut. Meine Wirthe sind die Güte selbst gegen mich. Ich weiß nicht, ob es bloß Eitelkeit ist, was mir den Umgang mit recht vornehmen Leuten anziehend macht. So viel ist gewiß, daß man nirgend weniger Anmaßung findet als eben hier und daß man sie eher einräumt, wenn sie auf geschichtliche Erinnerungen und den Glanz des Namens sich gründet, als sonst. Kospoths sind mit allen Fürsten und Herren des Landes verwandt. Vorgestern waren wir zu ihren Verwandten zum Erntekranz gefahren, wo wir auf der Tenne sehr lustig getanzt haben. Daß es mir gut geht, kannst Du daraus schließen, daß ich Verse mache. Brühwarm, wie sie eben aus meiner Feder flossen, will ich sie Dir mittheilen, wenn ich Dir gesagt, daß die junge Komtesse ihre Freundin gestern fortbegleitet hat, daß sie sich sehr lieben und heute trennen, und daß wir sie oft zugleich in derselben Schaukel geschaukelt haben.

Räthsel.

Ein Bild des Lebens ist's, des regen Lebens,
Das aufwärts bald uns treibt und wieder abwärts strebt,
Das wie des Herzens Hoffen, wie unstätes Sehnen
Jetzt sinkt, jetzt steigt und schwindelnd hoch uns hebt.
Es trägt Euch unter Blüthenzweige. Staunend
Schaut über Wald und Flur der Blick. — Es schwebt
Auf Sturmesschwingen fort. — Doch in dem Augenblicke,
Wo Ihr am höchsten steht, zieht's wieder Euch zurücke.
Und wie ein rastlos Herz durch Freude, Hoffnung, Bangen
Führt's doch am Ende nur, von wo Ihr ausgegangen.

Dort sah ich jüngst zwei liebliche Gestalten,
Sie waren ineinander eng verschlungen.
Die Arme auf der luft'gen Bahn umrungen,
Schien eine stets die andere zu halten.

Ein leichter Nachen trug sie auf den Wogen
Mit flatternden Gewändern, wall'nden Haaren;
Und wenn es nicht zwei holde Engel waren,
So hatten Engelsbande sicher sie umzogen.

Durch die Orangenreihen blick' ich wieder,
Der Himmel hüllt uns rings in Wolkenschleier.
„Sie sind getrennt schon!" rauscht der Pappeln Wehn,
Aus blauen Augen fallen Thränen nieder,
Ein Strahl nur aus des Abendrothes Feier
Scheint mir ein Bild von bald'gem Wiedersehn.

Noch muß ich Dir eine entsetzliche Geschichte erzählen, welche sich mit mir zugetragen. Letzt beim Nachhausegehen macht mein Silberdiener die unbillige Prätension, daß ein mit Ochsen stattlich bespannter Wagen ihm aus dem Wege gehen soll. Die wackeren Zugthiere waren durchaus nicht gewillt, auf eine so ungerechte Forderung einzugehen, und so rannte denn das liebe Vieh mit so gutem Erfolge zusammen, daß das Meßtischblatt, welches mein tapferer Diener bei diesem Turnier sehr geschickt als Schild gebrauchte, sich mit großer Umsicht in zwei kongruente Dreiecke zerlegte und mir statt einer, zwei Zeichnungen lieferte. Die Bussole war zertrümmert und die fast vollendete

Arbeit mußte von Neuem kopirt werden. Acht Tage lang habe ich nichts als Wege ziehen, Häuser bauen und zahllose Bäume pflanzen können.

Nun Adieu, lieber Lui.

Berlin, den .. November 1828.

Deinen lieben Brief, lieber Ludwig, erhielt ich noch in Briese, wo mein Aufenthalt sich bis zur Abreise nach Berlin verzögerte. Wie gut geschrieben er auch ist und wie viel Interesse er bei mir auch erweckt hat, so kann ich doch durch Deine Gründe, welche Du anführst, nicht so recht überführt sein, daß Dein Nichtherkommen besser sei. Fast fällt mir ein, was Falstaff von Gründen und Brombeeren sagt.... Ueberreden möchte ich überdies nicht zu einem Schritte, dem manche Schwierigkeit entgegensteht, die ich mir nicht verhehle, und wer das Glück verfehlt, dem er nachgejagt, hat gewiß zehnmal so viel mehr Verdruß, als der es an sich kommen ließ!

Trotz Deiner Zufriedenheit unter dem Scepter der Stjoldungen entnehme ich aus Deinen Seufzern einigen Kummer über ihre Rechtsverfassungen. „Es erben sich Gesetz und Rechte wie eine ewige Krankheit fort, sie schleppen von Geschlecht sich zum Geschlechte und rücken sacht von Ort zu Ort." Wenn nun aber gar das Lübische Recht und das Danske-Recht und Christians V. Recht und Waldemars Recht und das Jütische Recht und Gott weiß was für Recht jedes Recht haben will, dann stehen Einem gewiß mit Recht die Haare zu Berge. Indessen, lieber Ludwig, wenn Du glaubst, es mit dem angestrengten Fleiß einiger Jahre abzuthun und Dich dann frei bewegen zu können, so glaube mir, Du verlierst die Freude dieser Jahre, um Dir andere zu erkaufen, wo Du sie nicht genießen kannst. Stürze Dich in kein

Extrem. Spiele zwischen dem Gajus und den Pandekten ein paar Rodesche Variationen und mache womöglich Distichen aus den Pandekten. Denn das scheinst Du vollkommen erkannt zu haben, wie ernst und gebieterisch wir angewiesen sind, unseren Lebensweg selbst zu bahnen. Die Zeit ist schnell vorüber, wo man auf das Leben vor sich wie auf eine und zwar eine sehr reizende Landschaft blickt, wo man all das Liebliche, was man nicht sieht, mit Gewißheit hinter dem anmuthigen Nebelduft weiß, welcher noch darüber liegt. Wenn man dann aber hineintritt, muß man sich doch zu irgend einem Wege entschließen, und auf diesem ist dann, ohne Umkehr, kein Abweichen mehr möglich. Also vorwärts, und wollte der Himmel, daß unsere Pfade zuweilen so liefen, daß wir uns von Zeit zu Zeit die Hände reichen könnten!

Ich besuche jetzt oft das Theater. Gestern sah ich, und denke, zum ersten Male, die Aufführung des Don Juan. Versetze Dich einmal in das herrliche Opernhaus. Kein Platz ist leer, selbst die spätklappernden Sperrsitze nicht. Jetzt tritt, ein König der Töne, Spontini mit wohlfrisirtem Haupt auf die Erhöhung, ruhig sieht er sich um, ein Blick entdeckt ihm nichts als Ordnung, das elfenbeinerne Stäbchen hebt sich, und die wuchtige Ouvertüre braust los, bald ein breiter Strom, der ernst und ruhig hingeht, dann schwellend und steigend in einer Abstufung, wie sie nur ein solches Orchester geben kann, dann donnernd wie ein Wasserfall, der Alles mit sich hinreißt. Die Ouvertüre wird lebhaft applaudirt, Apoll und seine Gesellschaft rauscht in die Höhe, und Wauer als Leporello tritt hervor. Bald folgt Blume, dieser von der Natur zum Don Juan Auserkiesene, mit der Mme. Schütz, welche wenigstens Leidenschaftlichkeit genug in die Rolle der Donna Anna bringt. Baber macht diesmal den Octavio: Du kannst Dir also das göttliche Duett vorstellen: „Dein Gatte wird Vater Dir auch sein." Die königliche Milder als Elvira vereint ihre Stimme zu den beiden letzten in dem unvergleichlichen Terzett der Masken, und um dem Ganzen die Krone aufzusetzen, sang die Schätzel die Zerline. Du wirst in den Zeitungen von ihr gehört haben. Mir gefällt sie besser wie die Sontag. Kurz, Alles war vortrefflich, bis auf Gern Sohn als Polizeibeamter, und Blume mußte, nachdem ihn der Teufel geholt, vor der lautrufenden Menge noch einmal erscheinen.

Du würdest Berlin sehr verändert finden, wenn Du es sähest. Es ist unglaublich viel gebaut; ich will Dich in lange Straßen und Plätze führen, in denen Du kaum errathen wirst, wo Du bist. Uebrigens vermisse ich die Geselligkeit sehr, welche ich in Frankfurt so angenehm während der letzten zwei Jahre genoß. Vielleicht auch, daß ich dort eine gewisse Rolle spielte, denn qui brille au second rang s'éclipse au premier. Die Hofzirkel besuche ich nicht; ich habe es nur aus Eitelkeit gethan, um dagewesen zu sein; jetzt bin ich etwas beständiger und darum etwas zufriedener.

P. S. 15. November. Apropos, fahre doch mit Adolf oder Wilhelm mal nach Nienhof hinaus, Du wirst herzlich empfangen werden und eine sehr angenehme Bekanntschaft machen. Der Umgang mit dem Landadel in Holstein ist, glaube ich, der angenehmste, den man dort genießen kann. Recht habe ich gewünscht, daß Du manchmal in Briefe sein könntest, wo Du Dich schnell würdest empfohlen haben. Unser nächster Nachbar war ein Graf Reichenbach, der die freie Standesherrschaft Goschütz besitzt. Dort hatte er einen ausgezeichneten Kapellmeister, einige tüchtige Musiker und nebenher seinen ganzen Hausstand, Beamte, Vasallen u. s. w., zum Orchester einexerzirt und führte mit diesem in einem prachtvollen Musiksaale oft Opern auf. Ich habe unter Anderem dem Berggeist und der Jessonda dort beigewohnt. Die Partie der Jessonda wurde durch eine Gräfin Götzen gesungen, eine Stimme, wie man sie selten zu hören bekommt.

Ich schließe jetzt, denn ich bin vom vielen Schreiben ganz betäubt. Adieu, lieber Ludwig. Dein **Helmuth.**

Ohne Datum. Anfang März 1829.

Vom Opfer der Atriden im güld'nen Opernsaal
Eil' ich zu deinen Freuden, du stilles Rosenthal —

oder, wenn auch nicht in das poetische Land des Weines und der Troveros, so doch in mein heimisches Stübchen, wo ich mir hin und wieder so poetische Gedanken herbeizuzaubern versuche, wie ein Sekondlieutenant ohne Wein sie nur finden kann. — Laß mich berichten, was, seit ich heute Nachmittag Deinen Brief erhielt, vorgegangen. Nachdem ich fünf Akte im französischen Theater in weniger als zwei Stunden gesehen, laufe ich eiligst zu B.'s, um durch mein spätes Erscheinen möglichst wenig Aergerniß zu geben. Indessen kam ich früh genug, um daselbst noch vor dem Theater anzutreffen und — „Trau, schau, wem!" zu sehen, dies Stück, von welchem ich vor einigen Jahren schon unzählige Proben ausgehalten, das das Schicksal mich verdammt, auf jedem Liebhabertheater zu sehen, und das ich rückwärts auswendig kann. Das Stück spielte mindestens zwei Stunden, die Pause spielt noch, und wie lange das folgende Stück spielen wird, mag Thalia wissen, die es an meiner Stelle ansehen mag. Ich habe mich bereits in den himmelblauen Schlafrock geworfen, kaue noch an einer Rinde Butterbrot und athme tief auf. — Verse, glaube mir, waren da nicht zu machen.

Weit erfreulicher ist mir die Gesellschaft Deiner Gedanken, und ich weiß es Dir Dank, lieber Lui, daß Du mir so ohne Rückhalt geschrieben, wie Du mir gesprochen, ohne auf die Verschiedenheit des Alters oder der Richtung zu achten, welche Erziehung und Verhältnisse unserem Charakter gegeben haben müssen. Doch das Letztere betrifft nur Dich. Da ich keine Erziehung, sondern nur Prügel erhalten, so habe ich bei mir keinen Charakter ausbilden können. Das fühle ich oft schmerzlich. Dieser Mangel an Halt in sich selbst, dies beständige Rücksichtnehmen auf die Meinung Anderer, selbst die Präponderanz der Vernunft über Neigung verursachen mir oft einen moralischen Katzenjammer, der bei Anderen gerade aus dem Gegentheil einzutreten pflegt. — Man hat sich ja beeilt, jeden hervorstechenden Charakterzug zu verwischen, jede Eigenthümlichkeit wie die Schößlinge einer Taxuswand sein bei Zeiten abzukappen — so entstand denn die unglücklichste Eigenschaft des Charakters, die Charakterschwäche.

Und doch wurde ihr ein inneres Prinzip beigesellt, so empfindlich, so alles Unedle verschmähend, ja so stolz, daß es das gebrechliche Fahrzeug schon oft hinaus auf die stürmischen Fluthen trieb, wo es dann mehr dem Eigensinn der Wogen als seinem Kompaß folgte — es ist der tollkühne Reiter, der ein mattes Pferd zum verwegenen Sprung anspornt und dann zerschmettert daliegt in seiner Ohnmacht, es ist das Feuer des Luftballons, das ihn einen Augenblick hoch emporträgt, um ihn dann noch tiefer sinken zu lassen.

Wenn hierin noch ein Kompliment liegt, so sollte es wahrhaftig keins sein. Wie beneide ich fast alle anderen Menschen um ihre Fehler manchmal, um ihre Derbheit, Unbekümmertheit und Geradheit, und das führt mich wieder auf Dich.

Daß Du neben Deinen Studien, die Du gewiß ernstlich betreibst, Dich in Gesellschaften gut amüsirst, finde ich sehr gut. Gegen Chesterfield, von dem ich Einiges kenne, wendest Du selbst schon ein, daß er vorzüglich da brauchbar ist, wo man ihn nicht braucht. Die flattery ist meiner Erfahrung nach immer gut aufgenommen, wo sie von Herzen kommt; thut sie das nicht, so muß sie geistreich sein. Die Dummen und die Verliebten nehmen schon mit dem guten Willen vorlieb, die Koketten aber verlangen die Ausführung. Das schlimmste Spiel hat man mit den passirten Schönheiten, doch stürzt man sich auch nicht leicht in die Verlegenheit. Die flattery mag aber auch mit Veranlassung sein, weshalb so simple Menschen oft Glück in der Gesellschaft machen. Immer fallen mir dabei die Verse eines meiner Kameraden ein:

> Da tritt ein alberner Junge mit vielem Lärmen ein,
> Die Andern verstummen Alle, man hört nur ihn allein.
> Er faselt von seiner Stute und vom Tralehner Hengst,
> Und wie er mit einer Kugel zwei Hasen schoß unlängst.
> Er sprengte im letzten Jahre zweimal im Bade die Bank,
> Sein Vater hat zwei Majorate und liegt gefährlich krank.
> Da wenden die Augen der Damen sich schmachtend nach ihm um:
> Er erbt zwei Majorate und ist so göttlich dumm!

Mit großem Vergnügen lese ich eben jetzt Heines Reisebilder, von denen ich Dir erzählte. Sie sind wirklich ganz vortrefflich und voller Geist und Witz. Recht schade, daß die Persönlichkeit des Verfassers nicht etwas hübscher durchbricht, denn ein gänzlicher Atheismus und eine ebenso große Eitelkeit wie Unzufriedenheit sind unverkennbar.

Den 28. Ich stehe im Begriff, nach Frankfurt abzureisen, mein Koffer mit fast allen meinen Sachen ist schon fort, und so bin ich in meiner Stube nicht recht mehr zu Hause. Ich eile daher auch schon mit den Gedanken voraus, und dann ist es schlecht, Briefe zu schreiben. Nach Frankfurt gehe ich sehr gern zurück, theils weil ich dort bekannt bin, theils weil das Frühjahr in den endlosen Obstfeldern sehr angenehm, theils auch wohl, weil es einmal wieder eine Veränderung ist. Ende Mai geht es dann wieder zum Vermessen entweder nach Posen oder Schwedisch-Pommern. Ich reise mit Extrapost mit Studnitz zusammen bis Frankfurt; man kann aber kaum durchkommen, und die Schnellpost von Breslau hat fünfmal auf der letzten Tour umgeworfen. Es liegt noch mannshoher Schnee, und ich bitte nur, daß die Oder wartet, bis ich in Frankfurt bin, bevor sie die Brücke fortschiebt. Nun Adieu, lieber Ludwig, möchten wir statt der Briefe nun doch recht bald einmal wieder uns unterhalten können. Bis dahin vergiß aber nicht dies einzige Mittel, uns zu unterhalten, und obschon es traurig ist, seine Gedanken statt durch geflügelte Worte nur durch keuchende Postpferde fortschleppen zu lassen, die Antwort zu bekommen, wenn man die Frage vergessen hat, höchstens nur von Vergangenheit und Zukunft zu sprechen, denn die Gegenwart des Briefstellers ist Vergangenheit des Empfängers — trotz alledem, und daß man für dies Transit der Gedanken noch 6 Silbergroschen Frachtgeld zahlen muß, bleibt es doch der einzige Verbindungskanal, den fleißig zu benutzen ich Dich bitte. Abieu, lieber Ludwig, richte Dir Dein Leben in Kiel so ein, daß Deine gute Laune, Dein Fleiß, Dein Gewissen und die Verse sich miteinander vertragen. Wenn Du nach dem Kloster kommst, so grüße von Deinem Dich herzlich liebenden Bruder

Helmuth.

Berlin, den 13. Januar 1830.

Lieber Ludwig!

Gewiß ist es eine üble Sache, wenn man in einem bestimmten und festgesetzten Zeitraume eine Arbeit fertigmachen soll; das brauche ich Dir nicht erst zu schreiben, der zu Michaelis, nicht früher und nicht später, ein gewisses Quantum juristischen Wissens nicht nur angehäuft, sondern wie in einem wohlsortirten Lager so geordnet und rubricirt haben mußt, daß Du die geforderten Artikel, und wären es auch die ältesten Ladenhüter, augenblicklich hervorziehen und ausbreiten kannst. — So und vielleicht noch schlimmer ist es aber mit meinem Briefe, der gerade heute und nicht später geschrieben sein soll, obgleich keine einzige Feder ziehen will und die Gedanken nicht bei der Sache bleiben wollen, weil alle Augenblicke eine andere Störung da ist.

... Recht wohlthätig ist es, so nach zwei bis drei Jahren einmal wieder zu fühlen, daß man wo zu Hause gehört, obschon, die Wahrheit zu sagen, mir dabei jedesmal die Geschichte vom kleinen Töffel einfällt; denn Einige können den alten Töffel noch so gar nicht vergessen, wie viel Mühe der neue sich auch geben mag, es besser zu machen.

Hier noch, was mir im Postwagen eingefallen, aber wo die redende Person keineswegs mit dem Dichter identisch sein soll, vielmehr von Dir errathen sein will:

> Ihr tadelt mich, daß ich oft störrisch schweige,
> Der glatten Welt die düst're Stirne zeige,
> Daß ich nicht so, nicht tief genug, mich neige.
> Den dürft'gen Scherz, Ihr wollt's, soll ich belachen,
> Soll, welche Qual, wohl selber Späße machen,
> Wenn mir der Sinn so voll von ander'n Sachen!
> Und Ihr habt Recht! Man wird es bitter tadeln,
> Daß ich das Flache, Niedrige nicht adeln,
> Daß ich wie And're oft nicht denken kann,
> Daß ich der Tonkunst göttlich hohes Walten
> Zu hoch für seichten Spott wie Lob zu halten
> Mich dreist erkühnt. — Wahr ist's, ich hab's gethan!
> Allein, ich wollte Niemand damit kränken,
> Kann dieses Herz nicht immer klüglich lenken.
> Und wie sie hart dagegen auch verfahren,
> Das inn're Heiligthum, ich will's bewahren.
> Glückselig wohl, wenn sich ein Wesen findet,
> Das mich versteht, das eng sich mir verbindet.
> Und kann's nicht sein — o laßt mit mir vergeh'n,
> Was außer mir doch Keiner mag versteh'n.

Adieu, lieber Lui, behalte mich in gutem Andenken, und wenn Du Lust und Zeit hast, so schreibe mir einmal aus Deiner wohnlichen Stube hinter der Lampe und zwischen den Heften. Mit herzlicher Liebe Dein

Helmuth.

Berlin, den 7. März 1831.

Lieber Ludwig!

Deine in Mutters Brief oder vielmehr um Mutters Brief gelegte Zeilen habe ich erhalten und mit Vergnügen gelesen. Schade fürwahr, daß Jeder so fest an seiner Scholle klebt und die Gedanken, die durch Austausch so reichlich entstehen, erst mühsam erdenken und noch mühsamer und dabei noch unleserlich erst zu Papier bringen muß. Wie gern würde ich wieder einmal einen Abend mit Dir verplaudern, wie im vorigen Winter in Kiel, doch daran ist für den Augenblick gar nicht zu denken. Was mich betrifft, so spare ich den Ertrag meiner kleinen Schrift= stellerei, um mir für den Fall des Krieges ein Pferd anzu= schaffen. Da ich deren, wenn ich etwa zum Generalstab komman= dirt werden sollte, fünf mitnehmen muß, so überlasse ich dem Himmel die Sorge, zu errathen, wo sie herkommen werden. Selbst für den Frieden brauche ich drei; und ein halbes Pferd habe ich erst zusammengeschrieben. Dabei macht es mir Spaß, wenn kleine Aufsätze von mir in den Zeitschriften sind, die Ge= sichter der Lesenden bei Stehely zu belauern, die den würdigen Autor schwerlich in Deinem gehorsamen Diener vermuthen, denn diese Kinder meiner Laune oder vielmehr meiner Geldnoth laufen sämmtlich ungetauft in der Welt herum. — Bleibt aber Friede in dieser schönen Welt, dann will ich camminare nel giardino dell' Europa, Rom und Neapel sehen — das hab' ich fest beschlossen.

Andererseits wirst Du Dich jetzt wohl eifrig zu dem hals= brechenden Wagniß eines dänischen Examens vorbereiten. In dieser Beziehung ist Seine Dänische Majestät zu beneiden. Da die Funktionen eines Oberlandgerichts und einer Regierung sich bei Euch oft in der Person eines right honorable Landdrost= Sekretärs konzentriren, da der Staat seinen Beamten so un=

glaublich wenig bezahlt und so unendlich viel Talente und Wissen wegen der Konkurrenz von ihnen fordern darf, so müßte er eigentlich lauter Cannings und Pitts zu Assessoren und Referendarien haben. Ich wünsche von Herzen, daß Du bald und glücklich durch dies Fegefeuer durchkommen mögest. Seit acht Tagen wandere ich hier als Königlich Preußischer außerordentlich verlängerter Topograph nebst noch einem Offizier, die einzigen unserer Gattung, herum. Da das Büreau aufgelöst ist, so sind auch alle meine Kollegen bereits in ihre Garnisonen gereist, und da ich demnach meinen täglichen Umgang von Nimmersatt bis Trier zerstiebt sehe, so bleibt mir fast nur meine eigene angenehme Gesellschaft, von der ich, unter uns, wünschte, daß sie angenehmer wäre.

Eine große Annehmlichkeit hier in Berlin, die seit Deiner Abwesenheit erst hinzugekommen, ist die Eröffnung des Museums, und ich würde täglich eine Stunde da zubringen, wenn ich nicht alle Vormittage bis zwei Uhr auf dem Büreau des Generalstabs sein müßte. Das Aeußere dieses mächtigen Gebäudes beschreibe ich Dir nicht; es ist schon so oft auf Stein gezeichnet, in Kupfer gestochen, auf Theebrettern lackirt und in Perlen gestickt, daß man das ganze Museum mit guten und schlechten Bildern desselben füllen könnte. Wenn Du aber mit den Augen eines Laien einen Blick in diesen Palast der Wunder alter und neuer Kunst werfen willst, so lade ich Dich dazu ein, mit mir die breite Flucht von steinernen Stufen hinaufzusteigen und unter die riesenhaften Kolonnaden zu treten, wo Dir zuerst die veränderte Gestalt des Lustgartens auffallen wird. Dieser Platz, wo früher die Rekruten in langen Reihen auf einem Bein balanzirten, ist jetzt in regelmäßige Rasenpartien abgetheilt, die mit eisernen Gittern und Drahtgeflechten umzäunt und mit breiten Steintrottoirs durchzogen sind. In der Mitte siehst Du das Bassin, aus welchem eine mächtige Fontaine, durch ein Druckwerk der Werderschen Mühlen getrieben, sich erheben wird. Am

Fuße der Treppe ist das Fundament für ein koloſſales Becken, 24 Fuß im Durchmeſſer, aus einem Feldſtein. Es iſt das größte, das man kennt, und eine Dampfmaſchine arbeitet ſchon im zweiten Jahre daran, es zu ſchleifen. Die langen Pappelreihen ſind im Winter ausgegraben und vor dem Dom in Haufen zuſammengeſetzt, um dies garſtige Gebäude zu verſtecken, das man eher für ein Kaſino als für eine Kirche anſieht. Selbſt der alte Deſſauer hat in einer Nacht den Marſch angetreten vom Luſtgarten nach dem Wilhelmsplatz. Wie erſtaunt mögen die übrigen tapferen Generale am folgenden Morgen geweſen ſein, den Erfinder der eiſernen Ladeſtöcke in ihrer Mitte als den ſechſten zu ſehen, deſſen Patent noch 50 Jahre älter als das ihrige iſt. Welche Verlegenheit beſonders für den armen Schwerin, ſich in einem ſo durchaus unvorſchriftsmäßigen Anzug darzuſtellen, das Haar durch kein Zopfband geregelt, Sandalen ſtatt der Gamaſchen und gar ohne Hoſen. Doch hat der alte Feldmarſchall die Fahne noch in der Hand, mit welcher er bei Prag ſo tapfer auf die öſterreichiſchen Batterien losging, daß erſt die vierte Kartätſchkugel ihn zum Stehen oder vielmehr zum Liegen, nicht aber zum Weichen, bringen konnte.

Aber ich vergaß, daß ich Dich vor der Thür ſtehen ließ.

Ueber ſolche Stufen und durch ſolche Säulenreihen muß man in eine Halle treten wie die, welche uns gleich anfangs aufnimmt. Sie geht durch beide Stockwerke des Gebäudes und erhebt ſich über daſſelbe in einer prachtvollen Kuppel. Fußboden und Wände ſind von Stuck mit muſiviſcher Arbeit. In der halben Höhe läuft eine Gallerie rings herum, welche auf Säulen von gelbem Marmor ruht. Von oben fällt das Licht hinein auf einen weiten Kreis von Antiken, die bisher unter den Trümmern des campo vaccino, in verſchütteten Bädern oder auf dem Grunde der Tiber logirten, denn Mutter Erde war das Muſeum, welches dieſe Schätze durch den Vandalismus überwinterte, die jetzt in dieſen prachtvollen Räumen ihre Auferſtehung feiern. Inzwischen haben diese hohen und höchsten olympischen Würdenträger während ihres 2000jährigen subterraneen Inkognitos große Einbußen an göttlichen Armen und Beinen erlitten; es war dringend nöthig, ihnen auf modernen Fuß zu verhelfen und ihnen mit den gebührenden Nasen, Ohren, Fingern und Anderem auszuhelfen. Auch ist selbst nach seiner Restaurirung Kronion, der mächtige Herrscher, ein wieder zu seinen Titeln verholfener Emigrant, denn welche Beziehung fände wohl statt zwischen diesen alten Göttern und der neuen Welt, die sie anstaunt. Die Menge sieht kaum mehr als den behauenen Stein, sucht im Katalog nach dem Ankaufspreise und wundert sich des Todes, wie man die schönen glatten Füße und Arme an den gelblichen zerfressenen Torso hat setzen können. Umgekehrt würde Aphrodite beim Anblick einer liebenswürdigen Berlinerin mit gigots, die ihre Breite verdoppeln, mit Schnürleibern, die sie halbiren, mit Haarputz à la chinoise, mit Boas, Shawls u. s. w., würde sie nicht wie der indianische Häuptling beim Anblick eines Europäers fragen: „Bist Du das Alles selbst?" In unserem polizirten Staat würde Pan als Vagabund nach Straußberg gebracht oder als unsicherer Kantonist zur Landwehr eingezogen werden, und Diana sähe sich in jedem Forst als Jagdbefraudantin verarretirt. Bacchus ist wegen der vielen Mauthen und Accisen fast schon ein Frembling bei uns oder durch schreckliche Erzeugnisse des mont vert an der Oder in Mißkredit. Wenn zwar wirklich sein Kultus noch fortbesteht, so kommen doch seine eifrigsten Priester in vielfache Kollision mit Polizei=Kommissaren, Rechnungen, Patrouillen, Hausvoigtei und anderen Kalamitäten. Selbst Ceres ist bei den heutigen Kornpreisen und besonders wegen der Maischsteuer so herunter, daß, wenn die Kartoffeln nicht Alles gutmachten, sie selbst in Möglin bei Geheimrath Thaer*) keinen Kredit mehr gefunden hätte. Vom Götterboten haben

---

*) Thaer's, des berühmten Landwirths, Musterwirthschaft Möglin bei Wriezen.

unsere jungen Leute zwar mehr als dienlich, doch mag er sich glücklich schätzen, einen Versorgungsposten hier gefunden zu haben, denn bei der jetzigen Organisation des Postwesens hätte Herr v. Nagler ihm nicht die kleinste Posthalterstelle anvertraut. — Gern würde ich nun mit Dir zu den mich weit mehr ansprechenden Gemälden hinaufsteigen, aber das müssen wir ein andermal. Adieu.

Helmuth.

Berlin, den 12. Januar 1832.

Lieber Ludwig!

Meinen herzlichen Dank für Dein Schreiben vom 9., welches mir heute früh schon zu Theil wurde, und vor Allem meinen besten Glückwunsch zu Deiner Anstellung in Amt und Würden. Wenn es zwar ungroßmüthig vom Staate ist, Deine Dienste umsonst zu fordern, so muß es immer schon für etwas gerechnet werden, daß Du Dein Fortkommen suchen kannst, ohne die Heimat aufzugeben. Auch wünsche und hoffe ich, daß Du recht bald Rath werden mögest, da Dein König den Rath vielleicht besser bezahlt als die Arbeit.

In Betreff meiner Gibbonschen Uebersetzung habe ich Dir den Vorschlag zu machen, an der Mühe wie an den Vortheilen derselben theilzunehmen, sofern Dein neues Verhältniß Dir Muße zu eigener Beschäftigung übrig läßt, und Du diese zu einer solchen Arbeit anwenden magst. — Unter dieser Voraussetzung muß ich zu allererst bemerken, daß die Arbeit nicht meine Wahl, sondern ein förmlicher Antrag des Buchhändlers (Fincke)*) ist, daß derselbe, nachdem ich infolge seines Antrags die zwei ersten Kapitel als Probe-Uebersetzung eingereicht, mir schreibt: „Meine Ansicht basirt sich darauf, daß es Ihnen mehr darauf ankommt, ein der Wissenschaft förderliches Werk zu gründen, als ein an-

---

*) Vergl. Seite 59.

sehnliches Honorar zu gewinnen. Soll das Werk ein Publikum finden, so ist ein wohlfeiler Preis bei äußerer Eleganz und schleunigem Erscheinen des ganzen Werkes Hauptbedingung. Nach genauester Berechnung bin ich unter diesen Verhältnissen im Stande, Ihnen ein Honorar von 500 Thalern nach erfolgtem Abdruck des Werkes und außerdem 250 Thaler nach Verkauf von 500 Exemplaren anzubieten, welche Summe bei der äußerst bedeutenden Arbeit allerdings nicht als äquivalent anzusehen ist."

Was nun die Hauptschwierigkeit einer gemeinsamen Arbeit sein würde, ist, daß der Buchhändler eine Uebersetzung durch zwei Personen deshalb nicht für zulässig hält, weil das Ganze aus einem Guß sein muß. Dies nun scheint bei einer doppelten Arbeit allerdings schwer zu erreichen, und doch halte ich es durchaus nicht für unmöglich, und zwar aus folgendem Grunde. Der Stil des Gibbon ist so, daß man in den allermeisten Fällen nichts Klügeres thun kann, als ihn bis auf den Periodenbau genau wiedergeben. Die große Affinität der englischen mit der deutschen Sprache macht dies vollkommen ausführbar, und beide Arbeiten müssen hierdurch in hohem Grade ähnlich werden, weil, um mich mathematisch auszudrücken, zwei Größen, die einer dritten gleich sind, auch untereinander gleich sind. Um diese Aehnlichkeit wenigstens vollständig zu machen, käme es nur darauf an, sich über Kleinigkeiten zu einigen. So hat Gibbon z. B. einen Ueberfluß von Adjektiven, welche, wie ich glaube, auf einer tiefen Kenntniß seiner Quellen begründet sind. Aus diesen schöpft er Eigenschaften seiner handelnden Personen, die aber nicht aus dem Texte seines Werkes hervorgehen, und da die Leser Gibbon's nicht alle die Gelehrsamkeit Gibbon's haben, so sind die Adjektiven oft befremdend und scheinen selbst widersprechend, oftmals aber schwächen sie den Nachdruck der Rede. Diese habe ich mir die Freiheit genommen wegzulassen, und überhaupt mir zur Regel gemacht, nichts zu übersetzen, was dunkel oder zweifelhaft ist. Endlich müßten gewisse oft wiederkehrende Ausdrücke als officer, lieutenant, company, wenn von Römern die Rede ist, gleichmäßig durch Befehlshaber, Legat u. s. w. übersetzt und die englischen Maße und Münzen umgerechnet werden. Auf diese Weise wird nach meinem Dafürhalten kein Unterschied merklich werden.

Was nun die Nachtheile der Arbeit anbelangt, so sind sie erstens, zweitens und drittens Zeitverlust. Die enorme Aufgabe immer vor Augen, habe ich bisher (seit Neujahr 12 Kapitel, über 600 Seiten) mit einer gewissen angstvollen Eile übersetzt und dabei die Ueberzeugung gewonnen, daß bei angestrengtem Fleiß und — Schnelligkeit, leider mehr als gut ist —, alle vier Wochen ein Band fertig werden kann (natürlich rechne ich, daß man noch andere Geschäfte hat), das ganze Werk also, wenn es möglich wäre, so fortzufahren, in einem Jahr. Was die Schwierigkeiten betrifft, so habe ich, wenn ich offenherzig sein soll, noch keine gefunden. Wiewohl meine ganze Kenntniß der englischen Sprache das Werk von vier Monaten Sprachstudien und einiger Romanlektüre ist, so übersetze ich doch schneller aus dem Englischen als aus dem Französischen, welches ich ziemlich zu besitzen glaube. Die große Verwandtschaft der Sprache kommt so sehr zu Hülfe, man braucht den Satz kaum vorher durchzulesen, das deutsche Ende fügt sich dem englischen Anfang; ich möchte sagen, es handelt sich bei der Uebersetzung weit mehr darum, ob man Deutsch genug als ob man hinlänglich Englisch verstehe (ich meine, daß man die deutsche Sprache in ihrem Bau, ihren Wendungen und Ausdrücken kennt und diese zur Hand hat). In Betreff des Englischen habe ich mich bei unserem Zusammensein überzeugt, daß Du zehnmal mehr davon verstehst als ich, was weder ein Kompliment sein soll, noch nach dem obigen Geständniß ist.

Die Uebersetzungen, welche mir vorliegen, sind die Wenk'sche, 1788, fortgesetzt von Schreiber, und eine von C. W. v. R., 1789. (Eine vollständige Uebersetzung des ganzen Werks existirt nicht.) Letztere dient mir anstatt eines Wörterbuchs. Es ist eine getreue

Nebeneinanderstellung aller übersetzten Worte in ihrer ursprünglichen Folge und also sehr bequem zu meinem Zweck, übrigens nicht zu verstehen. Die andere ist freier und besser übersetzt, oftmals aber in sehr schlechtem Deutsch und immer in einem durchaus nicht eleganten Stil. Nun darf man nicht vergessen, daß ein deutsches Buch in fünfzig Jahren bei der steten Fortbildung der Sprache immer etwas Störendes und Fremdartiges haben wird.

Mehr Schwierigkeiten, Nachtheile und Aber habe ich glücklicherweise nicht anzuführen. Sollten sie Dich nicht abgeschreckt haben, so magst Du Dich für den Theil entscheiden, dessen Inhalt Dich am meisten interessirt. Sollten dies die Rechtsverhältnisse sein, so ist mir das um so lieber, weil diese mir allerdings große Schwierigkeiten verursachen würden und ich vielleicht nicht ohne fremde Hülfe damit fertig werde. Alle die Bücher, Originale und Uebersetzungen, welche Du dort nicht haben kannst, werde ich Dir von hier übersenden, zugleich auch ein paar Kapitel meiner bereits fertigen Uebersetzung, weil hier das Ebensomachen noch über dem Bessermachen steht. Aus der Verpflichtung des Buchhändlers endlich geht hervor, daß das Honorar auf jeden Theil ungefähr sechzig Thaler beträgt, und dies dürfte Dir am Ende auch ein Grund sein, da Du gegenwärtig noch immer keine Einnahme hast. Wenn Alles nach Wunsch geht, so laß uns den alten Zug der Gothen und Vandalen ziehen und uns ein Rendezvous in der alten Roma setzen, who after her „decline and fall" still is the queen of the world. Meine Sehnsucht dahin wächst mit jedem Kapitel, und ich ruhe auch nicht eher, als bis ich diese Reise gemacht.

Von meinem „Polens innere Verhältnisse" gehen heute zwei Freiexemplare per Fracht an die Buchhändler in Kiel und Schleswig, wo Du sie empfangen kannst.

Adieu, lieber Ludwig. Ziehe meinen Vorschlag in Erwägung und theile mir Deinen Beschluß mit. Ich würde mich sehr freuen, auf diese Weise in einigen Verkehr mit Dir zu treten und einen Gehülfen bei der fast zu großen Arbeit zu haben. Adieu! Dein

Helmuth.

Die erhaltenen Briefe beginnen erst wieder nach der Rückkehr aus der Türkei:

Berlin, den 8. April 1840.

Lieber Ludwig!

Die Veränderungen in der Armee vom 30. v. M. haben für mich keine Versetzung aus Berlin herbeigeführt, und ich habe mich daher ein bischen eingerichtet. Ich wiederhole Dir daher meine Einladung, einige Wochen hier in Berlin zuzubringen. Meine Wohnung ist eine der freundlichsten, die man in Berlin haben kann, und Du erhältst Dein Zimmer und einen Ausgang für Dich. Vor Deinem Fenster hast Du den schönsten grünen bowling green mit Blumenshrubs, in welche der Leipziger Platz seit Deiner Abwesenheit umgewandelt worden ist. Das Potsdamer Thor ist nur 50 Schritt entfernt, und der wirklich sehr verschönerte Thiergarten, der sich mit frischem Grün zu Deinem Empfang vorbereitet, in unmittelbarster Nähe. Bei schlechtem Wetter hast Du hinter dem Hause eine Reitbahn, bei gutem bist Du mit trefflichen arabischen Hengsten sofort im Freien, wenn Du reiten willst. Fünfzehn Wagen stehen vom Morgen bis zum Abend angespannt unter den Fenstern, wenn Du es vorziehst, zu fahren. Endlich findest Du in der Struve'schen Anstalt alle Mineralwasser von derselben Güte wie von der Quelle selbst; die Königliche Bibliothek steht Dir offen, und Theater und Konzerte giebt's genug.

Ich werde wahrscheinlich dieser Tage zum Generalstab des

IV. Armeekorps kommen, dessen Chef, der Prinz Carl von Preußen, aber hier in Berlin residirt. Der Deinige.

Helmuth.

Meine Wohnung ist: Leipziger Platz Nr. 15, in der Fürstenbergschen Reitbahn, Hochparterre, rechts vom Eingang.

Berlin, den 19. März 1842.

Lieber Ludwig!

Obgleich ich die Hoffnung habe, Dich bald selbst wieder bei uns zu sehen, so kann ich doch nicht umhin, Dir schon jetzt für Deinen freundlichen Brief vom 8. d. M. zu danken. Ganz besonders erfreut es mich, daß Du mit Deiner amtlichen Stellung so zufrieden bist. Ich begreife das sehr wohl und beneide Dich darum, denn das ist eine wesentliche Grundlage des Glücks. Wie soll es mich freuen, Dich einst auf einem der alten Schlösser Cismar oder Travenbahl etablirt zu wissen, mit Mie,*) dem Muster einer dame châtelaine, und den Kleinen, mögen es Töchter oder Jungen sein. Wir armen Militärs können so etwas nie erreichen, und ich rufe mit dem Jubel-Lieutenant:

So hab' ich 20 Jahre leeres Stroh gedroschen
Für 17 Thaler 25 Groschen!

Wie gern siedelte ich mich unter Deinem Amtmannsscepter auf einer kleinen Hufe an, etwa auf Stockfee oder einem ähnlichen kleinen Besitzthum. Doch das sind Träume, die man hinausschiebt, bis plötzlich das Ende da ist. Der Strom der Verhältnisse schiebt uns mit sich fort, man glaubt zu schieben und wird geschoben.

---

*) Rufname in der Familie für Marie geb. v. Krogh, die Gemahlin Ludwigs v. Moltke.

Daß Du alle Poesie auf Jahre hinausschiebst, ist doch nicht recht. Denn dichten kann man nur:

> Wenn Nebel noch die Welt verhüllen,
> Die Knospe Wunder noch verspricht,
> Wenn man die tausend Blumen bricht
> Die jedes Thal uns reichlich füllen:
> Dann hat man nichts und doch genug,
> Den Durst nach Wahrheit und die Lust am Trug.

Aber der Trug schwindet, die Wahrheit nimmt immer mehr zu, und zuletzt wird man so vernünftig, daß man alle Begeisterung als eitel Mondschein über Bord wirft. — Meine Uebersetzungen sind Verstandessache; es gehört dazu nur, der eigenen Sprache mächtig zu sein. Deine stehen als Uebersetzung niedriger, als poetische Schöpfung weit höher. Sie sind oft wenig treu, aber stets ein Kunstwerk, und verdienten wohl, vermehrt und veröffentlicht zu werden.

Uebrigens sind die technischen Schwierigkeiten des Uebersetzens aus dem Englischen ins Deutsche groß, und namentlich bei Byron oft unbesieglich. Dies liegt in einem Schönheitsfehler der englischen Sprache, der ihr zum Vortheil wird in den vorherrschend einsilbigen Wörtern (ein Franzose nennt das Englische le chinois européen). Es ist meist unmöglich, in einer deutschen Zeile von fünf oder sechs Wörtern den Sinn einer englischen von doppelt und dreifach so vielen Wörtern wiederzugeben.

Sehr freue ich mich auf den bevorstehenden Familienkongreß. Bisher sind wir nur einmal im Leben, in Eutin, alle Geschwister beisammen gewesen, wie wir es nie mehr sein können, da einer von uns schon abberufen ist. Wir schnitten damals unsere Namen in eine Buche, welche ich noch heute wiederzufinden wüßte. Gott gebe, daß nur nichts dazwischen kommt. Von Vater habe ich kürzlich einen Brief erhalten, wonach er sehr einen Schlaganfall zu befürchten gehabt hat. Er hat eiligst

Aber lassen müssen, scheint aber doch ganz wiederhergestellt zu sein. Der Deinige.

Helmuth.

Berlin, den 9. Dezember 1842.

Lieber Ludwig!

Mit herzlicher Theilnahme haben wir die Nachricht von dem harten Verlust, welcher Dich und Deine liebe, treffliche Frau betroffen, erhalten. Nur die Zeit kann Euch über den ersten, herben Schmerz hinweghelfen. Möchten nur die anderen Kinder bald wieder genesen. . . .

Vater klagt in seinem letzten Schreiben sehr über rheumatische Leiden, hier in Berlin war er so gesund und so liebenswürdig, daß es eine Freude war. Ich hoffe recht sehr, daß er uns nächstes Jahr auf recht lange Zeit besucht, wir wurden trefflich mit ihm fertig, namentlich Marie, in deren Charakter es liegt, daß sie nichts übel nimmt, weil sie gar nicht voraussetzt, daß Jemand glauben könne, sie wolle ihm nicht wohl. Marie ist eine einzige kleine Frau. Es ist unmöglich, nicht mit ihr einig zu sein, sie ist perfectly tempered, und dabei findet sie sich in ihr neues Verhältniß sehr gut. Eine hochgestellte Dame hat sie jetzt bei Hofe präsentirt, und gestern hat sie in der ersten Gesellschaft debütirt. Es läßt sich daher noch nicht sagen, wie sie gefallen wird; jedenfalls ist sie eine elegante Erscheinung. Ihre gleichmäßige Heiterkeit ist unverwüstlich. —
Wie traurig Du auch sein magst, lieber Ludwig, wird es Dich doch freuen, uns zufrieden zu wissen.

Wenn Deine Geschäfte Dir nur erlaubten, abzukommen, so solltest Du wirklich, um Deine arme Frau zu zerstreuen, diesen Winter hierher kommen. Ich schicke Dir Pferde und Wagen bis zur mecklenburgischen Grenze entgegen. Bringe die

Kinder mit, wir haben Platz für Euch Alle, ohne die mindeste Gêne, und welche Freude für uns würde es sein!

Mit treuer Freundschaft der Deinige.

Helmuth.

Berlin, den 18. April 1844.

Lieber Ludwig!

... Wir haben dies Jahr große Revue bei Halle, so daß ich erst im Oktober abkommen kann. Nach den Erfahrungen des vorigen Jahres wage ich doch nicht, für mich selbst diese Saison zum Bade in der Ost= oder Nordsee zu wählen, und daher der Gedanke, nach Nizza zu reisen, um dort während des Winters zu baden. Eine andere Idee ist, im Oktober nach England zu gehen, wo man, namentlich auf der Insel Wight, dann noch Seebäder nehmen kann. Bei dieser Gelegenheit würden wir London und etwas von Old England zu sehen bekommen. Welcher von beiden Plänen und ob einer überhaupt zur Ausführung kommt, läßt sich noch nicht recht übersehen, auch wird es mir wirklich recht schwer, zwischen den Palmenhainen Aquitaniens und den Wundern der Kunst Britanniens zu wählen. Marie zieht es wohl eigentlich nach England, auch können wir diese kostspielige Reise nur ausführen, so lange eben keine Kinder da sind, welche entweder zurückbleiben müßten oder die Sache noch mehr vertheuern. Nach dem Süden kommt man immer noch, und ich denke, wir reisen zusammen einmal nach der Schweiz und nach Hesperiens Orangengärten. Im nächsten Jahre schon fährt man per Eisenbahn von meiner Thür bis Zürich mitten in die Schweizer Alpen hinein. Jetzt schon fährt man an einem einzigen Tage von hier über Leipzig und Altenburg bis Zwickau, fünfzig Meilen weit für ein paar Thaler. In drei Jahren ist mit großer Wahrscheinlichkeit anzunehmen, daß eine fortgesetzte Eisenbahnverbindung stattfindet von Kiel über Hamburg, Berlin, Frankfurt, Breslau, Brünn, Wien, Triest, Venedig, Mailand. Dies ist keine chimärische Erwartung, die ganze Strecke ist theilweise vollendet, theilweise im Bau. Befahren werden auf derselben bereits neunzig Meilen. So regt sich's in Deutschland. Während Frankreich in den Kammern immer noch berathet, haben wir dreihundert Meilen Eisenbahn fertig gekriegt und über zweihundert neue in Arbeit.

Unter diesen letzteren befindet sich die Hamburg=Berliner, zu deren Verwaltungsrath ich gehöre. Die größte Schwierigkeit, die uns zu besiegen bleibt, ist die Königlich Dänische Regierung, welche uns zwingen will, eine Richtung längs der Elbe durch Lauenburg einzuhalten, die uns zwei Millionen Thaler mehr kostet als die von uns gewählte über Schwarzenbeck. Es ist die Rede von einer Deputation nach Kopenhagen, an welcher ich theilnehmen soll, doch ist die Sache vielleicht noch auf diplomatischem Wege zu vermitteln. Indeß haben wir in Gottes Namen zu bauen angefangen und wollen 1846 fertig sein. Wenn nicht früher, so sehen wir dann Euerem Besuch hier entgegen. —

Ich wollte, Du könntest einmal einige Wochen hier bei uns zubringen. Unsere Wohnung würde Dir gewiß gefallen. Der Balkon ist eine große Annehmlichkeit; schon fangen die Büsche an zu grünen, die Kastanien öffnen ihre dicken Knospen, und in acht Tagen können die Obstbäume blühen. Scheint denn die Sonne auch bei Euch? Ich kann mir Fehmarn nicht anders denken als gepeitscht von schäumenden Wogen und von Hagelwolken und Reifregen übergossen. Dennoch begreife ich, daß Du dort ganz zufrieden sein kannst, und ich tausche gleich meine Stellung mit der Deinigen. Es muß Dir große Freude machen, Deine Insel so gut in Ordnung zu haben, Straßen zu bauen und Recht zu sprechen, über Land zu reiten und Füchse zu jagen. Es wird ja auch nicht immer so sein wie an dem Tage, wo wir den Badekarren festhalten mußten, während man ins Wasser ging.

Wenn die Linden in Burg blühen und die Sonne ins Meer sinkt, mag es auf Deiner Inselherrschaft ganz freundlich aussehen, und jedenfalls gewährt Dir das Haus, was die Gegend versagt.

Eine große Entbehrung muß Dir der literarische und künstlerische Verkehr sein. Haltet Ihr wenigstens einen Leseverein für neuere Sachen? Den Herodot werde ich mir verschaffen; schade, daß ich ihn nicht in Asien hatte. Am Euphrat war ich in der Beziehung ganz in derselben Lage, wie Du in der Ostsee. Du fragst auch nach literarischen Erzeugnissen von mir. Außer kleinen Beiträgen zur Allgemeinen Zeitung habe ich einen Aufsatz über Eisenbahnen geschrieben,*) und jetzt eben eine Darstellung des russisch-türkischen Krieges von 1828 vollendet. Das Manuskript liegt der Censur vor. Aber für militärische Werke ist es schwer, Verleger zu finden. Sie haben ein kleines Lesepublikum und werden durch den nothwendigen Kartenapparat so vertheuert, daß nur ein schwaches Honorar gezahlt werden kann. Sollte ich zum Herbst eine Reise machen, so findet sich wohl Stoff zu einem kleinen Buch. Mit der Reise wacht bei mir auch die Schreiblust auf, im Alltagsleben schlummert sie ein. Herzlich der Deinige.

Helmuth.

Berlin, den 25. Dezember 1844.

Lieber Ludwig!

Deine freundlichen Zeilen vom 18. d. M. erhielt ich gestern aufgebaut, und so ist nur billig, daß ich heute trotz des nachklingenden Weihnachtsjubels an Deinem Geburtstage Dir herzlich Glück wünsche und ein Posthorn voll guter Nachricht von uns

---

*) Dieser Aufsatz wird in dem Bande „Vermischte Schriften" neu abgedruckt werden.

nach dem meerumbrausten Burg schicke, mit welchem Du und die Deinigen wie die Schnecke mit ihrem Haus zu verwachsen scheinst. Das ist in der That sehr gut, und ich begreife es von Dir, da Du eine ansprechende Thätigkeit dort gefunden und Deinen amtsherrlichen Dreizack mit Erfolg über das obotritische Inselvolk schwingst. Von Mie hätte ich geglaubt, daß sie zuweilen die höchsten Gipfel des Eilands erstiege und nach den Buchenhainen des Kontinents spähete, „das Land der Heimath mit der Seele suchend". Aber das Vaterland der Frau ist das Haus, où est-on mieux qu'au sein de sa famille; auch glaube ich, daß man mit der Zeit nicht mehr seekrank wird, wenn bei heftigen Stürmen Fehmarn etwas hin- und herschwankt. Uebrigens sind alle Chancen vorhanden, daß die Insel diesen Winter anfriert, und daß Du in eine leichte Schlittschuhverbindung mit den nächsten Baronen des Festlandes, Ehlersdorf, Cismar u. s. w., treten wirst. Daß das milde Klima von Fehmarn außer jungen Predigern, die wie das Eisen durch die Natur und bis in die Meteorsteine verbreitet sind, auch Familien aus Holstein angelockt, welche sich unter Dein Scepter gestellt haben, freut mich sehr, denn etwas geselligen Verkehr habe ich Dir gewünscht. Wenn Du übrigens Dein Amt mit einer Majorsstelle im Königlich Preußischen Generalstabe vertauschen willst, cedo major*em*, das heißt, ich cediere Dir den Posten und nehme den Deinigen, um so mehr, als Du doch bald auf Travendahl, Gottorp oder sonst einem Schlosse des schönen Holsteins thronst, wo es Euch auch nicht schlecht gefallen wird.

Nun wollte ich Dich durch meine Zimmer führen, um Dir die gestrige Christbescheerung zu zeigen; etwas Prächtigeres giebt es auf beiden Hemisphären nicht.... Er zählt nun sämmtliche Geschenke auf und schildert dann eingehend das neu erbaute und eröffnete Berliner Opernhaus.

Berlin, den 5. Februar 1845.

Lieber Ludwig!

Prächtige Nachricht ist uns von Dir zugegangen; endlich ein Moltke! wie wird der alte Papa triumphiren. Aber selbst zur Taufe wird er wohl bei dem strengen Winter nicht kommen, und zum Sommer hat er ein leider sehr weitläufiges Reise= projekt nach Marseille und Nizza vor. Nun tausend herzliche Glückwünsche für Dich und Mie. Gewiß werden wir Alle diesen einzigen männlichen Sprößling unseres vielzweigigen Stammes gern in die Mitte nehmen und ihm, so viel Jeder kann, im Leben durchhelfen.

Von hier kann ich Dir nur Gutes melden....

Herzlich der Deinige.

Helmuth.

Berlin, den 30. Mai 1845.

Lieber Ludwig!

Mit der aufrichtigsten Theilnahme haben wir heute die Nachricht von dem Tode Deines kleinen Söhnchens erhalten. Es ist doch, als ob Keiner unseres Namens und Stammes fort= leben soll. Wie herzlich bedauern wir Deinen und der armen Mie Kummer. Freilich Adolfs Schicksal, ein Kind im Alter von sieben Jahren zu verlieren, muß noch schmerzlicher sein. Gott erhalte Euch die Töchter.

Du schreibst mir, daß Mie mit den Töchterchen den Sommer in Nyegaard und Wedelsborg zubringen wird. Anstatt nun die lange Zeit einsam und allein auf dem traurigen Fehmarn zu verleben, will ich Dir einen Vorschlag machen. Es bietet sich Dir wahrscheinlich eine Gelegenheit dar, mit welcher Du um= sonst, und ich hoffe angenehm, nach Rom reisen kannst. — Die Sache ist diese. — Der Adjutant des Prinzen Heinrich von

Preußen, Onkels des Königs, welcher schon seit 30 Jahren in Rom lebt, ist infolge eines Sturzes aus dem Wagen plötzlich gestorben. — Unter den dem Prinzen zur Wiederbesetzung der Adjutantenstelle vorgeschlagenen Kandidaten befinde ich mich, und da ich sehr gute Empfehlungen habe, so ist es wohl möglich, sogar ziemlich wahrscheinlich, daß ich dazu komme. — Die Vorschläge sind eben abgegangen; in drei Wochen muß die Entscheidung hier sein, und wenn ich gewählt werden sollte, so muß ich dann Anfang Juli abreisen. Ich beabsichtige die Tour in der Art zu machen, daß ich meine eigenen Pferde und Wagen bis Dresden in kleinen Märschen vorausschicke, um sie erst einzugewöhnen. Dorthin gehe ich dann in einem Tage auf der Eisenbahn nach. Von Dresden, wo die Gegend schön wird, gehe ich dann in Touren von acht bis zehn Meilen täglich über Prag, Linz, Gmünden, Gastein über die Alpen, durch die Lombardei, Venedig, Ravenna und Perugia nach Rom. Dies kostet freilich etwa sechs Wochen, aber es ist auch die angenehmste Art zu reisen. Man bleibt, wo es einem gefällt, und macht Rasttage an den schönsten Punkten, von denen es auf dieser Tour gar herrliche giebt.

Nun biete ich Dir freundlichst einen Platz auf meinem Wagen an, wir wechseln uns auf dem Kutscherfitz ab, wo man ganz bequem sitzt und am freiesten um sich sieht. Die Reise wird mir vergütigt, so daß Keiner von uns Kosten davon hat. Die Rückreise legst Du in drei Wochen zurück über Ancona per Dampfer nach Triest. Von Marburg per Eisenbahn 60 Meilen weit über Wien bis Olmütz und Hohenmauth und ebenso von Dresden bis Magdeburg, von wo Dampfschiffe nach Hamburg.

Nach meinem Ueberschlag kann diese Reise Dir nicht über 100 Thaler kosten, welche Du auch zu Hause in drei Monaten verzehrst. Ist Dir aber das ganze Unternehmen zu weit aussehend, so kannst Du das Ziel Deiner Reise bei St. Marco auf der Piazzetta von Venedig oder an den Schneegipfeln der Alpen stecken, oder wo Dich sonst das Heimweh ergreift. Endlich ist freilich der ganze Römerzug noch ungewiß. Sollte nichts daraus werden, so bleibst Du bei uns in Berlin, bis wir nach Ems reisen, dann setzen wir Dich in Ilmenau ab, wo Du einige Wochen hindurch an den Quellen in der Gebirgsluft lebst.

Jedenfalls würde nöthig sein, daß Du sofort um einen dreimonatlichen Urlaub einkämest. Hast Du den und bist Du nur erst von Deiner Insel herunter und in Kiel, so geht Alles von selbst, mit Dampf und mit muthigen Pferden, auf schönen Straßen und durch köstliche Gegenden. Die Jahreszeit freilich ist für Italien nicht die günstigste, aber dafür sollen die Berg= wasser und die Alpen uns erfrischen. Die ganze Reise wird mir doppelt interessant sein, wenn Du daran theilnimmst, und Dir wird sie vielleicht nie wieder so leicht geboten.

Und nun, lieber Ludwig, auf viele Wenn und Aber und auf manches, gewiß sehr gegründete Bedenken nur diese Be= merkung aus eigener Praxis. Wenn man bei einem größeren Entschluß nicht etwas übers Knie bricht, nicht einige Rücksichten unberücksichtigt läßt, so kommt man in diesem Leben nun und nimmer zu etwas. Wir wollen Mie zur Schiedsrichterin machen, ob Du den Vorschlag annehmen kannst oder nicht. Entscheide Dich aber gleich und laß mich Deinen Entschluß, womöglich den erwünschten, bald wissen. — Der genaue Zeitpunkt unserer Ab= reise läßt sich freilich noch nicht übersehen, jedenfalls mußt Du Anfang Juli disponibel sein. Verzögert es sich um ein paar Tage, so bleibst Du so lange hier, wo nicht, kannst Du den langweiligen Umweg über Berlin ganz sparen, die Dampfschiffe gehen jeden Abend um 6 Uhr von Hamburg ab und sind in 36 Stunden in Magdeburg, und von dort ist es nach Dresden ebenso nahe als Berlin. Doch das verabreden wir noch näher, wenn wir über die Hauptsache einig sind. Denk' an Hesperien, an die meerbeherrschende Venetia, an die ewige Roma!

Damit will ich schließen. Dein treuer Bruder

Helmuth.

Berlin, den 12. Juni 1845.

Lieber Ludwig!

Bis jetzt keine Entscheidung! Dies zuvor.

Mit vieler Freude habe ich aus Deinem Schreiben vom 5. d. M. ersehen, daß Du Dich kurz und gut entschlossen hast. Obwohl nun aus Rom noch nichts eingegangen ist und auch nicht eingehen konnte, so schreibe ich Dir doch vorläufig diese Zeilen, damit Dir die Zeit nicht zu lang werde und um Alles so weit vorzubereiten wie möglich.

Die Angelegenheit muß in diesem Augenblick zur Entscheidung des Prinzen vorliegen. Ob er noch eine Rückfrage thut, ist freilich ungewiß; ich glaube jedoch nicht. Mein Prinz hat seinem Onkel, den er unlängst erst in Rom besuchte, die beste Empfehlung geschrieben, freilich ein paar Tage später, als die Vorschläge in einem eigenen Allerhöchsten Handbillet abgegangen sind. Ich hoffe, daß der alte Herr nicht allzu eilig in seiner Entscheidung ist, damit meine Empfehlung zuvor ankommt. Nach meiner Rechnung muß sie etwa am 24. d. M. hier sein, um welche Zeit auch der König aus Kopenhagen zurück ist. Sobald sie erfolgt, sollst Du sie wissen; sie möge nun ausfallen, wie sie will. Wenn sie bejahend ausfällt, so werde ich fürchterlich zu thun bekommen. Ich muß meine ganze Einrichtung irgendwo unterbringen, mein Quartier kündigen, mich equipiren, meine Vermögensangelegenheiten ordnen, unzählige Visiten und Meldungen machen, einpacken, mit Spediteuren verhandeln u. s. w. Jedoch hoffe ich das Alles in acht Tagen zu beenden, obwohl ich auf das Ungewisse hier noch nichts recht vorbereiten kann. Diese acht Tage brauchen die Pferde, um in kleinen Märschen nach Dresden zu gehen und sich einzumarschiren. Nachher kann man dann starke Touren von sieben bis zwölf

Meilen machen. Wir holen sie von hier in einem Tage auf der Eisenbahn in Dresden ein.

Sollte dagegen die Entscheidung ungünstig ausfallen, eine Möglichkeit, die immer sehr zu berücksichtigen ist, so habe ich allerdings noch keinen ganz festen Plan gefaßt. Ich schlage Dir dann das Rendezvous Berlin vor, wohin Du von Hamburg auf dem Seehandlungs-Dampfschiff (Potsdam), welches früh um 5 Uhr viermal in der Woche abgeht, für 8 Thaler gelangst. Eine Reise ins Gebirge machen wir denn doch jedenfalls. Hierüber das Nähere dann mündlich.

Adieu, lieber Ludwig. Ich danke Mie, daß sie so gut entschieden hat, und wünsche ihr einen recht frohen Aufenthalt bei den Ihrigen. Marie freut sich ebenso wie ich, daß wir Dich für den Römerzug gewonnen haben.

Herzlich der Deinige.

Helmuth.

Berlin, den 2. Juli 1845.

Und doch noch keine Entscheidung.

Gewiß, lieber Ludwig, hast Du diesmal eine erwartet, und ich mag Dir kaum schreiben, weil ich noch immer nichts mittheilen kann. Keine ist aber doch noch besser als eine abschlägige Entscheidung und dum spiro, spero.

Gott weiß, woran es liegt. Ob der alte Fürst noch erst eine Rückfrage nach Berlin gethan hat, bevor er sich entschließt, dann kann die Ungewißheit noch bis Ende dieses Monats dauern. Freilich kann sie auch jeden Tag enden. Tröste Dich in Geduld; wir müssen es auch . . . Uebrigens werde ich Dir, wenn eine günstige Entscheidung erfolgt, zwei Posttage hintereinander schreiben, wenn ja ein Brief liegen bliebe.

Ich habe Dich nicht ganz ohne Mittheilung lassen wollen und eigentlich doch nur geschrieben, daß ich nichts zu schreiben habe. Abieu, lieber Ludwig, Marie grüßt schönstens, möchte ich Dir bald gute Kunde geben können. Herzlich der Deinige.

Helmuth.

Berlin, den 27. Juli 1845.

Mein lieber Ludwig!

Immer noch keine Entscheidung; so muß ich auch dies Schreiben anfangen. Wie ich jetzt erfahre, sind die Vorschläge nach Rom erst zu Anfang dieses Monats abgegangen. Wenn sich Prinz Heinrich ebenso lange besinnt, so kann es noch lange dauern, bis etwas entschieden wird. Da der König nun nach dem Rhein gereist ist, so kann in den nächsten vierzehn Tagen kaum etwas in der Sache geschehen, und ich darf Mariens Reise nach Ems nun nicht länger aufschieben. Es ist dafür gesorgt, daß ich jede Nachricht über Coblenz sogleich erhalte. Sollte ich daher kommandirt werden, so lasse ich Marie zur Fortsetzung ihrer Kur sowie Wagen und Pferde in Ems zurück und eile selbst nach Berlin, um Alles zu ordnen. Du sollst dann sofort benachrichtigt werden.

Es hieß vor einiger Zeit, der Prinz wolle keinen verheiratheten Adjutanten. Dies scheint jedoch ungegründet, und die Sache liegt noch ebenso wie vor acht Wochen.

Papa hat uns hier wieder nur auf drei Tage besucht. Er war, als er kam, recht kümmerlich, erholte sich aber bald und war sehr vergnügt. Abieu, lieber Ludwig, laß Dir die Geduld nicht ausgehen. Herzlich der Deinige.

Helmuth.

Coblenz, den 2. September 1845.

Lieber Ludwig!

Immer noch nichts entschieden! Ich mag gar nicht mehr schreiben, da alle meine Briefe diesen leidigen Eingang haben. Du hast nun den ganzen Sommer in der unangenehmen Erwartung zugebracht und noch dazu ganz allein; möchte denn wenigstens die Entscheidung, wenn sie endlich mal kommt, eine günstige sein.

Wenn wir später als im Oktober reisen, so wird die Tour durch die Alpen allerdings sehr an Interesse verlieren; Rom bleibt aber immer Rom, auch im Winter; denn kein Schnee deckt ihr ehrwürdiges Antlitz.

Gut, daß ich die Entscheidung in Berlin nicht länger abgewartet habe. Marie hat gegenwärtig ihre Kur in Ems glücklich vollendet und wird auch wohl die Nachkur daselbst noch beenden können. Uns geht es sehr wohl, wir haben eben zwischen beiden Kuren einen schönen Ausflug ins Aarthal und an den Rhein gemacht und gehen nun den Strom aufwärts über Rüdesheim nach Bad Langen=Schwalbach im Herzogthum Nassau, wo wir vierzehn Tage bleiben. Dein Bruder

Helmuth.

Berlin, den 26. Oktober 1845.

Lieber Ludwig!

Heute bei meinem Eintreffen hier erhielt ich die Nachricht von Vaters Tod. Nach allen vorhergegangenen Nachrichten stand derselbe zu erwarten und bei dem langen Leiden selbst zu wünschen. Dennoch ist die Nachricht erschütternd. Deinen lieben Brief vom 25. d. M. habe ich ebenfalls hier vorgefunden und mit weh=

müthigem Herzen die Details von Vaters Leiden daraus gelesen. Wie lange und wie furchtbar ist doch der Kampf dieser starken Natur gewesen. Aber das Leben gewährte ihm so wenig Freude mehr, selbst das Reisen hatte den Reiz für ihn verloren. Gott schenke ihm Ruhe und Frieden!

Was ich Dir anzuzeigen habe, lieber Ludwig, ist, daß ich heute meine Ernennung nach Rom erhalten habe. Leider hast Du den ganzen Sommer vergeblich und allein geharrt und jetzt, wo Du wieder mit den Deinigen zusammen bist, schreibst Du, hat Deine Reiselust abgenommen. Dennoch hoffe ich, daß Du mich nicht allein ziehen läßt. Jedenfalls werde ich Dich drei Wochen hier abwarten, in welcher Zeit Du von Kopenhagen aus die Erneuerung Deines Urlaubs erlangen kannst. — Ich habe bis jetzt noch an nichts recht denken können. — Wahrscheinlich reise ich zwar in meinem Wagen, aber mit Extrapost, wodurch die Reise sehr abgekürzt wird. Ich benachrichtige Dich nur vorläufig, damit Du, wenn Du den Plan nicht aufgegeben hast, die Maßnahmen bei Zeiten treffen kannst. Laß mich bald hören, ob Du mir noch die Freude machen willst; ich werde, sobald ich etwas zur Besinnung komme und die Angelegenheit besser übersehe, dann das Nähere mittheilen. Marie und ich grüßen Mie aufs Herzlichste. Es wird uns doch schwer werden, allen Verwandten vielleicht auf Jahre hinaus zu entsagen. Freilich sehen wir jetzt Alles durch einen Trauerflor. Herzlich Dein

Helmuth.

Berlin, den 7. November 1845.

Lieber Ludwig!

Bereits sind zwölf Tage verflossen, seit ich Dir am 26. v. M. schrieb, daß wir nach Rom gehen und daß wir Dich jedenfalls abwarten. Da nun bis heute noch gar kein Brief von Dir angekommen ist, so schließen wir daraus das Beste, nämlich, daß Du demnächst selbst erscheinst. Wir wiederholen, sowohl Marie als ich, unsere dringende Einladung und hoffen Dich möglichst bald hier zu sehen, denn in drei bis vier Tagen sind wir jetzt völlig reisefertig, aber auch bereit, die Abreise noch mehrere Tage zu verschieben, wenn Du aus Kopenhagen erst Antwort haben mußt.

Verzeih' die Flüchtigkeit dieser Zeilen. In den Zimmern nebenan ist Auktion über alle unsere hübschen Sachen. Fort mit Schaden, ist das Motto. Wie gern lieferten wir manches Stück in Mie'ns Wirthschaft, wenn der Transport möglich wäre. Tausend Grüße an die liebe Schwägerin, sie redet Dir gewiß zu, dazu ist sie aufopfernd genug. Abieu, lieber Ludwig, laß bald von Dir hören oder vielmehr von Dir sehen. Dein

Helmuth.

Berlin, Mittwoch, den 12. November 1845.

Lieber Ludwig!

Die drei Wochen, seit ich Dir am 26. v. M. schrieb, sind nun beinahe verflossen, und wenn, wie ich glaube, der König mich morgen oder übermorgen entläßt, so werde ich die Abreise nicht lange mehr verschieben können.

Es ist möglich, daß ich meine Abschiedsaudienz in dieser Woche noch nicht erhalte, aber auch wohl möglich, daß ich —

Indem ich dies niederschreibe, tritt der Hoffourier in die Stube und bringt mir die Einladung zu heut Mittag. Ich werde demnach Freitag den 14. von hier abgehen, und zwar an dem genannten Tage nach Leipzig, wo ich meine Pferde und Wagen vorfinde, am Sonnabend nach Werdau per Eisenbahn. Von dort fahre ich in drei Tagen nach Nürnberg, wo ich im rothen Roß absteige. Dort sind wir also am Dienstag den 18. zu finden.

Wenn Du mit der Eisenbahn von Kiel nach Hamburg, mit dem Dampfschiff von da nach Magdeburg und per Eisenbahn von Magdeburg über Leipzig und Altenburg—Werdau, von da aber per Schnellpost nach Nürnberg gehst, so brauchst Du zu dieser Tour von Kiel nach Nürnberg gerade dreimal vierundzwanzig Stunden. Dieser Brief wird Sonnabend den 15. in Deinen Händen sein, und Du kannst daher am Donnerstag mit uns in Nürnberg noch zusammentreffen. Jedenfalls kannst Du uns auch später noch mit der Post in München überholen (von Donauwörth per Eisenbahn). Ich hoffe jedoch, daß, indem ich dies schreibe, Du schon unterwegs bist. Solltest Du gleich nach unserer Abreise in Berlin eintreffen, so ist es Dir leicht, uns auf der Tour nach Nürnberg zu überholen, da wir ja täglich doch nur etwa sieben bis acht Meilen, die Post aber täglich zwanzig Meilen macht. — Weiter weiß ich nun nichts hinzuzufügen und werde recht bedauern, wenn Du die gute Gelegenheit entgehen läßt und uns der Freude Deiner Gesellschaft ohne erhebliche Gründe beraubst. Tausend Grüße an Mie. Adieu. Dein treuer Bruder

Helmuth.

Roma, den 2. April 1846.

Lieber Ludwig!

Nachdem uns Dein Schreiben aus Venedig darüber beruhigt, daß Du den Räuberbanden der Mark Ancona glücklich entronnen, erfuhren wir durch Guste und gleich darauf durch Dein eigenes Schreiben aus Fehmarn, daß Du wohlbehalten in die Heimat zurückgekehrt bist. Es freut mich sehr, wenn Dein römischer Aufenthalt Dir interessante Erinnerungen hinterlassen hat. Wir waren eigentlich recht wenig im Stande, Dich, wie wir wünschten, aufzunehmen, da wir selbst noch zu fremd und zu schlecht eingerichtet waren. Deine Nachfolger sollen es schon besser finden. Uns hat Deine Abreise eine große Lücke gelassen, und bei so mancher schönen Spazierfahrt rufen wir aus, wenn doch Lui das sähe. Besonders zwei Dinge sind, die ich so wünschte, daß Du sie noch in Augenschein genommen hättest. Eins das Columbarium an der Porta Latina. Wie freundlich war doch damals der Tod. Das Columbarium, welches erst vor zehn Jahren aufgefunden, besteht aus einem mit Stuckarbeit und Fresken zierlich ausgeschmückten kleinen Gemach. Vom Gewölbe hängt an einer Bronzekette die sechsarmige Ampel und rings an den Wänden sind kleine Nischen, in welchen die noch heute mit Knochen angefüllten Urnen der Hingeschiedenen stehen. Zierliche Altäre, Mosaiken und Skulptur fehlen nicht, und so versammelte man die Asche aller seiner Lieben, des Widerwärtigen entkleidet, im kleinen Raume um sich her, bis man sich selbst hinzulegte. Damals lebte noch der Gott mit den Mohnhäuptern und der gesenkten Fackel, der ernste Bruder des lächelnden Schlafs, nicht das Gerippe mit der Sense und dem fegefeuerfarbigen Hintergrund. Aber freilich kam es damals auf ein paar Eichen nicht an, an deren Holzvorrath wir uns einen langen Winter dürftig erwärmen müssen. Die zweite prachtvollere Exkursion ist die Ersteigung der Peterskuppel. Bei dem Grabe der Stuarts trittst Du in einen Gang, der durch die gewaltige Mauermasse der Seitenwand Dich in eine Art Wendelstiege führt. Sie erhebt sich als sanft geneigte Ebene, und auf langem, aber mühelosem Steige gelangst Du ins Freie und auf ein Felsplateau, ungefähr von der Höhe des Monte Mario. Rechts erblickst Du das Wohnhaus eines Bergbewohners oder Wärters, neben welchem ein armdicker Quell hervorrauscht und einen antiken Sarkophag füllt. Hinter Dir erheben sich wunderliche Felskegel, die, von der andern Seite betrachtet, wie Riesenstatuen der Apostel aus=

sehen mögen, am andern Ende der Ebene aber, oder des mit Travertinplatten belegten Kirchendachs erhebt sich eine Rotunde, so groß wie das Pantheon, nur viel höher. Nachdem Du durch eine Thür hineingetreten, erblickst Du einen furchtbaren Abgrund vor Dir. Tief unter Dir glänzt das vergoldete Kreuz auf der Spitze des Bronzebaldachins, welcher doch höher ist als das Berliner Schloß. Unten wimmelt es von kleinen Zwergen, und ein entfernter Gesang dringt als Wiederhall zu Dir empor. Ganz in der tiefsten Kluft kniet ein weißer Greis mit gefalteten Händen vor der mit Lampen umgebenen Konfession, welche die Gebeine des streitbarsten Apostels umschließen. Unwillkürlich tritt man an die Mauerseite des etwa 5 Fuß breiten Umgangs zurück, unter welchem man gar keine Unterstützung mehr sieht. Nimm eine dieser gewaltigen Quadern heraus, und die übrigen stürzen auf den Marmorboden der Kirche hinunter. Doch ich will Dich nicht schwindelig machen, denn wir müssen noch auf den zweiten ähnlichen Umgang am oberen Ende der Trommel, da wo die Halbkugel der Kuppel erst anfängt. Hier ist es besser, auf= als abwärts schauen. Die ganze enorme Wölbung ist mit Milliarden von Mosaiksteinchen bekleidet, unten die Heiligen und Märtyrer, dann die Apostel, Christus in der Mitte, dann Engel und Cherubim, endlich im Scheitel, vom strahlenden Licht der Laterne umgeben, Gottvater, hinabschauend aus der Höhe, aber etwas undeutlich und nicht ohne Anstrengung zu erblicken. Alle diese Bilder, die von unten ganz gewöhnlich aussehen, sind koloffal, und so ein Engelchen, welches ein Blumengewinde trägt, dürfte dreist auf den rechten Flügel der Leib=Kompagnie des 1. Garde=Regiments treten. Ueber 300 Stufen führen zwischen den Wänden der doppelten Kuppel auf die Galerie am Fuß der Laterne, noch 70 mehr, und Du stehst über derselben, gerade über dem Hauptaltar. Man könnte den Michaelis=Kirchthurm unter Dich stellen, Du merktest es nicht mehr, denn es geschähe unter Deinen Füßen. Noch eine Metalleiter von einigen dreißig

Sproſſen, und man befindet ſich in der Kugel. Wenn dieſe achtzehn Menſchen aufnimmt, ſo werden ſie doch nichts weniger als komfortabel ſituirt ſein, und gern begiebt man ſich wieder auf die Galerie ins Freie, wo man die prachtvollſte Umſicht hat. Da liegt wie eine Reliefkarte ausgebreitet Rom mit all ſeinen Kirchen, Paläſten, Mauern und Thürmen, man folgt mit Augen der Windung der Tiber von fern her, durch die Milviſche Brücke, an der Engelsburg vorbei und bis zum flimmernden Streifen, welcher das Mittelländiſche Meer iſt. Eine weite grüne Ebene erſtreckt ſich bis zu den ſchroffen Kalkwänden des Sabiner Gebirges, aus deſſen Schluchten der Anio hervorbricht, der von den glänzenden Mauern von Tivoli ſich abzeichnet. In ſanften Formen erheben ſich die Vulkane des Albanergebirges, und hell treten die Villen von Tuskulum und Albano, auch der alte Algidus hervor. In langen Linien durchſchneiden die Gräberreihen die Ebene, die Richtung der alten Straßen bezeichnend, und meilenweit verfolgt man die rieſigen Bogen der Waſſerleitungen bis zum Gebirge.

Doch ich liefere Dich jetzt wohlbehalten und safe Deiner Frau auf ebenem Fehmarnſchen Boden wieder ab.

Die Bücher, die Du mir genannt, werde ich ſuchen mir zu verſchaffen. Aber hier iſt es beinahe ebenſo ſchwer wie auf Deiner Inſel. Einſtweilen ſtudire ich Niebuhr, römiſche Geſchichte, welcher mit dem ſcharfen Meſſer der Kritik das Fleiſch der Sagen und Dichtungen ſorgſam ablöſt und das Skelett der Wahrheit zu Tage bringt. Numa und ſeine Egeria, Romulus ſelbſt ſind nur eine Mythe . . Porſenna ein Aggregat von Fabeln wie Hercules, Horatius Cocles und Konſorten ſind Fabel, wie denn auch Petrus nie in Rom geweſen ſein ſoll. Was wird nun aber aus der Grotta della Egeria und der Tomba di Nerone, aus der Rocca tarpeja, für welche wir doch einen halben Paul bezahlt haben! Das iſt „der Durſt nach Wahrheit und die Luſt am Trug". L'histoire c'est une fable convenue, aber es ist damit wie mit den Anfechtungen des Dogma. Man zerstört etwas und kann nichts Besseres wiedergeben. Ich bin doch gestern wieder nach der Fonte della Egeria gefahren und will nun einmal glauben, daß der gute König Numa dort die Gesetzgebung studirt hat. Dabei bemerke ich, daß wir zusammen unbegreiflicher Weise das schöne Nympheum gar nicht gefunden, obwohl es dichtbei, nur etwas mehr nach der Stadt zu, liegt. Es ist ein schönes Gewölbe, ein Strahl lauwarmen, etwas säuerlichen Wassers bricht aus demselben hervor, und im Hintergrund hat man eine garstige liegende Figur angebracht, anstatt Jedem zu überlassen, sich die Nymphe, so schön er vermag, zu denken.

Unsere Sachen, Silberzeug ꝛc., sind bald nach Deiner Abreise Alles glücklich eingegangen. Noch haben wir aber trotz allen Suchens keine entsprechende Wohnung gefunden. — Mein Prinz hat sich gefreut, zu erfahren, daß Du glücklich heimgekehrt bist. Er muß viel ausstehen dies Frühjahr und hat Podogra und Chiragra.

Auch mein Meßtisch ist angelangt, und ich bin mit dem Aufnehmen der Contorni di Roma tüchtig zu Gange. Fast zwei Quadratmeilen sind schon fertig, aber ich möchte neun solcher Blätter liefern und werde Jahr und Tag daran zu arbeiten haben, um so mehr, als die Sommerhitze diese Arbeit unterbricht. Mit gewaltigen Stiefeln gegen Dornen und Schlangen, nur von Schäferhunden und Büffelherden zuweilen angefochten, durchstreife ich Berg und Thal, bis zur Entfernung von bereits 1½ Meilen. Auf alte Mauerreste, Gräben und Basaltpflaster mache ich natürlich speziell Jagd und freue mich jedesmal, wenn ich so einen antiken Namen wie Fidenae, Autumnae, Villa Liviae, ad Gallinas und dergleichen eintragen kann.

Ich habe Adolf gebeten, seine beabsichtigte Badereise bis hierher auszudehnen, und hoffe, daß Du ihn dazu durch Dein Beispiel ermuntern wirst. Ja, noch mehr, wir spekuliren auf

Burts, denn kein Wunder ist so groß, daß es in Rom nicht wahr werden könnte.

Nun Adieu, lieber Ludwig, die herzlichsten Grüße von Marie und mir an Deine liebe Frau und die lieben Kinderchen. Mit aufrichtiger Liebe und Anhänglichkeit der Deinige.

Helmuth.

Coblenz, den 12. Juli 1847.

Lieber Ludwig!

... Hier bei uns geht es munter und fröhlich zu. Ich bin gestern von einer Reise durch die Rheinprovinz zurückgekehrt. Es war gerade der Jahrestag des Todes des Prinzen Heinrich, und so schloß gestern für mich ein bewegtes Jahr, in welchem ich zweitausend Meilen gereist bin. Auch die letzte Reise mit meinem kommandirenden General war interessant und führte durch lauter römische Ansiedelungen; durch Colonia Agrippina, Aquisgranum, Moguntiacum, Augusta Trevirorum u. a. m., wo sich herrliche Ueberbleibsel finden. Bei Trier in Igel steht ein prachtvolles Familiendenkmal mit Stulptur und Inschrift. In Trier läßt der König die alte Basilika Constantins herstellen, ein Amphitheater ist ausgegraben, die Bäder, der Palast Constantins des Großen, Wasserleitung 2c. sind noch fast zur Hälfte erhalten. Wunderhübsch liegt Castell, ein römisches Castrum, auf einem vorspringenden Fels an der Saar. Dort liegt auch Johann von Lützelburg, der blinde König von Böhmen, der in der Schlacht von Crecy blieb. Aber am schönsten ist's doch hier in Confluentes.

Adieu, lieber Ludwig, für heute und herzliche Grüße an Dich und Deine Abwesenden. Der Deinige.

Helmuth.

Coblenz, den 14. November 1847.

Lieber Ludwig!

... Ich bin jetzt damit zu Gange, meine römische Karte rein zeichnen zu lassen und eine Art Wegweiser durch die Campagna zusammenzustellen, nach Art des Westphalschen,*) aber etwas weniger trocken wo möglich. Wie prächtig könntest Du mir dabei aus den alten Klassikern helfen. Leider aber muß ich das Alles jetzt auf die Seite schieben, weil eine trockene und umfassende Dienstarbeit, die Ausarbeitung des neuen Mobilmachungsplanes für unser Armeekorps, meine ganze Zeit in Anspruch nimmt. Es ist auch schwerer hier als in Berlin, sich das nöthige Material zu verschaffen. Eine geographisch-physikalische Einleitung liegt fertig. Ich wollte nun nach Art der florentinischen Briefe, obwohl mehr an bestimmte Richtungen gebunden, die Wanderungen in der Umgegend anfangen. Leider muß ich mich immer mit Uebersetzungen begnügen. Es kommt dabei darauf an, wieder an die vorhandenen Ueberbleibsel, die geschichtlichen Begebenheiten anzuknüpfen. Diese können daher nur aphoristisch gegeben werden, und die Oertlichkeit ist der Faden, welcher seine Begebenheiten aneinander reiht.

Mit herzlichen Grüßen der Deinige.

Helmuth.

Magdeburg, den 27. September 1849.

Lieber Ludwig!

Ich weiß nicht, ob es Dir schon bekannt ist, daß Adolf recht ernstlich krank gewesen ist. Seine zwar nicht amtliche Stellung in Berlin brachte dennoch mannigfache Aufregung mit sich. Die rege Theilnahme, die er für sein engeres Vaterland empfindet

---

*) J. H. Westphal: Die römische Campagna in topographischer und antiquarischer Hinsicht. Berlin 1829.

und welche nach der wichtigen Thätigkeit, die er dort eingenommen, so erklärlich ist, endlich das Vertrauen, welches alle Parteien in ihn setzen, zogen ihn in ein vielgeschäftiges Leben. Dazu kommt, daß er sich wenig schonte, und so bekam er in einer Nacht, wo er um 3 Uhr vom Schreibtisch aufstand, eine Art Blutsturz. Ein starker Aderlaß war nöthig, und ein Rückfall macht die Sache sehr bedenklich. Professor Langenbeck war sein Arzt, Vetter Eduard sein treuer Pfleger, bis Auguste herbeigeholt werden konnte. Jetzt ist er glücklich so weit, daß er von Berlin abreisen und sich den politischen Wirren entziehen kann.

Einen Rath in Deiner schwierigen Stellung kann ich bei mangelnder Kenntniß der dortigen verwickelten Verhältnisse allerdings nicht ertheilen, doch will ich die Ansicht keineswegs vorenthalten, daß Du Dich mit möglichster Vorsicht dennoch der Landesverwaltung unterzuordnen hast. Sollte es gewissen Uebelwollenden gelingen, darüber die unwissende Menge aufzuwiegeln, so würde man Dich schlimmstenfalls durch Gewalt zwingen können, Deinen Posten zu räumen, bis die Ordnung wiederhergestellt ist. Durch ein entgegengesetztes Handeln würdest Du Dich bis zu diesem Zeitpunkt behaupten, dann aber Gefahr laufen, durch rechtlichen Beschluß Deine Stelle zu verlieren. Wie man auch über die unglücklichen Vorgänge in den Herzogthümern urtheilen mag, so glaube ich, daß ein schleswigscher Beamter die jetzige Landesverwaltung als seine gesetzliche Behörde anerkennen kann. Der Anruf der Statthalterschaft an das Gewissen der schleswigschen Beamten, also an jede individuelle Rechtsansicht, ist gewiß eine sehr unkluge und schwer zu verantwortende Maßregel. Liliencron hat bereits an die Statthalterschaft das Ersuchen gestellt, das Unheil, welches sie dadurch gestiftet, durch einlenkende Schritte wieder gut zu machen, und es steht zu hoffen, daß von dieser Seite etwas geschehen wird.

Daß die schleswigschen Angelegenheiten einer befriedigenden Lösung entgegengeführt werden, sagen mir hier Männer, die eine Einsicht in die Sache haben. Es kommt nur darauf an, sich über einige schwere Monate hinwegzuhelfen. Es ist wahrscheinlich, daß die Drohung Preußens, sich ganz aus der Sache zurückzuziehen, die Großmächte veranlassen wird, ein ernstes Wort zu dem übermüthigen Inselvolk zu sprechen.

Im Allgemeinen habe ich das Gefühl, daß die Dinge sich bessern werden. Die Pendelschwingung der demokratischen Revolution ist, wie mir scheint, vollbracht, sie sinkt zur Stabilität zurück — ob sie etwa nach der entgegengesetzten Seite abschweifen wird, ist nach dem natürlichen Gravitationsgesetz nicht unmöglich. Die Rolle der Demokratie ist vorerst ausgespielt, wenn vielleicht auch andere große Kämpfe bevorstehen:

<blockquote>
Es wird eine Zeit der Helden sein
nach der Zeit der Schreier und Schreiber.*)
</blockquote>

Das Wahre in der großen Bewegung Deutschlands ist der unleugbare Drang nach Vereinigung, und wenn die Kabinette den einzig möglichen, ihnen jetzt gebotenen Weg zu diesem Ziel, mag man ihn das Aufgehen in Preußen nennen oder anders, nicht einschlagen, so kann allerdings in einer späteren Periode ein neuer Ausbruch erfolgen. Aber zunächst wird gewiß die Ordnung zurückkehren, und das ist nur zu wünschen, denn wie richtig bemerkt worden, ist aus der Ordnung zuweilen die Freiheit, noch nie aber aus der Freiheit die Ordnung hervorgegangen. Schläft man freilich bei der Ordnung wieder ein, dann wird sie auch nicht von langer Dauer sein.

Die Verhandlungen unserer Kammern tragen den Stempel des wieder erwachten besseren Bewußtseins des Volks. Gott erhalte uns das viel geschmähte Ministerium Brandenburg-Manteuffel; sie haben uns Alle gerettet.

Um vom Großen aufs Kleine zu kommen, erzähle ich Dir nur noch, daß ich mit Marie vier Wochen in Wangerooge im

---

*) Graf Strachwitz.

Seebad gewesen bin. Gern wäre ich nach Föhr gegangen, aber der Unsinn vom preußischen Verrath hielt mich ab. Es ist uns Beiden sehr gut bekommen und war uns auch sehr nöthig. Die Geschäfte dauern in gewohnter Art fort, aber man sieht doch endlich etwas Tag. Unsere Landwehr kehrt jetzt zurück, und das Land wird dadurch von einer schweren Bürde erleichtert.

Wann kommt die Zeit, wo man sich einmal freudig wieder besuchen kann? Solltest Du wider Erwarten genöthigt sein, Dein Inselchen zu verlassen, so vergiß nicht, daß Magdeburg leicht zu erreichen ist. Tausend freundliche Grüße von Marie an Dich, Deine Frau und alle Kinder. Herzlichst Dein

Helmuth.

Magdeburg, den 15. Januar 1850.

Lieber Ludwig!

Ich habe meine Frau zu Weihnachten zu ihren Eltern gebracht, wo wir das Fest fröhlich verlebten. Am 4. d. M. mußte ich aber schon wieder hier sein, so daß es leider unmöglich war, meine Reise weiter als bis Neumünster, Rantzau und Uetersen auszudehnen. Gern hätte ich sonst Fritz und Dich noch besucht. Seit Rom haben wir uns nicht gesehen. Da waren noch andere Zeiten. Man wird so ernst, und in dem unablässigen Joch der Geschäfte so prosaisch. Bei Dir kommen nun noch die heillosen politischen Verwickelungen hinzu, und doch habe ich aus einem Brief an Gustchen gesehen, daß Du Dich mit Literatur beschäftigen kannst. Wenn Du mir Deine Uebersetzung des Marino Falieri schicken willst, so will ich sehen, ob ich Dir einen Verleger schaffen kann. Freilich wäre es besser, Du hättest „Drei Fragen" oder „Enthüllungen" oder dergleichen geschrieben, das geht jetzt besser als Byron und Moore. Dabei fällt mir ein, wir sollten doch einmal die einzelnen Gedichte sammeln, die wir nach und nach übersetzt haben. Ein paar lege ich bei; als vertrocknete Rosenblätter aus wärmeren Tagen.*) Den ganzen Moore zu übersetzen ist freilich ein entsetzlicher Gedanke, ich vermag nicht einmal die schönen Gedichte aufzusuchen unter den vielen anderen oft unbedeutenden....

Rantzau interessirte mich auf meiner Reise doppelt. Es klebte eine früheste Jugenderinnerung an dem spitzen Thurm von Barmstedt, an der Zugbrücke über den Schloßgraben und an einem großen Garten, wo wir verbündet mit den ungezogenen Kostgängern des Pastors Wilke (freilich sind es 40 Jahre her) Pflaumen gestohlen hatten. Es war schon dunkel, als ich mit der Eisenbahn in Elmshorn ankam, und da ich ohne alles Gepäck, so stürzte ich gleich zu Fuß weiter. Nachdem ich mich im tiefen Schnee tüchtig verirrt, gelangte ich endlich durch einen prachtvollen Buchenwald an eine Zugbrücke. Im Schloßhof traten mir zwei riesenhafte weiße Gestalten entgegen, die sich erst nachher als Schneemänner auswiesen, und ich fuhr ordentlich zusammen, als die Thurmuhr gerade über mir 8 Uhr schlug. Etwas beklommen trat ich in das Haus, fand aber Adolf und Auguste beim Thee und ihn doch weit besser, als ich befürchtet hatte. Leider fällt seine Rekonvaleszenz in den Winter, er darf daher gar nicht ausgehen, was einen gesunden Menschen krank machen kann.

In Itzehoe habe ich auch Deine hübsche Komposition eines Liedes, ich glaube von Geibel, gehört, kurz, es scheint, daß Melpomene und Euterpe sich in Heiligenhafen eingeschifft haben. Hier in Magdeburg wenigstens sind sie nicht abgestiegen. Von unserem Theater besagt der Anschlagzettel jedesmal ausdrücklich, daß geheizt sei, weil es sonst Niemand glauben würde. Man friert geistig und körperlich. Wenn nicht der riesige Dom vor meinen Fenstern stände, so gäbe es hier nichts, was an eine edlere Geistesrichtung erinnert.

---

*) Proben davon werden in Band I „Zur Lebensgeschichte" enthalten sein.

Was wird in Holstein werden? Daß es wieder zum Schlagen dort kommt, glaube ich nicht recht, obwohl General Bonin mit 30 000 Mann und 80 Geschützen große Lust hat, noch einmal mit den Dänen zu sprechen. Die Schweden wünschen durchaus nicht länger zu verweilen, es fragt sich aber, wie der General Hahn die Hand zwischen Hammer und Amboß legen soll. Räumt er den Parteien das Feld, so mag es sehr zweifelhaft sein, wer siegt. Sind es die Holsteiner, so rücken sie in Jütland ein, aber damit ist die Sache durchaus nicht zu Ende. Werden die Holsteiner geschlagen, so gehen sie über die Eider, haben eine starke Stütze in Rendsburg und eine noch stärkere an der Bevölkerung des Landes, welches am Ende doch deutsches Bundesgebiet ist, das nicht so ohne Weiteres von den Dänen überzogen werden kann. Also in keinem Fall eine Entscheidung. Diese muß auf diplomatischem Wege gefunden und dann, trotz allen bestimmt vorherzusehenden Widerspruchs, durch überlegene Macht gehandhabt werden. Diese Macht muß dann aber auch stärker sein als die Landesverwaltung. Ueberhaupt viel schlimmer als eine tyrannische ist eine schwache Regierung.

Das neue Jahr dämmert noch, und Niemand kann sehen, was der nächste Frühjahrsmorgen bringt. Ein starkes österreichisches Heer steht an unserer Grenze und wir — haben freundschaftliche Versicherungen. Dem Drei=Königs=Bündniß fehlen mindestens zwei Könige. Hohenzollern ist ein Erwerb in partibus infidelium, und in Baden weiß man das Unkraut der Demokratie nicht anders auszurotten, als indem man es auf die eigenen Aecker wirft, wo es theilweise einen gut vorgepflügten Boden findet. In Berlin Ministerkrisis wegen der Proposition, und wenn diese glücklich angenommen worden, eine Konstitution, von der man noch nicht weiß, ob man damit regieren kann und die vorläufig 50 Millionen (nach Beckerath hingegen den Spottpreis von nur 49 Millionen) kostet. Rechnet man aber beiläufig, daß alle Staatspapiere und Dokumente um etwa 25 pCt. gesunken sind, so kommen die Errungenschaften leicht auf ein paar hundert Millionen zu stehen. Die Eisenbahnen zahlen gar nicht, und es ist wirklich den Aktionärs nicht zu verdenken, wenn sie Reaktionärs werden.

Ein Trost ist's, wenn innerhalb des Hauses der alte Polizeistaat, das väterliche Regiment, die angefeindete Beglückungstheorie trotz aller äußeren Bestrebungen der erleuchteten Fortschrittsmänner stehen geblieben ist. Und das wird Mie wohl so halten, die ich aufs Allerfreundlichste grüße und deren Andenken ich mich recht bestens empfehle. Wie gern sähe ich auch einmal Deine kleine Töchterschaar (kleine eigentlich nur im Vergleich mit der des Danaos, Beherrschers von Argos), denn „Hannemusse" ist wohl schon stattlich herangewachsen, seitdem sie sich mit Buh! von meinem Bart abwendete und im Traum „Hazenbraten!" rief. Doch mir geht das Papier, Dir die Geduld zu Ende. Herzliches Lebewohl.

Helmuth.

Ich weiß nicht, ob ich Dir geschrieben, daß meine zehn Quadratmeilen um Rom gegenwärtig bei dem ersten Kupferstecher in Berlin (Brose) gestochen werden. Der König schießt 750 Thlr. zu, aber zwei Jahre sind nöthig. Es wird hoffentlich ein Prachtwerk, und Du sollst eins der ersten Exemplare haben. Ich habe einen Wegweiser durch die Campagna angefangen, aber natürlich jetzt müssen liegen lassen. Ich theilte Dir gern das Fertige mit.

Magdeburg, den 21. April 1851.

Lieber Ludwig!

... Durch die Rüstungen wurde ich im vorigen Jahre von meinen Seebädern abgerufen, als ich eben nach England übersetzen wollte. Wir sahen die Kreideküste von der Sonne be-

leuchtet vor uns und konnten in drei Stunden drüben sein. Ob
ich in diesem Herbst das Versäumte werde nachholen können,
läßt sich noch nicht übersehen; wer kann jetzt ein halbes Jahr
voraus Pläne fassen. Von der Ruhe sind wir noch weit entfernt.
Die Demüthigung für Preußen ist zu groß, als daß dieser Zu=
stand von Dauer sein könnte. Ueberall Sieger mit der Waffe
und überall geschlagen in der Diplomatie; man fühlt das hier
tief. Mit herzlichem Gruß der Deinige.

Helmuth.

Magdeburg, den 14. Dezember 1851.

Lieber Ludwig!

Beifolgend übersende ich Dir einen Abdruck meiner römischen
Karte, soweit sie bis jetzt vollendet ist in zwei Blättern und
zugleich das Material zu einem Wegweiser*) durch den darin
enthaltenen Theil der Campagna. Letzteres sind freilich nur
einige Bruchstücke, aber das tägliche Joch, in welches ich gespannt
bin, macht mir unmöglich, diese Arbeit weiter fortzuführen.
Reumont ist Geschäftsträger in Florenz geworden, verläßt Rom
und kann die Theilnahme an der Arbeit daher jetzt nicht über=
nehmen. Ich stelle anheim, von dem Vorhandenen Kenntniß zu
nehmen, und überlasse es Deiner Entscheidung, ob Du, freilich
in der Ungewißheit, ob die Sache je zu Stande kommt, die
geschichtliche Forschung weiterführen willst. Leider ist der Rahmen
der Karte nur ein sehr enger geworden, und die Annalen des Alter=
thums und des Mittelalters durchzustudiren, um als Resultat
nur das festzuhalten, was sich auf diese wenn auch merkwürdigste
Scholle bezieht, ist eine Mühe, die nur durch das Interesse gelohnt

---

*) Daß dieser Wegweiser nicht beendet wurde, ist aus den von
G. v. Bunsen veröffentlichten „Wanderungen um Rom. Aus Graf Moltkes
handschriftlichen Aufzeichnungen" zu ersehen.

werden kann, welches die Arbeit selbst hat. Für den Fall, daß Du Deine jetzige Muße dazu benutzen willst, habe ich die zum Westphalschen Wegweiser gehörigen beiden Uebersichtsblätter beigelegt. Die dortige Domschule wird Dir wohl alle Klassiker gewähren. Durchaus nöthig scheint mir dabei Niebuhrs römische Geschichte, welche erst das rechte Verständniß der in jenen enthaltenen Thatsachen aufschließt. Möchtest Du Dich aber lieber der Melpomene als der Klio zuwenden, so wird es Dich doch, da Du in Rom warst, interessiren, die Karte zu sehen. Der Stich ist nach dem Urtheil der Kenner so schön, daß nicht leicht etwas Vollendeteres in diesem Fache erschienen ist. Ich hoffe, daß die Karte schon im Anfang nächsten Jahres erscheinen kann, und werde dann Sr. Majestät dem König ein Exemplar selbst vorlegen, dessen Munifizenz die sehr kostspielige Herausgabe möglich gemacht hat. Jedes Blatt kostet der Kartenhandlung 1500 Thlr. zu stechen. Die Maßstäbe sind noch nicht aufgetragen. Du findest aber auf der Hauptstraße die Meilensteine bemerkt M 1, M 2 u. s. w. Dies sind jedesmal 2000 Schritt oder 1/8 geographische Meile (15 auf den Grad). Das südliche Blatt ist auch bei Weitem noch nicht fertig, namentlich wird die Bergzeichnung in den Gärten westlich und südlich von Rom noch verstärkt werden, auch sind noch viel Korrekturen zu machen. Dein treuer Bruder

Helmuth.

Magdeburg, den 7. Januar 1852.

Lieber Ludwig!

Vorstehend erhältst Du die nöthigen Maßstäbe zur römischen Karte in 1/25000 der Wirklichkeit;*) ich bemerke zum Verständniß Folgendes:

---

*) Zeichnung dreier Maßstäbe: 1/2 preußische Meile in 1:25000, 1 römische Miglie in 1:25000, 8 Stadien zu 250 Schritt in 1:25000.

Die Grundeinheit bildet bei uns die **Rheinländische Ruthe**. 2000 Ruthen geben eine preußische Meile, welche nur um eine Ruthe kleiner ist als die geographische Meile, die $^1/_{15}$ Breitengrad (Abplattung der Erde $= ^1\!\!/_{310}$), also fast dieselbe ist.

Die Ruthe theilt sich in 10 Dezimalfuß, der Fuß in 10 Dezimalzoll, also hat die Ruthe 100 Zoll. Die Meile hat demnach 100×2000 Zoll $= 200\,000$ Zoll.

Da die Aufnahme das Fünfundzwanzigtausendstel der Wirklichkeit ausmacht, so muß auch die Meile $\frac{200000}{25}$ Zoll $= 8$ Dezimalzoll sein.

Die altrömische Meile ist beinahe die neurömische, die erstere hat 75⁴/₁₀, die letztere 74½ Toisen, also nur ein Unterschied von etwa 4 Schritt.

Wenn vom römischen Passus die Rede, so ist darunter immer der Doppelschritt zu verstehen, nämlich die Bewegung des rechten und linken Fußes macht zusammen einen Schritt. Demnach sind 1000 römische Passus $= 2000$ preußische Schritt.

Die Stadie ist $^1/_8$ der römischen Meile, also 250 moderne Schritte. Demnach werden nun auch die antiken Angaben mit meiner Aufnahme stimmen, nur ist jedesmal zu rücksichtigen, wo der Anfangspunkt zu nehmen ist, ob nämlich von den älteren Thoren oder von denen der Aurelianischen Mauer. So zählte die Meile auf der Via Flaminia vom alten Flaminischen Thor, welches nahe am Fuß des kapitolinischen Berges, während Pa. del Popolo eine Meile vor dem Thor lag. Dadurch stimmt die Entfernung 10 Millien für die Allia. Ebenso wurde die alte Straße in östlicher Richtung nicht von Porta Pia oder Salara, sondern vom alten Collatinischen Thor gerechnet, welches da lag, wo Du den gewaltigen Erdwall angedeutet findest, hinter Maria Maggiore.

Was hast Du gegen die Form meines Wegweisers? Ein solcher kann doch auch gut, gründlich und geistreich abgefaßt werden. Wie oft kam mir beim Anblick einer Trümmerstätte der Gedanke, was mag hier geschehen sein, und welche Begebenheiten knüpfen sich an diese Reste. Die Form des Wegweisers hat gerade das Gute vor einer wissenschaftlichen Untersuchung voraus, daß letztere den Leser durch die dürre Steppe der gründlichen Erörterung ohne Erbarmen hindurchführt, während die erstere, wie auf einem Spaziergang nur vor dem Schönen, Ansprechenden und Interessanten stehen bleibt.

Wenn Du Interesse an der Arbeit nimmst, so rathe ich Dir, was Du in den Klassikern findest und was sich nur irgend auf die Oertlichkeit bezieht, ganz aphoristisch in getrennten kleinen Aufsätzen wie die Dir vorliegenden zu bringen, selbst nur in einzelnen Notizen. Es sind die Bausteine, die sich später zum Ganzen fügen. Der Platz findet sich; so könnte das hübsche Epigramm über Neros goldenes Haus, wenn es gleich nach Rom gehört (welches ganz ausgeschlossen bleibt, weil die gelehrtesten Werke darüber existiren) füglich bei Veji eingereiht werden. Die letzte Zusammensetzung erfordert allerdings eigentlich noch einen Römerzug, um die Eindrücke an Ort und Stelle aufzufrischen, das Landschaftliche hinzuzufügen und das Ganze zu vollenden. Doch das ist ja auch nicht so unmöglich. Sollten die Verhältnisse mir irgend eine Muße gewähren, so werde ich das Mittelalter in Bezug auf Rom vornehmen, wozu Rankes treffliche Geschichte der Päpste einen Leitfaden bildet und zugleich die Quellen angiebt.

Wie ich schon in meiner Einleitung bemerkt habe, soll die Fabel keineswegs ausgeschlossen sein. Aber das hindert doch nicht, den Blick hinter die Kulissen zu werfen und das Wahre an der Sache zu berühren. Ich komme daher auf den Niebuhr zurück, wenngleich Schlegel spottet:

> Am Wasserfall von Tibur
> Steht der große Niebuhr,
> Um römische Geschichten
> Auf seine Art zu dichten;
> Lateinisch und etrurisch
> Ward friesisch und niebuhrisch.

Ich will nur den Auszug der Plebs nach dem mons sacer nennen, ein Unternehmen, das ganz unverständlich und widersinnig erscheint ohne den Schlüssel, den Niebuhr dazu giebt. Dein Bruder
Helmuth.

Magdeburg, den 23. März 1852.

Lieber Ludwig!

Reumont schlägt mir den Dr. Emil Braun in Rom vor, welcher einen kurzen Text zu meiner Karte liefern will. Ich weiß nicht recht, was ich dabei thun soll, da ich Brauns Schreibart nicht kenne. Ich erwarte täglich die Vollendung des Stiches und gehe dann nach Berlin, um dem König, welcher sich sehr dafür interessirt, ein Exemplar zu überreichen. Bei dieser Gelegenheit will ich mit Professor Gerhard sprechen, und es dürfte wohl nöthig sein, dem Braun dasjenige zu überschicken, was ich vorgearbeitet habe. Da Du die Skripturen jetzt wohl nicht brauchst, so bitte ich um Rücksendung (nur die geschriebenen Hefte), hoffe aber, daß Du mir die Ausbeute Deiner Streifzüge in den Klassikern, wenn sie auch über den jetzigen Rahmen der Karte hinausreichen, nicht vorenthältst. Es findet sich immer eine Stelle, um Interessantes und Pikantes anzubringen. Ob aber aus der ganzen Sache noch etwas wird, ist mir zweifelhaft; vielleicht wenn ich mich zur Ruhe setze. Jetzt komme ich zu nichts und muß froh sein, die laufenden Geschäfte zu bewältigen. Herzlich der Deinige.
Helmuth.

Magdeburg, den 17. November 1852.

Lieber Ludwig!

Recht erfrischend ist es uns gewesen, einmal acht Tage in Berlin zuzubringen, wohin ich wegen meiner römischen Karte fuhr, welche denn nun endlich fertig ist und von der ich ein Exemplar dem Könige vorgelegt habe. Ich sehe täglich der Uebersendung einer Anzahl Freiexemplare entgegen und hoffe, diesen Zeilen eins für Dich und eins für Professor Forchhammer in Kiel beizufügen, der mir seine Aufnahme von Troas geschenkt hat. Der Stich ist sehr schön geworden, und der König, welcher ein unglaubliches Ortsgedächtniß hat, behielt mich fast eine Stunde im Kabinet, um über alle Details Auskunft zu geben. Dagegen scheint mein Manuskript, welches ich vor drei Monaten an Alexander von Humboldt schickte, hoffnungslos verloren; es ist nicht angekommen, und die Nachforschungen auf der Post sind bis jetzt ohne Resultat. Die Ordonnanz, die das Packet bestellt, ist gestorben und daher wenig Aussicht, etwas wieder zu bekommen.

Ich lese jetzt in Ritters Erdkunde Palästina und speziell Jerusalem. Es ist ein Lieblingsgedanke für mich, einmal dorthin zu gehen und einen Plan dieser interessantesten Oertlichkeit auf= zunehmen. Der Deinige

Helmuth.

Magdeburg, den 24. Februar 1853.

Lieber Ludwig!

Der verlorene Sohn hat sich wiedergefunden. Nachdem alle Recherchen auf der Post umsonst und alle Hoffnung aufgegeben, schreibt mir Humboldt vor einigen Tagen, daß das Manuskript bei ihm sei. Der berühmte Verfasser des Kosmos führt zu seiner

Entschuldigung an, „quand on sait vieux, on devient d'abord sourd et puis imbécile". Es ist mir doch lieb, die Arbeit gerettet zu wissen, aber zur Fortsetzung ist wenig Aussicht vorhanden; vielleicht einmal auf meine alten Tage. Der Deinige.

Helmuth.

Magdeburg, den 5. Juni 1853.

Lieber Ludwig!

Heute früh erhielten wir die betrübende Nachricht von Adolf, daß sein frommes, gutes Töchterchen Friederike ihrer früher hingeschiedenen Schwester nachgefolgt ist. Adolf schreibt unbeschreiblich betrübt und erschüttert, und wenn ich denke, wie froh und heiter er noch unlängst bei Dir war, so mahnt mich das recht an den Unbestand alles menschlichen Glückes. Ein sehr religiöser Sinn bei Adolf wie bei seiner Frau ist der einzige Trost. Gott helfe ihnen über die erste schmerzliche Zeit hinweg und beschütze die übrigen Kinder, denn bei der Zartheit der Knaben und der furchtbaren Bösartigkeit der Krankheit ist Grund genug, zu fürchten. Dein

Helmuth.

Magdeburg, den 23. Dezember 1853.

Lieber Ludwig!

... Ich bin auch grade jetzt so beschäftigt, daß ich nicht einmal alle Tage meine Zeitung lesen kann, obwohl die russisch-türkische Geschichte für mich ein nahes Interesse hat. Ich glaube, der allerfrömmste Kaiser has got in a scrape, aus dem er gern zurück wäre. Wenn er nicht Herr des Schwarzen Meeres ist, so wird er nicht so leicht über den Balkan gehen. Der

Feldzug kostet ihm ein Jahr und 100 000 Mann, die er nicht wieder zurückbringt. Erobern kann er auch nichts, denn den Besitz von Konstantinopel kann Europa bei der leidenschaftlichsten Friedensliebe nicht gestatten, und alles Uebrige ist nicht der Kosten werth. Um so mehr kann aber die Entscheidung der Frage leicht von der Donau an den Rhein und nach Italien verlegt werden, wo es dann zu kuriosen Verwickelungen kommen dürfte. Bei einem allgemeinen Konflikt würde dann die dänische Sache auch gleich nebenher zur Sprache und Entscheidung kommen, denn dieser übermüthige Hohn und diese Rachsucht des kleinen Nach=
barn kann wohl nicht auf die Dauer bestehen, außer wenn Deutschland zu Grunde geht. Glücklich, daß Du aus den nächsten Reibungen heraus bist. Dein

Helmuth.

Berlin, den 16. März 1856.

Lieber Ludwig!

Der unleidliche, kalte Ostwind, der uns seit 14 Tagen quält, macht alle Menschen krank und erinnert an die Behauptung, daß Deutschland eigentlich nur bis Heidelberg bewohnbar ist. Sagt doch schon Tacitus: „Wer möchte auch Attika, Italien oder Afrika verlassen, um in diesen grauenhaften Wäldern und scheuß=
lichen Sümpfen zu wohnen — es sei denn das Vaterland." Der Ratzeburger See hat nur das Gute vor der Berliner Gegend voraus, daß er nicht stäubt, aber kalt, windig ist es dort wohl auch. Ich bin neugierig, ob es am Rhein besser sein wird. Wenn Du einmal zu uns kommst, lieber Ludwig, so wirst Du uns in einer großen, schönen Stadt finden, die in Deiner Abwesenheit von hier neu erstanden ist. Der Landwehr=
resp. Schafgraben ist in einen sanft geschlängelten Schifffahrts=
kanal umgewandelt, mit breiten Alleen zu beiden Seiten und

prachtvollen Häusern eingefaßt. Dies ist unser naher Spaziergang und Reitweg, der dicht hinter dem Thiergarten fort an
der Fasanerie, jetzt Zoologischer Garten, in die Charlottenburger
Chaussee führt. Ausgedehnte Kirschplantagen beschatten die angrenzenden Felder und überdecken die unheilbarsten Sandflächen.
Die gewaltige, Alles überragende Kuppel des Schlosses und zahlreiche hohe und spitze Thürme neuer Kirchen haben das Ansehen
der Stadt aus der Ferne ganz verändert. Dazu kommen nun
die Industrie mit ihren Dampfschornsteinen, riesenhafte Kasernen-
bauten, Bahnhöfe und Isolirgefängnisse vor den Thoren, dann
Gasbeleuchtung, Wasserleitung, Trottoirs von Granitplatten,
kurz, Berlin ist in der That eine schöne Stadt geworden, und
es lohnt der Mühe, sie sich einmal wieder anzusehen.

Wenn Du noch außer Alten sonst etwas lesen kannst, so
empfehle ich Dir Droysens Geschichte der preußischen Politik.
Sie hat nicht bloß ein preußisches Interesse. Ich bin jetzt beschäftigt, auch Riehl, „Naturgeschichte des Volkes" zu lesen.

Der Deinige.

Helmuth.

Berlin, den 13. Oktober 1858.

Lieber Ludwig!

Wir, Marie und ich, sind nun in unser gutes Winter-
quartier eingerückt und warten nur darauf, daß Verwandte und
Freunde Besitz nehmen mögen von den reichlich vorhandenen
Fremdenstuben. Vielleicht entschließt Du Dich einmal, die halbe
Tagereise hierher zu unternehmen und Mie und eine oder andere
der Töchter mit Berlin bekannt zu machen.

Daß ich beim Schluß der diesjährigen Truppenübungen
zum Chef des Generalstabes der Armee definitiv ernannt worden
bin, hast Du vielleicht schon erfahren. Diese Bestätigung kam

früher, als ich es erwarten konnte, da diese Charge eigentlich eine Generallieutenantsstelle ist.

Marie grüßt bestens. Wir haben einen sehr hübschen Sommerausflug in die Salzburger Alpen gemacht. Ausgenommen, daß wir nahebei den Hals gebrochen hätten, war es wunderschön. Auch zu den Manövers und bis vor wenig Tagen während meiner Dienstreise des Generalstabes hatten wir so schönes Wetter, daß ich meinen Mantel als unnöthigen Ballast mitgeführt habe. Ob das gute Wetter verschwunden, weil der Komet unsichtbar geworden oder umgekehrt, wird sich erst entscheiden lassen, wenn man weiß, ob das gelbe Fieber in Lissabon aufgehört, weil der Erzbischof zurückgekehrt, oder ob der Erzbischof zurückgekehrt, weil das gelbe Fieber verschwunden ist. Was macht die Jagd? wünsche recht viel Unglück dazu!

Herzlich der Deinige.

Helmuth.

Berlin, den 10. Februar 1859.

Lieber Ludwig!

Der vierundvierzigpfünder Rehbock Deiner Jagd ist richtig einpassirt, von mir und Marie sehr willkommen geheißen, in der kalten Speisekammer aufgehängt und wird zu einigen nothwendigen Gesellschaften und Soupers das vortreffliche Fundament abgeben. Der appetit savant unserer Gäste wird ihn loben, und wir statten unseren allerbesten Dank für das schöne Geschenk ab und wünschen nur, Euch auch darauf einladen zu können.

Mie bitte ich zu sagen, daß für den Krieg gar kein vernünftiger Grund vorliegt, als höchstens, daß la France s'ennuye. Aber auch das Unvernünftige geschieht zuweilen, und die Sache sieht toll genug aus. Ich glaube übrigens nicht, daß es für jetzt zum Ausbruch kommt, der kluge Kaiser wird nicht contre vent et courant schiffen, wenn er noch die Wahl hat. Aber vielleicht hat er die nicht mehr. Il fourra dans un guêpier.

Meine Neigung zum Schwindel, welche Du diesen eiligen Schriftzügen gewiß schon angesehen hast, nimmt langsam ab, nur das sehr anhaltende Schreiben der letzten Wochen und das gesellige Treiben, von dem wir uns in meiner Stellung nicht ganz zurückziehen können und welches mit einem sehr störenden Nachtleben verbunden ist, verzögern die Genesung. Ich schließe daher mit herzlichen Grüßen und nochmaligem Dank. Wer sollte der Schmielauer Haide ansehen, daß sie außer Preißelbeeren solche Früchte trägt.

Herzlichst

Helmuth.

———————

Wildbad Gastein, den 29. August 1859.

Lieber Ludwig!

... Das Bad Gastein liegt tief im Thal und doch so hoch wie das Brockenhaus, nämlich 3000 Fuß über dem Meere. Die Höhen, welche das Thal schließen und mit ewigem Eis bedeckt sich zu 10 000 Fuß erheben, bilden den eigentlichen Rückgrat der alten Dame Europa. Sie gehören zu der Haupt-Alpenkette, die sich von der Schweiz bis zum Balkan ausdehnt. Nördlich und südlich derselben ziehen von West nach Ost in weiter Erstreckung die Längenthäler. Sie sind breit und angebaut, bedeutende Flüsse durchziehen die Thalsohle, die Hauptverbindungsstraßen liegen in ihnen, Städte und Dörfer füllen sie an.

Einen sehr verschiedenen Charakter tragen die Querthäler, welche eng, wild und einsam die Wasser der Gletscher in brausenden Achen über bonnernde Fälle hinabführen. Das Gasteiner Thal gehört zu diesen.

Es zeigt sehr bestimmt drei Stufen, deren fast horizontaler

Boden, jetzt von Wiesen, Feldern und Alpenhütten belebt, einst vom Wasser bedeckt, große Seen bildete. Der Abfluß dieser Wasser war durch Felsdämme behindert, welche wahrscheinlich durch Bergstürze gebildet waren. Nachdem im Laufe der Jahrtausende die Gasteiner Ache sich ihren Abfluß gebahnt, stürzt sie sich nun in den prachtvollsten Wasserfällen über diese drei Stufen hinab.

Vor einigen Tagen machten wir einen Ausflug nach dem oberen dieser drei Seebecken, dem sogenannten „Naßfeld", einer Wiese, anscheinend ganz ohne Ausgang, ringsum von 10 000 Fuß hohen Bergen umstanden. Bei der anhaltenden Hitze dieses Jahres war der Schnee selbst auf den höchsten Gipfeln verschwunden, aber in den Senkungen zwischen ihnen liegen die wenigen Gletscher und strecken ihre Arme tief bis ins Thal hinab. Die meerblaue Farbe unterscheidet sie deutlich genug vom Schnee. Die Gletscher sind bekanntlich in einer beständigen Wanderung thalabwärts begriffen. Sie schieben dabei ungeheuere Felsblöcke und Steinmassen vor sich her und bedrohen die schönsten Almen (Viehweiden) und die Menschenwohnungen mit Verwüstung. Aber die Sonne wirkt, je tiefer sie kommen, je mächtiger, und je heißer es ist, um so reicher fließen die Quellen der Ache, um so prachtvoller sind die Wasserfälle. Die Hitze, welche die Bäche in der Ebene versiegen läßt, füllt die Ufer der Gebirgswasser. Die eine Stunde lange, eine halbe Stunde breite Ebene des Naßfeldes bildet eine köstliche, engumgrenzte Wiese, mit den duftendsten Alpenkräutern bedeckt. Im Frühjahr herrscht das von der Kunst unnachahmbare Blau der Gentianen vor, und das niedere Gebüsch der Alpenrose, welches die Felswände bekleidet, steht in voller Blüthe. Nur drei von Menschen bewohnte Hütten bevölkern diese tiefe Abgeschiedenheit, tiefes, ernstes Schweigen ist der Charakter derselben. Nur kaum hörbar ertönt das Geläute der Herden auf der Alm, und die Ache zieht noch friedlich durch die Ebene. Aber schon am Austritt aus derselben stürzt sie sich donnernd in einen furchtbaren Felsschlund, den Bärenfall, während seitwärts ein bedeutender Zufluß 400 Fuß über glattes, röthliches Gestein unhörbar herabgleitet und den Schleierfall bildet, welcher in Staub aufgelöst unten ankommt. Durch Felssprengungen ist es gelungen, einen steilen Saumpfad längs der Ache hinab zu bahnen, der an vielen Stellen über Brücken führt. Oft hört man das Wasser tief unter sich brausen, aber die tiefe Schlucht entzieht es dem Blick. Eine Stunde weit bildet der Fluß eine fortgesetzte Reihe von Fällen, und erst in dem mittleren Seebecken kommt er wieder zur Ruhe. Erst muß er seine Mühlen wieder drehen, Erz pochen und Gold ausschwemmen, dann eilt er murmelnd durch die Ebene, als ob er sich davon schliche, nicht ahnend, welche furchtbare Katastrophe ihm noch bevorsteht, um in das unterste Thal zu gelangen: eine Reihe von Stürzen dicht hintereinander von zusammen 630 Fuß. An diesen liegt das Wildbad Gastein.

Mein Schlafzimmer hier im Kaiserlichen Badeschloß liegt unmittelbar neben dem Fall, und trotz der Doppelfenster glaubt man in der Kabine eines Dampfschiffs zu sein. Nervenschwache Personen können sich nur schwer an dies fortwährende Getöse gewöhnen. Ein Theil des Wassers löset sich in eine himmelansteigende Dunstwolke auf, und die Brücke, welche in einem kühnen Bogen über den Fall setzt, ist mit einer Glasgalerie bedeckt, um trocken hinüber zu kommen. Der ganze Fluß bildet eine schneeweiße Schaummasse zwischen den dunkelen, mit Schwarztannen bekleideten Felswänden, aus denen in mehreren Schachten die wohlthätige Quelle mit 39 Grad Réaumur in größtem Wasserreichthum hervorbricht.

Da die Erdwärme bekanntlich mit jeden 100 Fuß um 1 Grad wächst, die Quelltemperatur ca. 7 Grad Réaumur an der Oberfläche beträgt, so muß diese Therme aus einer Tiefe von mindestens 3200 Fuß heraufkommen. Sie muß 24 Stunden lang abkühlen, um die Badetemperatur zu erlangen. Das

Waſſer iſt von der vollendetſten Klarheit, keine chemiſche Analyſe vermag den geringſten organiſchen Beſtandtheil darin zu ent= decken; auch mag es ſo lange ſtehen, wie man will, ſo bildet ſich nicht der geringſte Niederſchlag. Seine belebende Wirkung äußert ſich z. B. auf völlig verwelkte Blumen, die in daſſelbe geſtellt, noch einmal wieder ganz friſch aufblühen, was ich ſelbſt verſucht habe. In den großen Baſſins, in denen man badet, glaubt man, daß die Porzellankacheln himmelblau gefärbt ſind, es iſt aber nur die Farbe des Waſſers. Die Bäder ſind ſehr behaglich; die erſten griffen mich ſehr an, jetzt thun ſie mir wohl, doch muß man ſehr behutſam damit ſein und kann leicht zu viel thun.

Das Bad Gaſtein iſt ſchon ſeit dreizehn Jahrhunderten bekannt und in Gebrauch; dennoch beſtand der Ort bis vor einigen Jahrzehnten nur aus einem Dutzend hölzerner Häuſer von der landesüblichen Bauart. Dieſe behält bei mannigfacher Abſtufung in Größe und Zierlichkeit ihren eigenthümlichen Charakter durch das ganze Alpengebirge bei. Der Ueberfluß an Wald giebt das Material in den Baumſtämmen, welche, einer auf den andern gelegt und in den Ecken zuſammengefügt, die Wände bilden. Auch das Dach iſt von Holz. Da es an Eiſen fehlt, ſo mußte es flach ſein, damit die aufeinander gelegten Schindeln nicht herabgleiten. Sie werden durch Latten gehalten, die gegen den Sturm mit großen Steinen beſchwert ſind. Bei dem faſt täglichen Regen mußte das Dach weit über die Wände des Hauſes vorgreifen, um zugleich die Galerie zu decken, welche der Mangel an Bodenraum zum Trocknen nöthig macht. Das Ganze giebt ein warmes, wohnliches Haus und eine ſehr zier= liche Erſcheinung ſelbſt bei der ärmlichſten Hütte. Im Berner Oberland ſteigert ſich dieſe zur wirklichen Eleganz, namentlich durch die zierlich geſchnitzten Galerien vor allen Etagen der Hauptfront. Bei den reicheren Wohnungen laufen dieſe oft um das ganze Gebäude. Bei den ärmeren bildet der Wintervorrath

an Holz, auf der Wetterseite bis zum Dach aufgethürmt, einen
schützenden (freilich stets abnehmenden) Mantel. An der entgegengesetzten
Seite wird das Dach fast bis zur Erde verlängert
und nimmt das Vieh auf. Das Futter hingegen wird in zahllosen
kleinen Hütten da untergebracht, wo es gewachsen ist. Sie
wiederholen die Bauart der Häuser ganz und gar aus Holz,
mit flachen, vorspringenden, mit großen Steinen beschwerten
Dächern und Balkenwänden. Zu Hunderten stehen sie in der
Wiese der Thalsohle und auf den Almen der Berghänge, wo sie
das Auge kaum noch erspäht.

Das natürlich Entstandene, in der Nothwendigkeit Begründete
hat immer einen Reiz vor dem Willkürlichen. Die
von dem Terrain vorgezeichnete krumme Straße ist schöner als
die nach dem Lineal angelegte gerade, die wirklich nationale
Tracht schöner als der nivellirende Frack. Die österreichische
Uniform ist weiß, weil das Schaf in Mähren, Böhmen und
Oesterreich weiß, die der Grenzer braun, weil die Wolle dort
von braunen Schafen kommt; die Husaren tragen ihre kleidsame
Tracht, weil die Schafpelze keine Knopflöcher vertragen und
daher Schnüre aufgenäht werden müssen. Schnürstiefel, bloße
Knie und kurze Lederhosen entsprechen der fortwährenden Anstrengung
des Bergsteigens und bilden mit dem spitzen grauen
Hut, durch den Gemsbart geziert, die schöne Tracht des Tirolers,
und der Italiener trägt die Manchesterjacke nicht angezogen,
sondern über die Schulter gehängt, weil sein Klima das gestattet.
So ist auch die Bauart durch die örtlichen Verhältnisse ganz
bestimmt motivirt und durchaus verschieden. Sobald man die
Alpen verläßt, tritt in Deutschland der Steinbau ein, mit
Thürmen, Erkern und Vorsprüngen mit den traulichen Sitzen
in den in die dicken Mauern tief eingelassenen Fensternischen,
den gewölbten Hausfluren, den steinernen Treppen und den oft
bizarren Ausbauten, Terrassen und Balkonen. Je weiter nach
Norden, je mehr schwindet die Romantik. Eine Schönheit der

Gegend fordert nicht mehr dazu auf, das bringendste Bedürfniß, Schutz gegen das rauhe Klima, tritt in den Vordergrund, und der traurige Ziegel gestattet nicht mehr die Ornamentik des Steinbaues. Alles ist aufs Nothwendigste beschränkt, und es entsteht das leidige Viereck, welches bei möglichst geringem Zeitaufwand den meisten Raum schafft, das Dach wird hoch und spitz, um die Schneelast abzuhalten, endlich tritt das Stroh an die Stelle des Steines, und das Vieh flüchtet sich unter das Dach der Menschen. Am Rhein bildet das Siebengebirge einen recht sichtbaren Abschnitt zwischen dem fränkischen und dem sächsischen Baustil. Welcher Unterschied zwischen Coblenz und Cöln!

Doch ich bin ja in Gastein. Hier erheben sich nun die steinernen Paläste dicht um den Wasserfall herum und haben die hölzernen Häuser fast verdrängt, denn hier ist der Luxus der Hauptstädte in die Einsamkeit des Hochgebirges verpflanzt. Das Ganze bildet ein sehr hübsches Bild. Die stattlichen, weiß getünchten Häuser, die mit Schwarztannen bestandenen Felshänge, das Lichtgrün der Wiesen und der silberweiße, schäumende Fluß bieten den malerischesten Anblick. Aus meinem Fenster überblicke ich den größten Theil der unteren Thalstufe. Zu beiden Seiten die 7000 Fuß hohen Gebirgswände, unten meist mit dunkelem Tannenwald besetzt, darüber die hellgrünen Matten mit einzelnen Almhütten, darüber die kahlen Gipfel. Die vier Stunden lange, eine halbe Stunde breite Thalsohle ist ganz mit den prachtvollsten Wiesen, einigen Gehöften und zahllosen Heuschuppen ausgefüllt. In der Entfernung von einer Meile erhebt sich zierlich und schlank der weiße Thurm des Marktfleckens Hofgastein, dahinter aber schließen die ganz kahlen Zacken des Tännengebirges die Aussicht.

Dies schöne Thal scheint von der übrigen Welt völlig abgesondert und ganz ohne Ausgang zu sein. Nur eine schauerliche Kluft, die sogenannte Klamm, führt zum breiten Salzach=

thal hinab. Die Trümmer einer alten Burg sehen aus wie
der Riegel, der auch diesen Ausgang versperrt, und sie mag ihn
auch lange gesperrt haben. Aber die lang gequälte Ache schlüpft
doch hindurch und rettet sich durch einen letzten verzweifelten
Sprung in die Freiheit, der noch bei ihrem schließlichen Austritt
einen prachtvollen Fall bildet. Die mit vieler Mühe und Kunst
geführte Straße zieht ihr bedächtig nach.

Wir haben hier recht viel umgängliche Menschen getroffen,
aber sie reisen ab, wenn man eben die Bekanntschaft gemacht
hat. Wir reisen morgen von hier nach Meran in langsamen
Tagereisen durch das schöne Gebirgsland von Steiermark und
Tirol. Eine Hauptbedingung des Arztes ist, daß man nach der Kur
nicht so bald wieder ins Geschäft tritt. Zum 1. Oktober habe
ich meinen Generalstab nach Trier beschieden, wo die Uebungsreise anfängt, und Mitte Oktober denke ich wieder in Berlin zu
sein. Adieu, lieber Ludwig. Marie grüßt mit mir herzlich Dich
und alle die Deinen. Da das Schreiben eine große Anstrengung
ist, so thust Du mir einen Gefallen, wenn Du den Geschwistern
von uns Nachricht giebst. Herzlichst der Deinige.

Helmuth.

Berlin, den 18. November 1860.

Lieber guter Louis!

Ich habe Dir schon lange schreiben und besonders zum
Kammerherrn Glück wünschen wollen. Erst vor ein paar Tagen
bin ich nach Berlin zurückgekehrt, von wo ich eigentlich seit dem
1. Mai fortwährend abwesend und unterwegs war. Der letzte
Ausflug war nach Masuren an der russischen Grenze, in dieser
Jahreszeit kein großes Vergnügen. Jenseit der Weichsel war
schon Alles in Schnee begraben.

1864. Erstürmung der Düppeler Schanzen.

Während der letzten Tage unseres Aufenthalts in Gastein gingen wir allabendlich auf der einzigen Chaussee spazieren, welche diesen Felswinkel mit Europa verbindet, und musterten alle Reisenden, welche mit dem Postwagen anlangten.

Mir sind allerlei Kommissionen übertragen, die mich sehr in Anspruch nehmen, Abends bin ich so müde, daß ich mir von Marie die leichteste Lektüre vorlesen lasse, meist englische Sachen von Dickens, so die household words, in denen viel Hübsches ist.

Die politische Auskunft, die Mie von mir verlangt, muß ich darauf beschränken, daß man immer mehr Chancen hat, wenn man auf den Frieden wettet als auf den Krieg. Denn Niemand entschließt sich so leicht, viel oder Alles aufs Spiel zu setzen. Man kann sich aber auch darin irren, und so möchte ich lieber nichts voraussagen. Herzlichst der Deinige.

Helmuth.

Berlin, den 23. April 1864.

Lieber Ludwig!

Ich benutze klein Röschens Geburtstag, um außer unseren herzlichen Glückwünschen nach langer Zeit einmal wieder von uns hören zu lassen.

Die gespannte Erwartung der letzten Wochen ist durch den Erfolg am 18. d. M.*) gelöset worden. Aber abgesehen von der Trauer, in welche Tausende von Familien durch den Verlust der nächsten Angehörigen versetzt sind, wie verschieden mag der Eindruck sein, welchen die gefallene Entscheidung selbst im Innern der Familien bei Euch hervorruft, wo so Viele in engster Beziehung mit Dänemark stehen.

---

*) Sturm auf die Düppeler Schanzen.

Der Enthusiasmus, mit welchem dies kleine Volk für seine Sache kämpft, die Ausdauer und Hingebung, mit der die Armee sich in der Düppelstellung behauptet hat, findet auch bei ihren Gegnern volle Anerkennung. Die Truppen haben dort unbeschreiblich ausgestanden, weit mehr noch als unsere, welche die Initiative des Angriffs hatten und bei größerer Zahl sich in den schweren Leistungen desselben ablösen konnten. Aber waren die dänischen Machthaber gerechtfertigt, aus ihrer insularen Sicherheit solche Opfer zu fordern? war die Sache selbst, für welche sie gefordert wurden, gerecht?

Ich glaube, daß man behaupten darf, Dänemark habe schon seit Jahrhunderten, und besonders seit der Thronbesteigung Christians VII., eine Stellung unter den europäischen Staaten beansprucht, die es nicht auf die eigene Nationalität basiren, die es nur durch Beeinträchtigung einer anderen, und zwar einer mächtigeren, behaupten konnte, und diese mußte sich endlich zur Wehr setzen. Auch der Starke kann sich nur bis zu einem gewissen Grade von dem Schwächeren verunglimpfen lassen. Die Deutschen in den Herzogthümern konnten lange und glücklich unter dem Scepter eines dänischen Königs wohnen, aber sie konnten sich auf die Dauer unmöglich den Majoritätsbeschlüssen einer dänischen Volksvertretung unterwerfen. Von dem Augenblick an, wo Preußen und Oesterreich nicht mehr wie im letzten dänischen Kriege sich gegenseitig paralysirten, durfte die Kopenhagener Regierung nimmermehr hoffen, aus eigenen Mitteln ihre Ansprüche durchzufechten. Freilich besteht noch jetzt der Zwiespalt in Deutschland, aber die Würzburger Regierungen gehen ja in ihren Forderungen ebenso viel weiter, wie sie in den Mitteln, diese durchzusetzen, zurückbleiben. Seit Wochen wußte man in Kopenhagen mit Bestimmtheit, daß eine unmittelbare Hülfe von außen weder von Frankreich, noch England, noch Schweden zu gewärtigen sei. Trotz aller Vortheile des Terrains und der Verschanzungen mußte die dänische Streitmacht endlich

einem nicht nur doppelt so starken, sondern auch besser aus=
gebildeten, bewaffneten und ausgerüsteten Gegner erliegen. Und
doch dekretirte eine Gesellschaft von Advokaten, Zeitungsmännern
und Kammerrednern den Widerstand aufs Aeußerste.

Abscheulich ist die dänische Presse. Wäre sie wirklich der
Ausdruck des dänischen Volkes, so könnte man kein Mitleid mit
diesem haben. Noch in diesen Tagen verunglimpfte sie selbst die
militärische Ehre derer, die sie doch in jedem Zusammentreffen
besiegt haben. Diebstahl, Mordbrennerei, Verrath und Feigheit
werden ihnen vorgeworfen. Die Preußen werden mit Schimpf=
worten und flachen Hieben ins Gefecht getrieben, sie werden von
den Oesterreichern abgelöst werden müssen, weil sie nicht anbeißen
wollen; außerdem die größten Albernheiten, wie die Schlacht bei
Fritsöe zwischen Oesterreich und Preußen, in welcher nach der
„wohl übertriebenen Angabe der Einwohner" 3000 Mann ge=
blieben sind, „der Verlust aber jedenfalls groß" gewesen ist. Ja,
der Ministerpräsident und Bischof Monrad theilt das Gefasel
eines obskuren Berichterstatters dem erstaunten Europa als
Wahrheit in offiziellen Noten mit, und die Times tischen solchen
Unsinn ihren Lesern auf.

Es giebt wohl kaum ein gutmüthigeres Volk als unsere
Soldaten. Sowie der letzte Schuß gefallen ist, tragen die langen
Westfälinger wie Kinderfrauen die dänischen wie ihre eigenen
Verwundeten in das nächste Lazareth, wo Alle gleich sorgsam
behandelt werden. Auch Henrys Briefe schildern diese Scenen
— die Dänen schießen, bis unsere Leute unmittelbar an sie
heran sind, fordern dann Pardon, indem sie die Gewehre weg=
werfen, und erhalten ihn; in allen Gefechten 20, 50, 100, am
18. d. M. 3145. Diese Massen von jetzt weit über 5000 Mann
werden in preußischen Festungen wie preußische Soldaten ge=
halten. In den Spitälern, namentlich den wahrhaft luxuriösen
des Johanniter=Ordens, liegen dänische Offiziere und Gemeine
in denselben Sälen mit den preußischen.

Ueberhaupt ist ein Krieg wohl noch nie mit mehr Menschlichkeit geführt als dieser, welcher freilich von den Truppen die unbeschreiblichsten Entbehrungen und Leiden erfordert hat.

Das Bombardement von Sonderburg war nicht zu umgehen; die Dänen wissen am besten, welchen militärischen Werth dieser Theil ihrer befestigten Stellung hatte. Die Sommation zur Räumung erfolgte zehn Tage vorher in Gestalt von ein paar Granaten, die hineingeschleudert wurden, ohne die Beschießung fortzusetzen. Die Civilbevölkerung zog damals fort, kehrte aber wieder zurück.

Bei der Zähigkeit der Dänen wird es noch eines zweiten entscheidenden Schlages bedürfen, um den militärischen Theil der Sache zu Ende zu führen. Die Schwierigkeit ist nur, an sie heranzukommen. Was dann die Diplomatie daraus machen wird, mag Gott wissen.

Möchten doch auch in Dänemark die konservativen Elemente sich gegen den Druck der herrschenden Demokratie emanzipiren. Ein Dänemark, das nicht auf Kosten Deutschlands existiren will, wäre sofort der natürlichste Verbündete Deutschlands. Ich glaube gewiß, daß der selbstständigen Nationalität Dänemarks Schweden weit gefährlicher ist als Deutschland. Die Truppenzusammenziehung in Schonen, zu spät, um Dänemark zu helfen, bedroht dieses wohl mehr als uns.

Nun genug von Krieg und Politik.

An Mie und Deine Töchter die herzlichsten Grüße, speziell an die Rosenknospe, die sich in der warmen Frühlingssonne lieblich entfalten möge. Dein treuer Bruder

Helmuth.

Berlin, den 9. September 1866.

Lieber Ludwig!

Soeben erhalte ich von Dir die Trauerkunde von dem Hinscheiden Deiner trefflichen Frau. Ich kann mir die tiefe Betrübniß in Deiner Familie vorstellen. Wie hinterläßt die Liebe und Verehrung Aller, die sie gekannt haben. Ihr immer gleichmäßig freundliches und wohlwollendes Wesen und ihre treue Pflichterfüllung, ihr häusliches Walten und die unausgesetzte Sorge für ihre Kinder sind nicht zu ersetzen. Ihr werdet sie schmerzlich vermissen. Wer hätte gedacht, daß die alte Mutter sie noch überleben würde; für diese wird es auch eine große Betrübniß sein. Es ist doch eine große Gnade Gottes, daß in unserer Familie so viele Mitglieder noch in hohem Alter hier bei einander geblieben sind, bald müssen viele von uns sich jenseits wiederfinden. Für heute nimm den Ausdruck herzlichen Beileids. Können wir Dir in irgend einer Beziehung nützlich oder behülflich sein, so rechne auf Deinen Bruder

Helmuth.

Berlin, den 14. April 1867.

Lieber Ludwig!

... Ich möchte so gern ein paar Tage verreisen und einen Grundbesitz in der Lausitz ansehen, der mir von kompetenter und uneigennütziger Seite als ein sehr vortheilhafter Kauf empfohlen wird. Da ist aber noch der Reichstag, der indeß wohl übermorgen schließen wird, dann bis zum 20. eine Kommission wegen Anlage des Kriegshafens, dann die Hochzeit des Grafen von Flandern (meiner eigenen silbernen gar nicht zu gedenken — womöglich), bei welcher ich zur Aufwartung zum König von

Belgien kommandirt bin, dann ist der Louis Napoleon mit seinen verrückt gewordenen Franzosen, endlich das unaufhörliche Regenwetter, welches mich ganz krank macht. Auf der proponirten Herrschaft ist ein großmächtiges Schloß, in welchem August der Starke hausete, wenn er nach Warschau reisete, Hochwild, Schwarzwild und Fischerei. Es wäre hübsch, wenn wir uns endlich alle aus dem Dienst zurückziehen und dort zusammen wohnen könnten.

Ich habe Fritz genug gebeten, seine Siebensachen doch ruhig in Flensburg zu lassen und erst einen Aufenthalt zu wählen, wenn er zurückkommt. Wenn der Kauf zu Stande kommt, fände er und Guste dort gleich eine völlig freie Station und, was für ihn wichtig, eine ansprechende Thätigkeit. Denn so lange ich nicht selbst dauernd anwesend sein kann, muß doch eine Vertrauensperson dort stationirt werden. Herzlichst

Helmuth.

Weihnachtsabend (1868).

Lieber Ludwig!

Heute Nachmittag 3 Uhr schied unsere theure Marie aus diesem Leben. Ihre schönen Züge drücken noch jetzt die edle, gerade und treue Seele aus, welche sie Allen so lieb machte, die sie gekannt haben. Keine Pflege und ärztliche Kunst vermochte sie zu retten; ein furchtbares Fieber raffte sie hin. Ein steter Wechsel zwischen Hoffnung und Niedergeschlagenheit hat uns zuletzt völlig erschöpft. Noch gestern Abend waren wir, während sie sieben Stunden ruhig geschlummert, in froher Zuversicht. Heut stellte sich bei entsetzlichem Herzschlag Phantasiren ein. Sie hatte schon viel früher die Ahnung des Todes, nahm Abschied und betete mit leiser Stimme für uns Alle; heute im heftigsten Fieberdelirium drückten Blicke und zitternde Bewegungen ihre

Gedanken aus. Dann entschlummerte sie nach kurzem leichten Krampf zu einem besseren Dasein, aus welchem ich sie nicht zurückrufen möchte. Guste hat in ihrer stillen Weise Unglaubliches geleistet. Dein Bruder

Helmuth.

Berlin, den 26. Dezember 1868.

Lieber Ludwig!

Du wirst durch die Geschwister von dem Verlauf und dem Ende der schrecklichen Krankheit unterrichtet gewesen sein, welche während 16 Tagen in stetem Wechsel von Furcht und Hoffnung alle unsere Kräfte erschöpft hat.

Sanft und schmerzlos entschlummerte endlich Marie am Heiligabend, wenig Stunden vor der Christbescheerung der Leute, welche sie noch angeordnet hatte.

Ihr Antlitz zeigte wie die schönste Marmorbüste den stillen Frieden, die männliche Stärke ihres Charakters. Die Zersetzung erfolgte äußerst schnell, und noch heute muß der Sarg geschlossen werden.

Am Montag 3 Uhr erfolgt die Einsegnung hier, und am Abend geht die Leiche nach Creisau, wohin ich sie begleite.

Du und Deine Kinder werden den Verlust bemessen, der mich getroffen hat, denn Ihr kennt Mariens ganzen Werth. Dein Bruder

Helmuth.

Berlin, den 23. Januar 1869.

Lieber Ludwig!

Mit großer Theilnahme ersehe ich aus Deinem gestrigen Schreiben Gustens Erkrankung; Gott verhüte, daß es nicht der schreckliche Gelenkrheumatismus sei. Ich fürchte, daß bei ihr die

Nachwirkung der schweren Krankenpflege eingetreten ist, bei welcher sie 16 Nächte lang nicht zur Ruhe gekommen ist. Auch bei mir haben sich diese Nachwehen eingestellt, doch scheint das jetzt überwunden zu sein. Ich hoffe, daß Jeannette, welche heute Morgen abgereist ist, uns noch heut Abend ein paar Zeilen schreiben wird. Dein Bruder

Helmuth.

Berlin, den 22. März 1872.

Lieber Ludwig!

Alle Briefe und selbst die vortrefflichen Südfrüchte sind ja nun nach einigen Irrsalen richtig eingegangen und haben uns sehr erfreut, besonders auch Hanne's mit fester Hand geschriebener Brief und die hübsche kleine Stizze des Ufergebirges. Es ist ja zu hoffen, daß sie mit Gottes Beistand völlig wieder hergestellt wird, aber ich glaube, Du wirst Dich doch mit dem Gedanken vertraut machen müssen, auch noch den nächsten Winter im warmen Süden zuzubringen, wenn die Kur eine gründliche sein soll. Dann aber lohnt es nicht, auf die wenigen Monate, die wir hier im Norden wirklich Sommer haben, die weite Rückreise zu machen, und Du würdest der Hitze lieber in der Schweiz aus dem Wege gehen und etwa in Glion, 1000 Fuß über Montreux, oder im oberen Engadin Aufenthalt nehmen, 5000 Fuß über dem Meer.

Du hast von mir noch 1500 Thaler zu fordern; statt dieser Summe will ich Dir aber heute, an Deines Kaisers Geburtstage, ein Geschenk von 21 000 Thalern mit dem Zinsertrage von vergangenem Neujahr machen.

Ich habe 100 Stück Central-Bodencredit-Aktien à 200 Thlr., also nominell 20 000 Thaler, für Dich in einen besonderen Blechkasten zurückgelegt, welchen Du zu jeder Zeit hier in Empfang nehmen oder nehmen lassen kannst. Die Aktien, welche über pari stehen, bringen jährlich 1000 Thaler Zinsen. Davon sind also jetzt pro erstes Quartal bereits aufgelaufen 250 Thaler; fällig werden dieselben zum 1. Juli mit 500 Thalern, über welche Du dann verfügen kannst, ob sie Dir zugesandt oder sonstwie verwendet werden sollen.

Bei einer sicheren Mehreinnahme von 1000 Thalern wirst Du, hoffe ich, von Sorgen befreit sein.

Wenn Hanne's Kräfte erst zunehmen, so kannst Du von Nervi aus sehr schöne Touren an der Riviera machen. Mir ist Rapallo in lebhafter Erinnerung. Der Weg dahin führt durch einen Tunnel mit prachtvollem Rückblick auf Genova la superba. Nie habe ich eine prachtvollere Brandung gesehen, als dort und bei Chiavari. Besonders schön soll auch das nahe La Spezzia und Porto Venere sein.

In Creisau wird viel gebaut und gepflanzt, Du wirst es recht verändert finden, wenn Ihr wieder hinkommt.

Mit den besten Wünschen und Grüßen Dein Bruder

Helmuth.

Rom, den 20. April 1876.

Lieber Ludwig!

Schon seit 14 Tagen hausen wir hier auf dem Capitolinischen, dem gefeiertsten der sieben Hügel der ewigen Roma, wo einst der Tempel des Jupiter Stator, jetzt Palazzo Caffarelli sich erhebt. Es sind jetzt 30 Jahre her, seit Du uns hierher begleitetest, und sehr Vieles hat sich seitdem geändert, fast das ganze alte Forum ist ausgegraben, das Lavapflaster der Via Triumphalis und die Marmorfußböden der Tempel sind bloßgelegt, aus welchen sich die Säulenschäfte von Granit zum Theil bis zum Kapitäl erheben, meist aber nur als Stümpfe. Schön ist es nicht, aber sehr interessant. Noch bedeutendere Scavi sind auf dem Palatin ausgeführt, den ich von meinem Fenster aus übersehe und wo selbst die Fundamente der Roma quadrata des Romulus sichtbar geworden sind, aus Tuffquadern ohne Mörtel gefügt. Aber die weite Campagna dahinter bis zum Albaner Gebirge, die gewaltigen Bögen der Wasserleitung, die gerade Linie der Via Appia mit den Gräbertrümmern von Caecilia Metella bis über den Viadukt nach Arrina sind unverändert geblieben.

Und so hat sich denn auch derselbe Papst konservirt, der 1846 erwählt wurde, nur daß er vom Quirinal in die selbst gewählte Gefangenschaft des Vatikans übergesiedelt ist, freilich ein Gefängniß, wie es kein zweites in der Welt giebt.

Ich erinnere mich lebhaft, wie der stattliche Graf Feretti, auf welchen der heilige Geist die Wahl des Conclave gelenkt hatte, in der goldenen Kutsche des Benvenuto Cellini vom Quirinal nach St. Peter durch die dicht gedrängte Menge der Straßen zog. Welche allgemeine Begeisterung begrüßte ihn damals! Von ihm erwartete man die unità d'Italia. Aber die Vereinigung aller italienischen Fürstenthümer unter Roms Herrschaft konnte nur auf dem Wege der Revolution, der Auflehnung der Völker gegen ihre Herrscher, der Vertreibung der fremden Machthaber, kurz unter den gewaltsamsten Erschütterungen durchgeführt werden, welche erst einer späteren Zeit vorbehalten blieben. Wie konnte ein Papst das gutheißen? Seine liberale Politik wandelte sich bald in das Gegentheil um, man nannte ihn Pio nono secundo, und dieser mußte nach Gaeta entfliehen, bis die Reaktion 1850 ihn nach Rom zurückführte, wo er nur durch französische Bajonette geschützt und unter Proklamirung des Belagerungszustandes fortregierte. Und doch hat dieser merkwürdige Greis wie kein Papst vor ihm den Anspruch Gregors VII. und Innocenz' III. auf die Weltherrschaft weiter durchgeführt, in zahlreichen Konkordaten, in der Encyklika und endlich in dem Unfehlbarkeitsdogma. Aber in eben dem Augenblick, als das Papstthum in der Theorie die höchste Stufe seiner Macht erreicht, bricht seine weltliche Herrschaft zusammen. Schon hatte Viktor Emanuel sich an die Spitze der nationalen Bewegung gesetzt, als die Siege der deutschen Heere Frankreich zwangen, dem Papst seine letzte Stütze zur eigenen Rettung zu entziehen, und dem Piemontesen den Einzug in Rom öffneten. Jetzt umfängt die alte Mauer des Aurelian auf dem Quirinal den Imperator, der vom Aetna bis zu den Alpen gebietet, und gerade gegenüber auf dem Janiculus einen Gefangenen, der die Weltherrschaft beansprucht, einen Fürsten ohne Land, der dennoch einen gewaltigen Einfluß in beiden Hemisphären übt. Je näher an Rom, je mehr schwindet der Nimbus der römischen Kirche, aber sie hat für sich die Frauen in allen katholischen, zuweilen selbst in protestantischen Ländern, das Gemüth, die Phantasie und die Beschränktheit, das sind mächtige Faktoren, keine äußere Gewalt vermag das Papstthum zu zerstören, es hat schon ärgere Krisen überdauert.

Die Folge des politischen Umschwunges ist, daß man in Rom weniger Priester sieht als früher, etwas weniger Bettler und sehr viel mehr Soldaten. Die großen Kirchenfeste zu Ostern sind ausgefallen, das Miserere in der Sixtina, die Segenspendung vom Lateran und die Erleuchtung der Peterskuppel unterblieben. Die weltliche Macht hat jetzt für panem et circenses zu sorgen, und heute soll der 2600jährige Geburtstag der Stadt durch Erleuchtung des Colosseums gefeiert werden, aber es stürmt und regnet, als ob wir im lieben Vaterland wären. Uebermorgen wollen wir denn auch noch ein Stück weiter nach Süden ziehen und Neapel aufsuchen, nachdem wir fast drei Wochen aufs Allerfreundlichste von den Keudells beherbergt worden und täglich Vormittags die vielen Schätze Roms in Augenschein genommen, Nachmittags in die Campagna gefahren sind. Mir hat der Aufenthalt auch darin sehr wohl gethan, daß meine asthmatischen Beschwerden sich wesentlich gemindert haben.

Vor der Abreise habe ich Dir, lieber Ludwig, diesen Gruß

aus Rom schicken wollen, welches Dir, trotz leider nur kurzem Aufenthalt, gewiß in lebhafter Erinnerung geblieben ist. Von Neapel werden wir uns langsam der Heimat wieder nähern und vielleicht noch einen kurzen Halt in der Schweiz machen, um abzuwarten, daß es endlich auch bei uns Frühling wird. Ich gehe dann direkt nach Creisau und hoffe, daß Du dort Dein Töchterchen Hanne abholen wirst, welche wohl nicht früher Goerbersdorf verlassen darf. Einstweilen herzliche Grüße von Deinem Bruder

Helmuth.

Berlin, den 15. September 1876.

Lieber Ludwig!

Aus Deinem Schreiben vom 1. d. M. habe ich mit Freude ersehen, daß es Euch in Creisau gut gefällt. Dann weiß ich aber nicht, warum Du so früh schon wieder abreisen willst. Du könntest doch mindestens bis zum 2. Oktober bleiben und den Besuch in Dresden bis nach der Feier in Parchim verschieben.*)

Ich glaube, daß es ganz passend sein wird, wenn Du dort dem Großherzog, der Stadt, Allen, welche beigetragen, und insbesondere dem Comité meinen Dank aussprichst. Die drei oder vier Riesen,**) Wilhelm bis Ludwig, werden ebenfalls zugegen sein und den Namen stattlich vertreten. Mit herzlichen Grüßen

Helmuth.

---

*) Enthüllung des Denkmals des Feldmarschalls.
**) So nennt der Feldmarschall mit Vorliebe seine vier Neffen, die Söhne seines Bruders Adolf.

Creisau, ben 7. Oktober 1876.

Lieber Ludwig!

Deine Beschreibung der Feierlichkeit habe ich mit großem Interesse gelesen, und Ludwig, der seit gestern hier eingefallen ist, hat dazu noch mündliche Erläuterungen gegeben, auch Zeitungsausschnitte mitgebracht; es scheint wirklich ein gelungenes Fest gewesen zu sein, aber es war mir doch angenehm, dasselbe aus sicherem Hinterhalt in Creisau ansehen zu können. Denn wie Mancher, der unter dem grünen Rasen Frankreichs schlummert, hat mehr gethan als wir Lebenden: und auch unter diesen, wie ungerecht ist die öffentliche Meinung; ich nenne nur Manteuffel, der bei den größten und erfolgreichsten Leistungen einer der unpopulärsten Männer in Deutschland ist.

Ich werde aber im Spätherbst doch wohl einmal nach Parchim gehen müssen, um meinen Landsleuten persönlich zu danken.

Ich bedauere, daß Du jetzt nicht in Creisau bist, wo es bei 16 Grad Wärme und Sonnenschein köstlich ist. Das Ananashaus ist fertig, und die Pflanzen sind angekauft, nach drei Jahren werden meine Nachfolger die Früchte genießen. Die Wasser haben schon in zwei Bassins gesprungen, aber es ist noch allerlei dabei zu thun. Abends gehe ich mit Ludwig und dem Jäger auf Anstand. Hasen sind wenig dies Jahr, der ganze Märzsatz ist eingegangen. Gestern schoß der Jäger einen Rehbock und einen Fasan. Aber es ist ein Vergnügen, das Naturleben zu belauschen in der Stille der herabsinkenden Dunkelheit und in dieser Wald- und Bergumgebung. Tagsüber giebt es viel zu schaffen, und der Tag ist um und die Whistpartie da, ehe man sich's versieht. Mit herzlichem Dank, daß Du Dich der Reise nach Parchim unterzogen, Dein Bruder

Helmuth.

Creisau, den 27. Oktober 1876.

Lieber Ludwig!

Schade, daß Du nicht am 24. zur Jagd hier warst. Es war ein sonniger, schöner Tag und die Aussicht von den verschiedenen Standpunkten prachtvoll. Bethusy und sein Neffe Reinhold, Graf Harrach, Herr v. Salisch, Graf Perponcher aus Neudorf, die Lieres und Zedlitz nebst Websky waren die Hauptschützen. Erlegt wurden aber nur 50 Hasen und ein Reh. Dagegen hatte Mamsell ein entzückendes Diner hergestellt, von dessen Menu ich, um Dir einen Schmerz zu ersparen, nichts erwähne, als Mockturtle, Straßburger Gänseleber, Glanzkarpfen und ein Reh, welches ich acht Tage vorher auf einundsechzig Schritt in voller Flucht selbst geschossen. Ich glaube, das arme Thier muß prädestinirt gewesen sein.

Wenn Du nächstes Jahr herkommst, findest Du das Glashaus vollendet und vierhundert Pflanzen bereits Früchte tragend; auch werden zwei Fontainen vor der Veranda und den Ulmen plätschern. Das Wasser ist in den Küchengarten und in beide Treibhäuser geleitet, so daß es nicht mehr nöthig ist, jede Gießkanne von der Peile heraufzuschleppen. Im Garten am Berghäuschen, wohin Tante Auguste demnächst übersiedeln will, haben wir eine Baumschule von mehr als 5000 kleinen Eichen angelegt. Auch wird noch diesen Herbst ein Weg durch die Obstplantage und durch den langen Busch geführt werden, so daß wir dreiviertel Meilen durch Parkanlagen fahren können. Die mehr als einhundert prachtvollen Eichen in letzterem Busch werden dann erst sichtbar werden.

Auf dem Capellenberg werden in drei Jahren sämmtliche Birken, das Unkraut des Waldes, ausgerodet sein.

So giebt es denn hier viel Arbeit zu beaufsichtigen, die Zimmer sind gut und behaglich erwärmt, und heute nach ein paar

Nebeltagen ist wieder schöner Sonnenschein. Ich kann mich daher noch nicht zur Rückreise nach Berlin entschließen und denke, der Reichstag kann mich vorerst entbehren.

... Am 26. kam die Regimentsmusik aus Schweidnitz, ihr folgte die Schule unter Kommando des Lehrers, und dann marschirte die Schwester mit ihrer Truppe auf. Alle wurden auf den großen Flur hinaufgenommen, Mamsell hatte ganze Berge von Butterbrot und zwei Tonnen Bier herangeschafft, so daß Alle bis auf die Säuglinge herab gesättigt und vergnügt schieden.

Bei dem Haufen von Briefen, die ich noch beantworten soll, muß ich mit herzlichen Grüßen von uns Allen hier schließen.

Helmuth.

Berlin, den 8. Juli 1879.

Lieber Ludwig!

Eben komme ich von Creisau hier an und möchte gern klein Hanne noch herzlich Glück wünschen zu ihrem heutigen Geburtstag. Ich hoffe, daß sie sich von ihrer letzten Unpäßlichkeit erholt hat und daß Ihr mit Friederike den Tag in Zufriedenheit verlebt.

Ich bin hergekommen, um bei der dritten Lesung der wichtigen Zoll- und Steuervorlage meiner Partei nicht zu fehlen, da bei der Entscheidung eine einzelne Stimme zuweilen den Ausschlag geben kann, hoffe aber, daß nach allen vorangegangenen Erörterungen die schließliche Verhandlung nicht allzu lange dauern wird, und ich bald nach Creisau zurückkehren kann.

Es ist sehr schön auf dem Lande, und wenn Du hinkommen kannst, wirst Du Manches geschaffen und besonders alle Pflanzungen mächtig herangewachsen finden. Freilich schließt dies Wirthschaftsjahr sehr schlecht und mit einem beträchtlichen Minus, statt Einnahme, ab. Nunmehr ist aber die Verwaltung in Ludwigs Hand und einem verständigen, jedenfalls ehrlichen Beamten übergeben.

Die Saaten stehen prachtvoll und versprechen eine reiche Ernte, wenn wir endlich trockenes und warmes Wetter bekommen. Die heftigen Regengüsse haben die Peile zu einer Höhe angeschwellt, daß alle Wiesen unter Wasser standen. So willkommen nun das Austreten des kleinen schlesischen Nils im Frühjahr, so schlimm ist es im Moment der Heuernte. Alles ist mit einem feinen grauen Schlamm inkrustirt, und der größte Theil des üppigen Heues hat müssen auf den Misthaufen geworfen werden. Den vielen jungen Baumpflanzungen ist freilich diese beständige Nässe sehr günstig, und Alles steht im frischesten Grün. Mit herzlichen Grüßen an alle die Deinen

Helmuth.

Berlin, den 12. April 1882.

Lieber Ludwig!

Das ist ja eine prächtige Nachricht. Wenn, wie zu hoffen, alle Deine Töchter gleich großmüthig bedacht sind, wofür Gott den alten guten Grafen Wedell segnen möge, so ist ja für alle gesorgt.

Nun kannst Du Dir auf Deine alten Tage auch etwas mehr zu Gute thun als bisher. Ich habe mir das auch selbst vorgenommen, aber es gehört ein Entschluß dazu; man hat sich die verwünschte Sparsamkeit so angewöhnt, daß nur schwer davon loszukommen ist. Wenn indeß für alle Angehörigen gesorgt ist, so hat man wirklich die Verpflichtung, an sich selbst zu denken.

Schon in den nächsten Tagen reise ich, von Helmuth Moltke begleitet, nach Zürich, und von da nach Ragatz; einige Bäder dort würden auch Dir gewiß sehr wohl thun. Mit herzlichen Glückwünschen und Grüßen Dein Bruder

Helmuth.

Creisau, den 30. Mai 1884.

Lieber Ludwig!

Wenn Du Creisau in voller Schönheit sehen willst, mußt Du bald kommen. Die Belaubung ist prachtvoll, auch nicht ein Maikäfer, nicht eine Raupe hat es angerührt. Die Wiesen sind bedeckt mit zahllosen Heuhaufen des ersten Schnitts, und morgen geht es an das Einfahren. Der Rothdorn steht in voller Pracht, und tausend Knospen des Rosenstocks an der Kapelle sind im Aufblühen. Und Niemand ist hier von den Geschwistern, denen ich die Herrlichkeit zeigen kann. Mein Weinkeller ist gut versehen, und vier Kutschpferde sind zum Tourenfahren da.

Wir Alle grüßen herzlich und sehen Deiner und Röschens Ankunft in den allernächsten Tagen freudig entgegen.

Helmuth.

Creisau, den 29. Oktober 1884.

Lieber Ludwig!

Herzlichen Dank Dir und Röschen für Euren Glückwunsch zu meinem Geburtstag Nr. 85. Dein geschmackvolles Geschenk war schon am 23. zur Treibjagd pünktlich eingetroffen und fand ungetheilten Beifall bei zwanzig Tischgästen. Sehr glücklich hatte ich den einzigen ganz schönen und sonnigen Tag für das Treiben gewählt, und die Gegend prangte mit den blauen Bergen und dem braunen Laub der Wälder in vollem Glanze. Es lagen einhundertundfünfundsiebzig Hasen, vier Rehe, zwei Schnepfen und eine Eule auf der Strecke. Die Fasanen waren aus der noch ziemlich dichten Belaubung nicht herauszubekommen, es wurden wider alles Erwarten nur vier geschossen, wovon zwei nach Uetersen, zwei zu Dir gelangt sein werden.

Tags darauf mußte ich nach Berlin, blieb aber nur einen Tag und feierte dann mein Wiegenfest im Eisenbahncoupé, den Abend aber doch mit Verwandten in Saarau, wohin ich von Königszelt abschwenkte. Bei Sturm und Regen traf ich denn vorgestern wieder hier ein und fand einen Stoß von Telegrammen und Briefen vor, an deren Beantwortung Helmuth und ich, viribus unitis, zwei Tage lang zu arbeiten gehabt haben.

Wir Beide thronen nun in einsamer Herrlichkeit hier im geräumigen Schlosse....

Heute nach der gestrigen Wahlschlacht werden wir wohl schon etwas von dem Ausfall derselben erfahren; ich hoffe, daß Ihr den Bismarck durchbringt. Wir hier auf dem Lande wählen nicht etwa einen Landmann, sondern in unserer Weisheit einen Schornsteinfeger. Er soll aber ein großer Redner sein, der den Wählern alles Mögliche weismacht. Ich bin neugierig, ob meine litthauischen Freunde mich wieder wünschen, gedruckte Blätter sind mir zugegangen, in welchen gesagt wird, daß ich sonst ein ganz guter Mann bin, aber zum Abgeordneten nicht zu brauchen, da ich für Korn- und Holzzölle stimme, freilich die Hauptartikel des Verkehrs von Memel. Immerhin hat eine mir unbekannte Litthauerin mir ein Paar wollene Handschuhe gestrickt, und wenn ich die Damen für mich habe, so ist noch nicht alle Hoffnung verloren.

Mit herzlichen Grüßen Dein Bruder

Helmuth.

San Remo, den 24. März 1885.

Lieber Ludwig!

Herzlichen Gruß vom ligurischen Küstensaum her, der Dir von Nervi in schöner Erinnerung sein wird! Freilich ist es eine Täuschung, wenn wir in Deutschland denken, daß hier kein Winter sei. Noch heute friere ich hier mehr als in Berlin, draußen zwar und im Gehen ist es herrlich, aber in den Zimmern die Temperatur von + 12° R. höchst unerfreulich. Der Himmel ist stets sonnig und klar, aber der Ostwind empfindlich kalt und hart. Doch bald wird sich das ändern. Nicht nur Mandel- und Aprikosen-, sondern auch Birn- und Kirschbäume stehen in voller Blüthe, Orangen und Citronen hängen voller Früchte. Ich wohne hier bei einem deutschen Arzt, Dr. Goltz. Aus dem Fenster haben wir den Blick auf das tiefblaue Meer, und wundervoll ist die Promenade auf der mehr als eintausend Schritt langen, steinernen Terrasse, welche von Palmen eingefaßt ist und an deren Fuß die Brandung schäumt. An der andern Seite erheben sich in ununterbrochener Reihe die palastähnlichen Hotels. An windstillen Tagen ist es köstlich, hier spazieren zu sitzen und dem Rauschen der Wellen zu horchen, den ruhigen Athemzügen des schlummernden Meeres. An anderen Tagen brausen sie gewaltig gegen die Felsen des Ufers, und dann spritzen sie den Schaum an dem Molo hinauf.

Die ersten acht Tage haben wir uns ganz ruhig hier verhalten. Wir sind sehr gut verpflegt und haben die nächste Umgebung besucht. Geschickt geführte Kunststraßen reichen durch lauter Olivenwälder auf die Berggipfel nach Madonna della Costa und della Guardia, andere ziehen zwischen zahllosen Villen am Ufer entlang. Die Veilchenzeit ist vorüber, aber die Rosen sind in Begriff, sich zu entfalten, und müssen einen prachtvollen Anblick gewähren. Auch die Orangen fangen schon an zu blühen, ein Zeichen, daß die Früchte reif sind. Dennoch freue ich mich auf ein deutsches Frühjahr, welches, wenn es endlich eintritt, dort weit schöner ist als hier. Alle diese grauen Oliven und Steineichen sind nicht zu vergleichen mit einer grünen Wiese und dem ersten Laub eines Buchenwaldes. Im Mai denke ich in Creisau wieder einzutreffen und hoffe dann, Dich und Röschen dort bald wiederzusehen. Bis dahin Lebewohl. Dein Bruder

Helmuth.

Nervi, den 17. April 1885.

Lieber Ludwig!

Heute schicke ich Dir freundlichen Gruß aus der wohlbekannten Gegend; wie schade, daß Du nicht auch hier bist. Du magst bei Deinem Aufenthalt wohl auch im Hotel Victoria nahe am Strand gewohnt haben, wo ich in der wohl später erbauten Dependance eine reizende Wohnung mit dem Blick über Palmen und Orangen aufs Meer inne habe. Die auch wohl erst nach Deiner Zeit entstandene Eisenbahn, die zwischen Genua und La Spezzia in achtzig Tunnels die Vorgebirge durchstößt, mag hier in Nervi Manches verändert haben, aber gewiß existirte schon der köstliche Fußweg am Ufer des Strandes, an den alten Sarazenenthürmen vorüber. Im Rücken geschützt durch hohe Mauern, hat man vor sich die endlose Weite des Meeres. Dort kann man stundenlang sitzen und sich an dem Spiel der Wellen erfreuen. Dunkelblau rückt die breite Woge, die „immer kommt und immer flieht", heran, mit fliegender weißer Mähne stürzt sie über die niederen Klippen und schlängelt in den Felsspalten hinauf. Die Italiener nennen diese Wogen cavallos, wohl in Erinnerung an die Rosse Hephästions. Gewiß habt Ihr auch oft die Villa Gropallo besucht mit ihrem großen Garten, wo jetzt neben den reifen Früchten die Orangen- und Citronenbäume neue Blüthen entfalten.

Ich finde es hier wärmer als an der Ponente. Nervi hat die Eigenthümlichkeit, daß kein Thal aus dem Gebirge sich herabsenkt, die Bucht ist von einer geschlossenen Bergwand umgeben, und nur den warmen Südwind nimmt sie mit offenen Armen auf. Den schlimmen Ost wehrt das prächtige Vorgebirge von Porto fino ab. In dieser Konfiguration ist gegeben, daß es eigentlich keine anderen Promenaden giebt, man müßte denn nach San Ilario hinaufklettern, sonst bleibt man in Häusern und Mauern eingeschlossen, aber der Gang am Meeresufer entschädigt für Alles.

Es ist doch ein köstliches Land, dies Italien. So lange es der Tummelplatz der Deutschen und Franzosen, mochte sein Dichter wohl sagen: Deh! Fosse tu più forte, o meno bell' almeno! (Möschen wird diese Stanze korrigir . aber jetzt haben sie ja auch ihre unità. Betteln thut hie jedermann; die Kinder strecken die Hand aus mit moriamo di fame, aber sie springen fröhlich davon, wenn sie nichts bekommen. Die Masse der Bevölkerung lebt unter schwerem Druck, aber das Leben hat hier nicht den bitteren Ernst wie bei uns; auch der Aermste wird nicht todtfrieren oder verhungern. Da sitzt ein Bursche auf der Klippe, raucht seine Lancietta, kühl bis ans Herz hinan, er angelt einen Fisch, kauft an der nächsten Straßenecke für fünf Centesimi eine Handvoll gerösteter Maronen und ist für heute versorgt. Den Rest des Tages verbringt er beim boccia oder in gemüthlicher Beschaulichkeit zu. Wo nur ein Tümpel-, Fluß- oder Regenwasser sich angesammelt hat, da waschen die Nervischen Frauen in lebhafter Unterhaltung die „leuchtenden Gewänder", mit denen sie dann zum Trocknen die Fenster selbst der Paläste schmücken. Aber überall bricht der Frohsinn durch.

Ich denke nur noch einen kurzen Ausflug bis Santa Margarita und Rapallo an der Levante zu machen, dann Aufenthalt in Cadenabbia am Comer See zu nehmen und dort abzuwarten, ob es auch in Deutschland Frühling wird. Dann ist es freilich in Euren Buchenwäldern noch schöner als hier, und ich betrachte es als eine besondere Gnade Gottes, wenn ich daheim noch ein fünfundachtzigstes Mal das Erwachen der Natur erleben soll.

Mit herzlichen Grüßen Dein Bruder

Helmuth.

Berlin, den 24. Mai 1888.

Lieber Ludwig!

... Ein neues Frühjahr zu erleben, halte ich jedesmal für eine besondere Gnade Gottes. Wenn man das salomonische Alter überschritten, kann man nur bitten, daß der Herr einen gnädig zu sich nimmt, ohne zu viel Schmerzen und Altersbeschwerden. Zwar ist „nie der Tod ein ganz willkommener Gast", aber das nächste Jahr möchte ich nicht mehr erleben, es steht Deutschland eine schwere Zeit bevor, und leider kann ich mich nicht in verborgene Stille zurückziehen. Beatus ille qui procul negotiis ist mir nicht beschieden, ich werde vielleicht noch dem fünften König von Preußen den Eid der Treue zu leisten haben.

Eben komme ich von der Trauungsfeierlichkeit in Charlottenburg;*) die Zeitungen bringen die ausführliche Beschreibung. Die Braut mit der Krone auf dem Haupte und bedeckt mit den Kronjuwelen sah reizend aus. Mitten in den Glanz und die

---

*) Prinz Heinrich von Preußen, Sohn des Kaisers Friedrich, hatte sich an jenem Tage mit Irene, Prinzessin von Hessen und bei Rhein, vermählt.

Pracht der Verſammlung wurde die alte Kaiſerin Auguſta auf ihrem Rollſtuhl hineingeſchoben, ganz ſchwarz, ohne jeden Schmuck. Mir traten die Thränen in die Augen, als ihre Enkelkinder vor ihr niederknieten, ihr die Hand zu küſſen. Dann trat der Kaiſer ein, die hohe, ſtattliche Figur ungebeugt, mit freundlichem Lächeln die Verſammlung begrüßend. Nur die Augen ſchienen mir er=
loſchen und die Athmung ſchnell und ſehr ſchwer. Es iſt herz=
zerreißend, ihn mit unerſchöpflicher Geduld und Freundlichkeit gegen ſein ſchweres Schickſal ankämpfen zu ſehen; mit einem Fuß auf dem Throne, mit dem andern im Grabe!

Meine Hausgenoſſen ſchicken Dir und Röschen, Deiner treuen Pflegerin, die herzlichſten Grüße.

Und ſomit Gott befohlen. Dein alter, hinfälliger Bruder
Helmuth.

Gedruckt in der Königlichen Hofbuchdruckerei von E. S. Mittler & Sohn,
Berlin, Kochstraße 68—70.

Stammbaum
zur Ueberficht der nächften Verwandtfchaft des
General-Feldmarfchalls Grafen v. Moltke.

Caroline	Louife
* 1767,	* 1756,
vermählt mit	vermählt mit
v. Knebel.	v. Knebel.

Magdalene	Augufte	Victor
„Helene, Lene".	„Guste".	1812—1859.
* 1807,	1809—1883,	„Vips".
vermählt mit	vermählt mit	
Propft Bröker.	John Heiliger	
† 1890.	Buri*)	
	auf St. Johns	
	in Weftindien.	

Augufte	Fetty	Helene	Elifabeth	Adolf	Maria	Ernft	George-Carl	Ernftine	Kundjion
Hofdame,	* 1848,	* 1840,	* 1842,	* 1844 †,	* 1846.	* 1852.	* 1841 Major.	* 1839,	
* 1846.	vermählt	vermählt mit	vermählt mit					vermählt mit	
	mit	Lund.	Loft.						
	Voel.								

ine v. Staffeldt.

www.ingramcontent.com/pod-product-compliance
Lightning Source LLC
Chambersburg PA
CBHW021154230426
43667CB00006B/398